Colloquial

Breton

THE COLLOQUIAL SERIES
Series Adviser: Gary King

The following languages are available in the Colloquial series:

Afrikaans	French	Portuguese of Brazil
Albanian	German	Romanian
Amharic	Greek	Russian
Arabic (Levantine)	Gujarati	Scottish Gaelic
Arabic of Egypt	Hebrew	Serbian
Arabic of the Gulf and	Hindi	Slovak
Saudi Arabia	Hungarian	Slovene
Basque	Icelandic	Somali
Breton	Indonesian	Spanish
Bulgarian	Irish (forthcoming)	Spanish of Latin
Cambodian	Italian	America
Cantonese	Japanese	Swahili
Catalan	Korean	Swedish
Chinese	Latvian	Tamil
Croatian	Lithuanian	Thai
Czech	Malay	Turkish
Danish	Mongolian	Ukrainian
Dutch	Norwegian	Urdu
English	Panjabi	Vietnamese
Estonian	Persian	Welsh
Filipino	Polish	Yoruba (forthcoming)
Finnish	Portuguese	

COLLOQUIAL 2s series: *The Next Step in Language Learning*

Chinese	German (forthcoming)	Spanish
Dutch	Italian	Spanish of Latin
French	Russian	America

All these Colloquials are available in book & CD packs, or separately. You can order them through your bookseller or via our website www.routledge.com.

Colloquial
Breton

The Complete Course
for Beginners

Ian Press and Herve ar Bihan

Routledge
Taylor & Francis Group

LONDON AND NEW YORK

First published 2004
by Routledge
2 Park Square, Milton Park, Abingdon, Oxon, OX14 4RN

Simultaneously published in the USA and Canada
by Routledge
270 Madison Ave, New York, NY 10016

Reprinted 2007

Routledge is an imprint of the Taylor & Francis Group, an informa business

© 2004 Ian Press and Herve ar Bihan

Typeset in Times by
Florence Production Ltd, Stoodleigh, Devon

Printed and bound in Great Britain by
TJ International, Padstow, Cornwall

British Library Cataloguing in Publication Data
A catalogue record for this book is available from the
British Library

Library of Congress Cataloging in Publication Data
Press, Ian, 1947–
    Colloquial Breton : the complete course for beginners/Ian Press and
Herve ar Bihan
        p. cm. – (Colloquial series)
    Includes index.
    Text in English and Breton.
    1. Breton language – Textbooks for foreign speakers – English.
    I. Le Bihan, Hervé. II. Title. III. Series.
    PB2813.P74 2003
    491.6'882421 – dc21   2002155149

ISBN 978–0–415–22451–2 (book)
ISBN 978–0–415–30255–5 (CD)
ISBN 978–0–415–44764–5 (pack)

Contents

[handwritten annotation:] Toutes directions / Da bep lec'h

Preface

Petit Breton
Depuis 1921

Putting together a course of Breton is daunting. As with any language, simple description conceals much variation; with Breton there are complications. We have done our best and are only too aware we have left some things unexplored or unexplained.

Ian Press is grateful to those who have helped him over the years: Mme Yvette Kervella, of *Skol Ober*, taught him Breton; Pêr Denez, formerly Professor of Breton at the Université de Haute-Bretagne/ Rennes 2, and Janig Stevens gave much support. Until 1995 Ian Press taught at the University of London, the last five years as Professor of Slavonic and Comparative Linguistics. Since then he has been Established Professor in Russian at the University of St Andrews.

Herve ar Bihan was born in Landreger into a family of native speakers, all from Bro-Dreger. He taught Breton in secondary education in An Oriant; since 1994 he has been teaching Breton language and literature at the Université de Haute-Bretagne/ Rennes 2. He directs the linguistic journal *Klask* (*Research*). In 1996 he took over responsibility for the journal *Hor Yezh* (*Our Language*) in succession to Pêr Denez, and writes short stories for the magazine *Al Liamm* (*The Link*). He is a member of the Editorial Board of the Breton monthly *Bremañ* (*Now*) and of the *Ofis ar Brezhoneg* (*Office de la langue bretonne*). He speaks Welsh.

Acknowledgements

Ian Press dedicates this book to his family and roots in Oldham, to his wife's family in Rennes, Brittany and France, and to Marie-Christine, Christopher, and Noémi.

Herve ar Bihan dedicates this book to all who love Breton, whatever their origins, to all who spoke Breton when it was not 'politically correct', to all who keep the language alive, and to all the children who are learning it and will one day pass it on when their turn comes.

We are both immensely grateful to the Routledge team of Sophie Oliver, Gary King, Linda Paulus and Suzanne Cousin and to the anonymous reader(s). We cut our manuscript drastically; the full version survives and may even see the light of day, but the abridged, doubtless more palatable, version you have in your hands. Responsibility for everything is entirely ours.

In addition the publishers and the authors would like to thank the photographer, Jean-Michel Prima, for permission to use his photographs in Units 4, 5, 7 and 15.

Abbreviations

Most abbreviations should be readily interpretable. We give a minimum here.

1, 2, 3	first, second, third (persons)
DO	direct object
f.	feminine
Fr.	French
Gw.	Gwenedeg/Vannetais
hum.	human
IO	indirect object
K.	Kerneveg/Cornouaillais
KLT	Breton minus Gwenedeg (also the reformed orthography of 1911)
KLTGw	Breton with Gwenedeg (also the 1941 orthography (see ZH))
L	lenition
L.	Leoneg/Léonais
lit.	literal(ly)
M	mixed mutation
m.	masculine
n. or nom.	noun/nominal
OU	the *orthographe universitaire* of 1955
P	provection
p. or P	person
pl.	plural
PP	person plural
PS	person singular
S	spirantization
S or subj.	subject
sg or sing.	singular
sgt	singulative
T.	Tregerieg/Trégorrois
u.b.	unan bennak, someone
u.d.b.	un dra bennak, something
v.n.	verbal noun
X	unspecified element
ZH	Peurunvan–Zedacheg orthography

Introduction

Breton is a Celtic language spoken in the western portion, namely Lower Brittany or **Breizh-Izel** (Basse-Bretagne), of Brittany (**Breizh** – Bretagne) in France, roughly west of a line from just north-west of **Sant-Brieg** (St Brieuc) to a point just east of **Gwened** (Vannes), but fragmented into linguistic islands within that region. It counts very roughly between 100,000 and 370,000 users, but probably only a maximum of 120,000 people use it every day or frequently, 70,000 speak it every day, and 20,000 can read and write it and there are variables such as age profile, which make of it a language and way of life very much at risk.

East of **Breizh-Izel**, in Upper Brittany or **Breizh-Uhel** (Haute-Bretagne), French and the Romance patois *Gallo* are spoken (Breton, of course, does have a presence here). Needless to say, French is present as majority language throughout Brittany. Brittany as a political unit ceased to exist after the Revolution of 1789, when it was replaced by departments, namely Finistère (**Penn-Ar-Bed**), Morbihan (**Mor-Bihan**), Côtes-du-Nord (**Aodoù-An-Hanternoz**, now Côtes-d'Arvor **Aodoù-An-Arvor**), Ille-et-Vilaine (**Il-ha-Gwilen**), and Loire-Inférieure (**Liger-Izel**, now Loire-Atlantique **Liger-Atlantel**). During the Vichy period, in 1941, the last was separated from Brittany, something which lapsed but was reinstated in 1961 when Loire-Atlantique 'returned' to the Pays de la Loire region. **Breizh-Izel** comprises **Penn-Ar-Bed** and parts of **Aodoù-An-Arvor** and **Mor-Bihan**.

The tendency is to speak of four major dialects of Breton, namely **Leoneg** (Léonais) of **Leon** (Léon) in the north-west and on which Le Gonidec (see p. 152) based his standard, codified in the early nineteenth century, **Kerneveg** (Cornouaillais), of **Kernev** (Cornouaille), covering a relatively massive area over the centre and south-west and including the town of **Karaez** (Carhaix), **Tregerieg** (Trégorrois), of the region of **Treger** or **Bro-Dreger** (Trégor) with the cathedral city of **Landreger** (Tréguier) in the

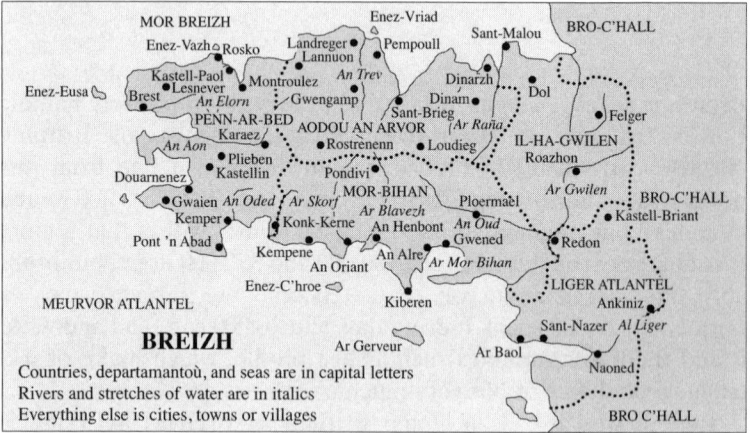

MOR BREIZH   Enez-Vriad   Sant-Malou   BRO-C'HALL

Enez-Vazh Rosko   Landreger   Pempoull
     Lannuon
Kastell-Paol   Montroulez   *An Trev*   Dinarzh
Enez-Eusa   Lesnever   Gwengamp   Dinam   Dol
   Brest   *An Elorn*   Sant-Brieg   Felger
PENN-AR-BED   AODOU AN ARVOR   *Ar Raña*
    Karaez   Rostrenenn   Loudieg   IL-HA-GWILEN
An Aon   Plieben   Roazhon
Douarnenez   Kastellin   Pondivi
       Gwaien *An Oded* *Ar Skorf*   MOR-BIHAN   *Ar Gwilen*   BRO-C'HALL
              Ar Blavezh   Ploermael
Kemper   Konk-Kerne   *An Oud*   Kastell-Briant
Pont 'n Abad   An Henbont   Gwened
       Kempene   An Alre   Redon
            An Oriant   *Ar Mor Bihan*
      Enez-C'hroe   LIGER ATLANTEL
            Kiberen   Ankiniz
MEURVOR ATLANTEL   Sant-Nazer   *Al Liger*

BREIZH   Ar Gerveur   Ar Baol   Naoned

Countries, departamantoù, and seas are in capital letters
Rivers and stretches of water are in italics
Everything else is cities, towns or villages

                                             BRO C'HALL

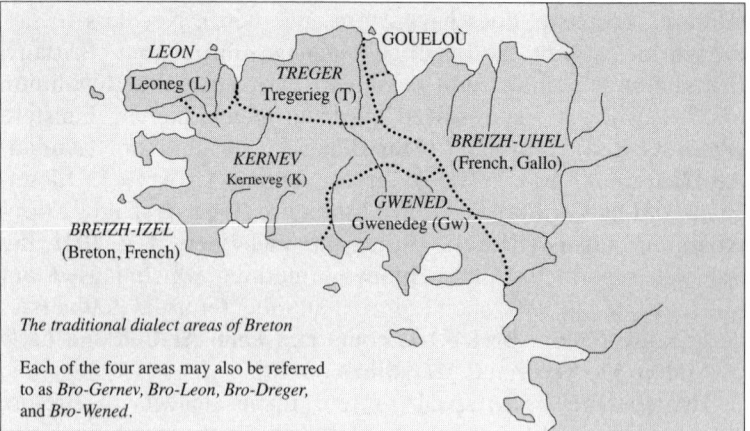

LEON   GOUELOÙ
Leoneg (L)   *TREGER*
        Tregerieg (T)
                    BREIZH-UHEL
     KERNEV   (French, Gallo)
     Kerneveg (K)
BREIZH-IZEL   *GWENED*
(Breton, French)   Gwenedeg (Gw)

The traditional dialect areas of Breton

Each of the four areas may also be referred
to as *Bro-Gernev, Bro-Leon, Bro-Dreger,*
and *Bro-Wened*.

central north (to its east is the tiny but separate **Goueloù (Goëlo)** area, including **Pempoull** (Paimpol)), and, fourth, **Gwenedeg** (Vannetais), with the city of **Gwened** (Vannes) in the south-east. This division, reflecting four ancient bishoprics, is largely a linguistic fiction. The fiction is strong, however, and one must recognize that **Gwenedeg** is quite divergent, its speakers retaining a strong sense of loyalty (for reasons of space we have not attempted to cover **Gwenedeg** here). In this book we focus on **KLT** (the initials of the other three dialects); the differences between them and **Gwenedeg**, and indeed between them, should not be exaggerated.

Of the Celtic languages which have survived in continuous use since the Middle Ages, Breton is closest to Welsh. Had its use been continuous, it would be closest of all to Cornish, and the linguistic core of Breton almost certainly stems from emigration with the intention of permanent settlement from south-west Great Britain to its present location in the Armorican peninsula in the fourth–sixth centuries AD, though there was emigration from elsewhere in the British Isles – and though cross-Channel communication, trade and cultural exchange were a well-established everyday reality. The emigration means that Breton may be seen as an Insular Celtic language, i.e. a Celtic language of the British Isles. This is most certainly not to deny, however, that there almost certainly was a residual Gaulish, i.e. Continental Celtic, population in the peninsula at the time of the emigration.

Though once firmly established, Breton lost its prestigious public presence and centuries of decline and social marginalization ensued. None the less, most of **Breizh-Izel**, outside the larger urban centres, was almost certainly still monolingual in Breton in 1914, but social change and exclusion from a public presence had an effect.

Therefore the number of speakers declined considerably during part of the twentieth century. Since the 1950s, however, there has been a gradual revival. Notable were the 1970s, particularly with the establishment in 1977 of the Diwan schools, now covering the whole of pre-school, primary and secondary education. At the moment a new, positive sense of identity, through language, music, history and tourism, is reinforcing this revival. Perhaps most important is the enthusiasm shown by young people learning the language in a standard, but flexible, form within education. Breton is becoming more *visible*, and the all-important 'change in minds and mentalities' may well be happening.

A note on the organization of the book

Each unit is made up of dialogues, word-lists, exercises, grammatical notes, and references to Breton history, life and culture. We have tried to give as much information as possible. There will be some repetition. We strongly recommend you listen to the recordings.

Much of what we write will be open to challenge – it cannot be otherwise in the case of a language which has been subject to immense influence and pressure from a state community committed to another language. The renaissance of Brittany and Breton has to some extent to be a re-creation, however living and present Brittany and Breton may be.

We hope you will enjoy and learn from this book. If you have any comments, criticisms, contributions, please do not hesitate to contact us. We apologize in advance for any slips or infelicities.

The alphabet and a guide to pronunciation

The version of the Latin or Roman alphabet used by Breton, and the order in which words are listed in dictionaries, are as follows. Relatively few words begin with v, very few begin with x, and possibly none begin with q:

> a, b, ch, c'h, d, e, f, g, h, i, j, k, l, m, n, o, p, (q), r, s, t,
> u, v, w, (x), y, z

The following letters do not occur at the beginning of words: ê, ô, ñ, ù. Sometimes we encounter é, which may occur at the beginning of words, but this is found commonly only in the other of the two main orthographies, the *(nouvelle) orthographe universitaire* (**OU**), created in the 1950s.

The orthography which is most widely used now is called **Peurunvan** 'Unified'. It is characterized by the digraph **zh**, which conveys the sound **z** in the KLT dialects and the sound **h** (or **c'h**) in the Gw. dialect (this is rather approximate). Both **Peurunvan** and **OU** go back to **KLT**, an orthography of the early 1900s which was designed for the three more closely related dialects; the fourth, **Gwenedeg**, at that time maintained its own distinctive orthography. A third orthography which must be mentioned is the

Etrerannyezhel ('Interdialectal'), used most notably in Fañch Morvannoù's splendid course *Le Breton sans peine*.

As to pronunciation, let us start with the following very broad comments: if we say nothing, assume it is like English.

First, working our way through the alphabet and spelling, **ch** is pronounced like **sh** in 'ship', and **c'h** like **ch** in 'loch'. **E** may sound something like the **a** in 'm<u>a</u>te', the **e** in 'm<u>e</u>t', or the **a** in '<u>a</u>bout'. **G** is generally pronounced like the **g** in 'got', though there is a widespread pronunciation somewhat like **g** in 'gin' when in front of **e**, **i**, **u**, and **eu**, and when after **i**. The same, namely **c** as in '<u>c</u>at' and **ch** as in '<u>ch</u>ips', goes for **k**. We may find this also in the third-person plural ending **-nt**, which can be pronounced like a rapid **ni** in 'onion' or like **nch** in 'inch' (when followed by the negator **ket**, the two may converge as in 'inch'). **H** is very often pronounced, just as in English, but in certain words it is dropped, notably **ha(g)** 'and', **hi** 'she', **he(c'h)** 'her', and **ho(c'h)** 'your'. **J** is pronounced like English **s** in 'plea<u>s</u>ure'. **O** may be pronounced somewhat like **o** in 'g<u>o</u>re' and **o** in 'g<u>o</u>t'. **R** may be tapped or, most often now, pronounced much as in French. **U** is pronounced as in French (i.e. English 'ee' with rounded lips). **V** has various pronunciations; assume **v** as in English except at the end of a word, when it may be **w** or **o** (particularly after a vowel and consonant respectively – it then counts as a vowel). **W** in front of **e** and **i** may sound like **u** in French '*nuit*'; otherwise, it is as in English. As mentioned above, **zh** is pronounced **z** or **c'h** – **sh** is a mutation of **zh** (more on mutations later), pronounced **s** or **c'h**. As for **z**, it is often not pronounced when in final position or between vowels.

Bear in mind that **ou** is pronounced as in French (northern English **oo** in 'l<u>oo</u>k'), and **eu** is pronounced much as in French. **Ae** and **ao** may be pronounced like the **i** in 'might' and the **ow** in 'how' respectively, but we also hear something like the **e** in 'get' (this is what happens most often) and the **o** in 'got' (outside Leon) respectively. **Aou** is pronounced rather like the **ow** in 'how', but make the first component like the **o** in 'got'. Also, any vowel followed by **n** or **m** is pronounced with automatic nasalization plus clear pronunciation of the **n** or **m** following it (**a** before **n** is pronounced like French '*en*' plus a separate [n] – thus **Yann** is like '*y en*' in '*il y en a*'). If, however, the vowel is followed by **ñ**, then the vowel is nasalized and there is no separate *n*- or *m*- sound (in some dialects certain forms with **ñ** are not nasalized). All the vowels may be nasalized, though **uñ** and **iñ** tend to sound like the vowels in French '*brun*' and '*fin*'. **Gw** (and very often **gou** before a vowel) is pronounced **gw** as in 'Gwendolyn', the **w** being like the **u** in French '*nuit*' in the sequences **gwe/goue**, **gwi/goui** (sometimes one even finds the **g** of 'gin' here). Finally, **gn** represents the sound of **ni** in 'onion', pronounced quickly; the same goes for **ilh** *vis-à-vis* the **lli** in 'million'.

Second, departing from the spelling, the recordings may seem to give the lie to some of the above. This is partly a result of variation in the language. Things to note include the pronunciation of **s**, **f**, and **ch** at the beginning of a word as if they were **z**, **v**, and **j** – start by following the spelling, and adapt as familiarity with the language increases. Recall that **z** is often not pronounced – listen and imitate! **Zh** is often pronounced as [z] but note it is not heard in, for example, personal forms of prepositions (a joy in store), e.g. **dezhañ** 'to him', in **kouezhañ** 'to fall', and in **Roazhon** (Rennes). Some comments are necessary regarding the stream of speech. For instance, a consonant ending a word will be voiced before a vowel starting the next word – if they're pronounced together: **Mat eo** 'OK' (lit. 'it's good') with **d** in **mat**; if two consonants bump into one another and the first is **k**, **p**, **t**, **g**, **b**, **d**, or sometimes **s**, **z**, then both will tend to be pronounced voiceless, e.g. **mab-kaer** 'son-in-law' as if '**map-kaer**' (this is a complex phenomenon). And if a word ends in a consonant followed by a pause, then that consonant will be voiceless, e.g. **b**, **d**, **g** will be pronounced [p], [t], [k].

Third, in the first vocabulary listings you might be puzzled by the superscript letters [L], [S], [P] and [M]. This is our shorthand way of telling you that those words cause Breton initial consonant mutations, which means that they cause certain first consonants in the following word to change. There are four such mutations in Breton: [L] = lenition, [S] = spirantization, [P] = provection and [M] = mixed mutation. You will find out more in Units 1, 3 and 6 for lenition, Unit 2 for the mixed mutation, and Unit 4 for spirantization and provection.

As for stress, it is very important in Breton – the stressed vowel is more emphatic and as a rule on the last-but-one syllable, except in **Gwenedeg**, where it is final.

There is much much more to Breton pronunciation. More information is given here and there in the units, but nothing can replace listening to the recordings and meeting and talking to native speakers.

1 En em gavout gant tud

Meeting people

In this unit you will learn:

- about the verb **bezañ/bout** 'to be'
- about Breton stress
- about the definite and indefinite articles
- about consonantal mutation
- about how to identify and ask questions about people, places, and things
- about greeting people and taking your leave
- what attracts us to Brittany

Dialogue 1 ▣▣

How're things?

GWELTAZ:	Penaos emañ kont ganeoc'h? Gweltaz on.
SOLENN:	Mat an traoù ganin, Gweltaz. Solenn on.
GWELTAZ:	Ha setu ma mignonez, Tereza.
SOLENN:	Mont a ra, Tereza?
TEREZA:	Mat-tre, Solenn.

GWELTAZ:	*How're you? I'm Gweltaz.*
SOLENN:	*I'm fine, Gweltaz. I'm Solenn.*
GWELTAZ:	*And here's my friend, Tereza.*
SOLENN:	*How are things, Tereza?*
TEREZA:	*Very well, Solenn.*

Vocabulary

bezañ/bout	to be (**bezañ** in the north, **bout** in the south)
en em gav/out gant	to meet, lit. 'to find oneself with'
tud	people, parents, family
pen<u>ao</u>s	how
em<u>añ</u>	is
kont, f.	account, 'things'
gane<u>oc</u>'h	with you
on	I am
mat	good, fine
an	the
traoù	things
gan<u>in</u>	with me
ha(g)	and (**hag** before a vowel and, sometimes, **h-**)
setu	here/there is/are
ma^S	my
mignon, m.	friend (male)
mignonez, f.	friend (female)
mont, a	to go
a^L	verbal particle
ra	does
tre	very

Underlined vowels are stressed; we try to mark this on their first appearance. The superscript consonants refer to consonantal mutations. See later in this unit. The infinitive or verbal noun, and the verbal radical, will be presented in Unit 2.

Exercise 1

Here are the first two pieces from the dialogue. Repeat them, slotting in different names; a few are given below:

A: Penaos emañ kont ganeoc'h? Gweltaz on.
B: Mat an traoù ganin, Gweltaz. Solenn on.

Men: Herve, Gwenn, Yann, Alan, Paol, Jakez
Women: Louiza, Jaketa, Nolwenn, Soazig, Rozenn, Janig

Dialogue 2 🔲

Who are you and what do you do?

YANN:	Mont a ra mat ganeoc'h? Yann on-me. Ha c'hwi, piv oc'h?
KATELL:	Katell on-me, ha setu ma c'hoar Anna.
YANN:	Petra eo ho micher?
KATELL:	Skolaerez on. Ur vicher blijus eo.
YANN:	Ha me zo studier. Plijus eo ivez!
ANNA:	Ha me, n'eus micher ebet ganin.

YANN:	*How are you? I'm Yann. And you, who're you?*
KATELL:	*I'm Katell, and here's my sister Anna.*
YANN:	*What's your job?*
KATELL:	*I'm a schoolteacher. It's a pleasant job.*
YANN:	*And I'm a student. It's pleasant too!*
ANNA:	*And me, I don't have a job(!)*

Vocabulary

me	I	**c'hwi**	you
c'hoar, f.	sister	**petra**	what (also stressed on the first syllable)
ho[P]	your	**micher**, f.	profession, job
skolaerez, f.	schoolteacher	**ur**	a, an
plijus	pleasant, pleasing	**zo**	am/is/are
studier, m.	student	**eo**	it is
ivez	also	**n'eus . . . ebet**	there isn't any

Dialogue 3 🔲

Who is it?

LOEIZ:	Piv eo? N'eo ket Mark?
JAKEZ:	Nann, n'eo ket, Andrev eo.
LOEIZ:	Demat, Andrev. Penaos emañ ar bed ganit?
ANDREV:	Demat deoc'h, Loeiz ha Jakez. Eus ar c'hentañ.

LOEIZ:	*Who is it? Isn't it Mark?*
JAKEZ:	*No, no, it's Andrev.*
LOEIZ:	*Hello, Andrev. How are you?*
ANDREV:	*Hello, Loeiz and Jakez. Very well.*

Vocabulary

piv	who
ne[L]/**n' + verb + ket**	not
demat	hello, good day
bed, m.	world, universe
ganit	with you
deoc'h	to you
eus ar c'hentañ	splendid, excellent

Language and grammar

Greetings

Breton has numerous greeting expressions: people say **Demat** 'Good day' when they meet in the earlier part of the day. This is rather formal. More familiar or everyday are:

> **Mont a ra?** or **Mont a ra mat?** Hello
> (lit. 'Does it go? and 'Does it go well?' respectively)

This is fine in all situations, just like:

> **Mat an traoù (ganeoc'h)?**
> Are things fine (with you)?

> **Penaos emañ kont?**
> How're things?

> **Penaos emañ ar bed (ganeoc'h)?**
> How is the world (with you)?

Note how **ganeoc'h** 'with you' may be tacked on. More about 'you' in Unit 2; note there are singular and plural forms, but that the plural form may be used to address one person. Another wide-spread greeting is **Salud** 'Hi' – **dit** 'to you' or **deoc'h** 'to you' may be added – this can be done to **demat** as well (and to **boñjour**, yet another possibility – stress the **oñ**). Similarly informal are:

> **Sell 'ta?** / **Sell 'ta piv?**
> Hi! (lit. 'Just look (who's there)?')

> **Mat ar jeu?**   **C'hoari 'ra?**
> How're things?   How's it going?

In the evening, which begins at 5 p.m., people commonly use **Noz vat** 'Good evening' (literally 'Good night').

The replies to the various questions are themselves diverse:

Ya, mat Yes, fine / **Ya, mat-tre** Yes, very well /
Ya, dispar or **Ya, dreist** Yes, excellent

Eus ar c'hentañ (also **Deus ar c'hentañ**) /
Mat-kenañ Very well

Dispar
Excellent!, Great!

Mat an traoù.
Things are fine.

Mat a-walc'h
Quite well

Disteñget
No problem

Evelseik / **Well-wazh** / **Tamm pe damm** / **Mui pe vui** /
Pas re-holl So-so, more or less

To ask the other person, we might say **Ha ganeoc'h?/Ha ganit?** And Bretons exchange kisses of greeting on the cheeks, often three times:

Emaon o vont da bokat deoc'h, memes tra!
I'm going to kiss you at least!

'Thanks' may now be in order; this can be **mersi**, **bennozh** or **trugarez** (see Unit 10).

After all this we might mention that Bretons often begin by mentioning the weather or if the day's work is over:

Glav 'zo ganti, 'm eus aon!
Looks like rain, I'm afraid!

Echu an devezh?
Is the day over?

It is possible to say various things on taking one's leave: **Kenavo!** 'So long' is the most widespread, and best known. **Ken** means 'until', so it can be linked to other words, e.g. **Ken emberr!** or **Ken bremaik!** 'See you soon!', **Ken arc'hoazh!** 'Till tomorrow!', **Ken fenoz!** 'Till tonight!' (stress the final vowel of the first and last two expressions). People may also say **Devezh mat** '(Have a) good day' when they say goodbye early on in the day or even **Nozvezh vat** 'Good night' when they say goodbye to go to bed.

Exercise 2

Using the names you've met, respond to the following questions, following the patterns supplied:

Piv oc'h-c'hwi? > **Yann on-me.**

Pe anv oc'h? > **Yann eo ma anv-bihan ha Lagadeg ma anv-familh.**

Anv-bihan, lit. 'little name' is your first name and **anv-familh**, lit. 'family name' is your family name, but in response to the question as given, your first name is perfectly appropriate: **Yann (eo ma anv)** 'Yann (it is my name)'.

The definite and indefinite articles

The articles are used rather like the English articles. They change in form on the basis of the sound which follows them, and may themselves cause changes in an immediately following consonant. The definite article, which is never stressed, is:

al   (before **l-**)
an   (before **n-**, **d-**, **t-**, **h-**, and a vowel)
ar   (otherwise)

The indefinite article, which is stressed before a monosyllabic word (notably if the sense 'one' is strong), is:

ul   (before **l-**)
un   (before **n-**, **d-**, **t-**, **h-**, and a vowel)
ur   (otherwise)

Note examples in the dialogues. Observe that an initial **k** always changes after an article.

Exercise 3

Repeat the following dialogue slotting in the words in the list below in place of the words in italics. Note there's no need for an article here. See below in this unit and Unit 3 for the mutations in **micher** and **plijus**.

Petra eo ho micher?
What's your job?

Skolaer(ez) on. Ur vicher blijus eo.
I'm a schoolteacher. It's a pleasant job.

Ha me zo *studier(ez)*. Plijus eo ivez!
And I'm a student. It's pleasant too!

alvokad	lawyer	**sekretour**	secretary
apotiker	chemist	**pesketaer**	fisherman
kazetenner	journalist	**keginer**	cook
martolod	sailor	**kelenner**	teacher
poliser	policeman	**kiger**	butcher
rener	director, manager, boss	**skolaer**	primary school-teacher
stalier	shopkeeper	**klañvdiour**	male nurse
medisin	doctor		
labourer-douar	agricultural worker, farmer		

The words as listed are all masculine. Most of them, especially those ending in **-r**, may be turned into feminines by adding **-ez**, e.g. **skolaerez**, f. Use these words for practice after Dialogue 5 too.

Exercise 4

Choose the articles for the following nouns – you can do this without changing the form of the individual nouns, but for the fully correct answer see the section on the mutations below:

E.g. **skolaer – ar skolaer;**
labourerien-douar – al labourerien-douar

alvokad	apotikerez
kazetenner	keginerez
kelenner	kemener
kenwerzherez	kiger
klañvdiourez	labourer-douar
martolod	medisin
noter	perc'henn
pesketaerez	poliser
renerez	sekretourez
skolaerez	skrivagner
soudard	stalierez

Exercise 5

Complete the phrases in the following dialogue:

A: Piv _____ ?
B: C'hoar Padrig _____ .

A: Penaos emañ _____ ?
B: _____ -tre.

Note that **c'hoar Padrig** means 'Padrig's sister'.

Exercise 6

Put the elements in each speech in the dialogue into the correct order:

A: deoc'h penaos demat ar emañ bed?
B: ha mat-tre ganeoc'h?

A: c'hwi on mat ha Alan?
B: on Jakez Elen breur. (**breur**, m. brother)

The verb bezañ *'to be'*

We have seen and practised a few forms which permit us to identify ourselves or others. They belong to the verb **bezañ**. Taking the first person **on** 'I am', we have, for example: **Yann on** 'I'm Yann.' We can emphasize the person by tacking the personal pronoun on to the verb: **Yann on-me** 'I am Yann.' Such statements might be responses to **Petra eo da anv?** 'What's your name?' (familiar, singular) or **Petra eo hoc'h anv?** (formal singular; plural). If we want to introduce someone directly, we can use **setu** 'here is/are': **Setu ma c'hoar** 'Here's my sister.'

The other persons are **out** 'you are' (familiar, singular), **eo** 'he/she is', **omp** 'we are', **oc'h** 'you are' (formal singular; plural), and **int** 'they are'. Tacking on the personal pronouns we obtain the emphatic **on-me**, **out-te**, **eo-eñ**, **eo-hi**, **omp-ni**, **oc'h-c'hwi**, and **int-i**. There is a non-personal form, **eur** 'one is', 'people in general are'. Here it is shown with the adjective **bras** 'big':

Bras on	I am big	**Bras omp**	We are big
Bras out	You are big	**Bras oc'h**	You are big
Bras eo	He/She is big	**Bras int**	They are big
Bras eur	One is big		

Exercise 7

Use the appropriate form of the verb **bezañ**:

    E.g. **Bras** _____ **Rozenn** gives **Bras eo Rozenn.**

(a) Bihan _____ Herve. (**bihan** 'small')
(b) Bras _____ tad Herri.
(c) N' _____ ket bras Nora ha n' _____ ket bras Jakez;
    bihan _____ .
(d) Bras _____ ma c'hoar ha bras _____ -me ivez: bras
    _____ .

Dialogue 4 ▯▯

What colour is it?

ALAN:	Pe liv eo karr da c'hoar?
ELEN:	Ruz eo karr ma c'hoar.
ALAN:	Ha petra eo karr ruz da c'hoar?
ELEN:	Ur Maserati eo karr ma c'hoar!
ALAN:	*What colour is your sister's car?*
ELEN:	*My sister's car is red.*
ALAN:	*And what's your sister's red car?*
ELEN:	*My sister's car is a Maserati!*

Vocabulary

pe liv?	what colour?
karr, m.	car
ruz	red
da[L]	your

Dialogue 5 ▯▯

What does your dad do?

HERRI:	Petra eo micher da dad?
YOUENN:	Baraer eo ma zad. Ha petra eo micher da dad?
HERRI:	Kiger eo ma zad. Ur vicher start eo!
YOUENN:	Ya, gwir eo. Ret eo sevel abred ha labourat kalz!

HERRI:	*What's your father's job?*
YOUENN:	*My father's a baker. And what's your father's job?*
HERRI:	*My father's a butcher. It's a hard job!*
YOUENN:	*Yes, that's true. It's necessary to get up early and work a lot!*

Vocabulary

tad, m.	father	**baraer**, m.	baker
start	hard, difficult, firm	**sevel**, **sav**	to get up
abred	early	**labour/at**	to work
kalz	a lot; much, many		

Asking questions about places and things

Pelec'h is the basic word for 'where?' (**pe** 'what' + **lec'h**, m., **-ioù** 'place'). 'To be' after it is in a 'locative' or 'punctual' form when the subject is definite, and an indefinite form when the subject is indefinite. So:

Pelec'h *emañ* **an ti-kêr?**
Where's *the* town hall?

where **emañ** 'is' is used because **ti-kêr** is definite (= defined by the definite article 'the'; a personal name or a place name would also be definite). But, if the subject is not definite:

Pelec'h *ez eus* **un ti-post?**
Where is there *a* post office?

Note:

Pelec'h emañ an daou vugel?
Where are the two children?

This may produce the reply:

En aod emaint.
They're at the beach.

When the subject is not expressed independently, the verb carries the mark of number: **ema*int*** '*they* are'. If the subject were expressed, we would have **En aod emañ an daou vugel**. Thus, use the third-person singular when there is a plural subject expressed.

And remember: the subject when expressed after **emañ** must be definite. Now note the indefinite construction, which we glimpsed above:

Pelec'h ez eus daou vugel?
Where are there two children?

and its possible reply:

En aod ez eus daou vugel.
There are two children at the beach.

Here is the present tense of the **emañ** conjugation, incorporating the phrase **en aod** 'at the beach' (the stress immediately follows **m**):

En aod emaon
I am at the beach

En aod emaout
You are at the beach

En aod emañ
He/She is at the beach

En aod emeur
One is at the beach

En aod emaomp
We are at the beach

En aod emaoc'h
You are at the beach

En aod emaint
They are at the beach

Some question words

Petra 'what' is followed by the first conjugation of **bezañ** which we have met. So, **Petra eo?** 'What is it?', **Petra eo da anv?** 'What's your name?', **Petra eo da vicher?** 'What's your profession?' For colours we ask **Pe liv?** 'What colour?', followed by the same form of **bezañ**. **Penaos?** 'How?' may also be used with 'to be', e.g. **Penaos eo bet e Pempoull?** 'How was it in Pempoull?' (lit. 'How is it been in Pempoull (Paimpol)?') (**Mat eo bet** 'Fine') and **Penaos out aet da Sant-Brieg?** 'How did you get to Sant-Brieg (St Brieuc)?' (lit. 'How are you gone to Sant-Brieg?') (also **Penaos out bet e Pempoull?** lit. 'How are you been in Pempoull?'), to which you might reply **Gant + an tren/ar c'harr/ar c'harr-boutin/an Tren a Dizh Bras** (or **Tren Tizh Bras**) **[on aet/bet]** 'By train/car/bus/TGV (fast train)'. In Exercise 5 of Unit 2 lots of place names are given, so they may be used for practice.

Exercise 8

Insert the appropriate interrogative (**petra** 'what', **pelec'h** 'where', **pe liv** 'what colour'):

E.g. **emañ Herve?** becomes **Pelec'h emañ Herve?**

(a) _____ emañ da dad?
(b) _____ eo karr da dad?
(c) _____ eo liv karr da dad?
(d) _____ eo anv da dad?

Stress

Breton has a stress accent, i.e. one vowel or syllable is pronounced with much more force than the others. As a general rule the stress falls on the penultimate syllable of words. When the word becomes longer, e.g. through the addition of an ending, say, of the plural, or the derivation of a new word, the stress moves:

micher profession, job	>	**micherour** worker	
kador chair	>	**kadorioù** chairs	

polis	police, policeman	**polised**	policemen
poliser	policeman	**poliserien**	policemen
poliserez	policewoman	**poliserezed**	policewomen

There are many exceptions to this rule. We could give you a list, but it is better for you to note when we underline vowels in such exceptions, listen to the recordings, and note that many short but compound adverbs and interrogatives have final stress, e.g. those starting in **pe-**.

Words with one syllable cannot be stressed on the penultimate! They come in two categories:

(1) those, like the definite article (**ar**, **an**, **al**), which are not stressed;
(2) those, like nouns such as **den**, **tud**, which are stressed.

In the latter case, however, the stress may be displaced when the noun is accompanied by the indefinite article: **un den** – but **an den** (the definite article cannot attract the stress). But if there is an adjective, it is the adjective which attracts the stress: **an den kozh** 'the old man/person', **un dra vat** 'a good thing'.

Stressed vowels may be long or short (unstressed vowels are always short, and may become somewhat indistinct). This distinction may be hinted at in the spelling, thus in **penn** 'head', there is a short vowel, indicated by the double **nn**, while in **den** 'person', there is a long vowel, indicated by a single **n**. Stressed vowels are always short before **m** (whether single or double).

The mutations – first steps

Breton has a system of initial-consonant mutations, i.e. the modification of certain initial consonants in precise circumstances. Some 80 per cent of Breton mutations are accounted for by lenition, or soft mutation. We often attach a small superscript 'L' to words causing this mutation in this book. In the phrase **Petra eo micher da dad?** 'What is your father's job?', the possessive **da** 'your' requires the lenition of the initial **t** of the word **tad** 'father' into **d**. The picture is as follows:

k	> g	**kador** chair	**da gador** your chair
t	> d	**tud** parents	**da dud** your parents
p	> b	**penn** head	**da benn** your head
g	> c'h	**genoù** mouth	**da c'henoù** your mouth
d	> z	**dant** tooth	**da zant** your tooth
b	> v	**bag** boat	**da vag** your boat
m	> v	**malizenn** suitcase	**da valizenn** your suitcase
gw	> w	**gwetur** car	**da wetur** your car

Feminine singular nouns lenite when preceded by the definite or indefinite article (but note that **d** > **z** does not happen here):

kador > **ar gador**
the chair

bolenn > **ar volenn**
the bowl

taol > **an daol**
the table

malizenn > **ar valizenn**
the suitcase

pajenn > **ar bajenn**
the page

gwetur > **ar wetur**
the car

golc'hed > **ar c'holc'hed** but **darnenn** > **an darnenn**
the duvet the slice (of meat, fish, etc.)

Do bear mutations in mind when looking words up in a dictionary, where they are listed in their non-mutated form.

What attracts us to Brittany?

Many will be attracted to Brittany by the temperate climate. The food, especially seafood and crêpes (**krampouezh**): not pancakes (well, let's say they *are* pancakes, but pancakes, a generic term, are not crêpes), are a great draw. To be seen everywhere are the Celtic, or Indo-European, **triskell**, its three wings symbolizing air, water, and fire, and the Breton flag – the **gwenn ha du** 'white and black', created in 1923 by Morvan Marchal, with its five black stripes symbolizing the five bishoprics of Upper Brittany (Rennes, Nantes, Dol, Saint-Brieuc, and Saint-Malo), its four white stripes the four Breton-speaking bishoprics of Lower Brittany (**Kemper, Landreger, Gwened, Kastell-Paol**), and in the top left quarter ermines, symbol of the dukes of Brittany. Perhaps most of all we see the **BZH**, the sign for **Breizh** 'Brittany', on cars. And, of course, the **koefoù** 'coifs', little worn these days, except in the **Bro-Vigoudenn** with its main town **Pont-'n-Abad**, and in the town of **Plougastell-Daoulaz** across the water south-east of Brest. The coifs are not at all restricted to Brittany, but have come to represent the country, with their various shapes, notably the butterfly coif of **An Alre**, the **penn-sardin** 'sardine-head' of **Douarnenez**, and the **maenhir** coifs of **Ar Vro-Vigoudenn**. We encounter the word **brovro** all the time: it covers everything from the country to the smallest region or area and is central to a Breton's sense of roots.

Ha da echuiñ, ur c'hrennlavar

Evel-se emañ ar bed: a-dreuz hag a-hed. That's life.

da echuiñ	to finish	**evel-se**	like that
krennlavar, m.	proverb, saying	**a-dreuz hag a-hed**	wildly; all over the place
bed, m.	world		

2 Lec'hioù ha tud

Places and people

In this unit you will learn:

- how to describe and ask questions about people, places, and things
- how to talk about what's going on
- the mixed mutation
- words to express place
- how to be negative
- the punctual or progressive form of **bezañ** 'to be' and the '-ing' form
- words to convey where you're going, where you are, and where you're coming from: prepositions to convey 'to', 'in', 'at', 'from'
- the verbal radical and the impersonal conjugation
- 'this' and 'that' – the demonstratives
- how to address someone, i.e. say 'you'
- about the beginnings of Brittany

Dialogue 1 🔳

Suzanna and Alan are walking around town

SUZANNA:	Setu-ni e kêr a-benn ar fin. Pelec'h emañ an ti-post?
ALAN:	Aze emañ. N'emañ ket pell. Deomp da brenañ timbroù.
SUZANNA:	Bras eo an ti-post. N'eo ket bihan, sur!
ALAN:	Piv a zo aze o vont d'an ostaleri?
SUZANNA:	Yann eo. N'emañ ket er gêr neuze! War ar blasenn emañ.
ALAN:	Petra eo se, e-kichen an ostaleri?

Handwritten annotations: "kêr" above "kêr"; "d'an ti-post" in margin

SUZANNA: Ur c'hi eo, a gav din. Met, petra emañ ar c'hi oc'h ober?

ALAN: O sellet ouzh an douristed sur a-walc'h !

SUZANNA: *Here we are in town at last. Where's the post office?*

ALAN: *It's there. It isn't far off. Let's go to the post office to buy stamps.*

SUZANNA: *The post office is big. It isn't small, that's for sure.*

ALAN: *Who's going to the bar?*

SUZANNA: *It's Yann. He isn't at home then. He's in the square.*

ALAN: *What's that, near the café?*

SUZANNA: *It's a dog, I think. But what is it that the dog is doing?*

ALAN: *It's looking at the tourists, to be sure!*

Vocabulary

e kêr	in town	**komz**	to talk (**komz a**
diwar-benn	about, concerning		**reomp** 'we talk')
pourmen	to walk, take a walk	**a-benn ar fin**	at last
pell	far, distant; long (time)	**timbr**, m.	(postage) stamp
ostaleri, f.	bar, café, bistro	**er gêr**	at home
neuze	then	**plasenn**, f.	square
e-kichen	near	**ki**, m.	dog
a gav din	it seems to me, I think	**-se**	that
o(c'h)	verbal particle creating an -*ing* form	**war**	on (also **àr**)
		gouzout	to know (facts, things)
sell/et	to look ('at' = **ouzh**)	**ivez**	also, too (here 'neither')
sur a-walc'h	certainly, indeed	**tourist**, m.	tourist

Exercise 1

Here is an exchange from the dialogue. Repeat it, replacing the elements in italics.

Setu-ni e kêr a-benn ar fin. Pelec'h emañ *an ti-post?*
Aze emañ. N'emañ ket pell. Deomp *da brenañ timbroù.*

ar marc'had	the market
ar gourmarc'had	the supermarket, hypermarket

al liorzh-kêr	the park
ar stal	the shop
an ispisiri	the grocer
an ostaleri	the café, bistro
an ti-debriñ	the restaurant
da bourmen	to have a walk
da brenañ traoù	to buy things
da zebriñ	to eat
da evañ ur banne	to have a drink
da ziskuizhañ	to rest

Language and grammar

The mixed mutation

This is what is indicated by the superscript ^{M}. It happens after $\mathbf{o}^M$ (to form the present participle), $\mathbf{e}^M$ (an important verbal particle), and $\mathbf{ma}^M$ (an important conjunction) and has the following effect on words immediately after them:

> **b** > **v**   **gw** > **w**   **g** > **c'h**   **m** > **v**
>
> but
>
> **d** > **t**

It is mixed because we have lenition of **b**, **g**, **gw**, and **m**, but (see Unit 4) provection of **d**.

The progressive form of the verb

In the dialogue we met the structure **emañ** / **a zo** + **o** + v.n. This is the present-tense progressive form, corresponding to 'I am going', etc. The form **o** is a verbal particle; it precedes the verbal noun, creating the present participle (i.e. an -*ing* form), and causes the *mixed mutation*. When the verb begins with a vowel, it becomes **oc'h**.

The definite subject cannot go in front of **emañ** (though it may when **emañ** is negative). Recall what happens if the subject is indefinite and something else precedes the verb.

definite subject:

> **Emañ ar vugale o vont d'ar gêr.**
> The children are going home.

indefinite subject:

> **D'ar gêr ez eus bugale o vont.**
> There are children going home.

If the subject *precedes*, we have **a zo** (very often written **zo** or **'zo**), e.g.:

> **Tud zo o vont d'ar gêr.**
> There are people going home.

> **Me a zo o vont ...**
> I'm going ...

> **Soazig a zo o vont ...**
> Soazig is going ...

> **Ni a zo o vont ...**
> We're going ...

> **Ar vugale a zo o vont ...**
> The children are going ...

For emphasis we may have **emaon-me**, etc., or, if negative, place the pronoun first, e.g. **eñ n'emañ ket ...** 'he isn't ...'. You can do the latter with a noun too:

> **Ar paotr n'emañ ket o vont ...**
> The boy isn't going ...

> **Ar baotred n'emaint ket o vont ...**
> The boys aren't going ...

Note we have the third person *plural* form of the *negated* verb after **ar baotred**. It's as if you were saying, e.g. 'The boys, *they* aren't going ...' Without emphasis we have:

> **Emañ ar paotr o vont ...** and **emañ ar baotred o vont ...**
> The boy is going ... and the boys are going ...

> (and negatively **N'*emañ* ket ar paotr/ar baotred o vont ...**)

Being negative

The verb is negated by enclosing it in **ne**[L] **... ket**. **Ne** tends to become **n'** before a vowel.

Exercise 2

Unjumble the following sequences of words or sentence elements (you will need to insert **o** and may need to indicate a mutation):

> E.g. **bezañ – o vezañ, mont – o vont, gouzout – o c'houzout, gwelet – o welet**

(a) TV Breizh	sellet ouzh	emaomp	er gêr
(b) Kemper	mont	emañ	Yannig
(c) timbroù	emaon	ti-post	prenañ
(d) chom ('to live')	emaoc'h	–	pelec'h?
(e) a zo	hi	evañ ur banne	en ostaleri
(f) labourat	–	emaint	e kêr

Exercise 3

Form the present participle of the following verbs:

> E.g. **reiñ, ro** 'to give': present participle = **o reiñ**

skriv/añ	to write	**dont**	to come
bale	to take a walk	**lenn**	to read
ev/añ	to drink	**kousk/et**	to sleep
c'hoari	to play	**gortoz**	to wait
pren/añ	to buy	**gwerzh/añ**	to sell

Dialogue 2 🔊

They're in the garden now

SUZANNA: Alan, sell, el liorzh ez eus kalz bleunioù.
ALAN: Pe liv eo ar bleunioù 'ta?
SUZANNA: Ruz, gwenn, glas, melen int.
ALAN: Ya, met uhel hag izel int ivez, gant delioù hir ha berr.
SUZANNA: Un dervenn eo ar wezenn-hont?

ALAN:	Ya, un dervenn eo. Gwez a bep seurt a weler dreamañ.
SUZANNA:	Hag e korn ar straed, piv an hini a zo o c'hortoz?
ALAN:	Alan gozh. Pesketaer eo. O paouez dont diwar an aod emañ.
SUZANNA:	Ya, er mor e vez an devezh-pad.
ALAN:	Piv a zo o tont etrezek ar pesketaer?
SUZANNA:	Ar poliser eo – ur mignon din eo.
ALAN:	D'an ostaleri emaint o vont da evañ ur banne, a-raok mont d'ar gêr, sur eo.

SUZANNA:	*Alan, there are lots of flowers in the garden.*
ALAN:	*What are the flowers like?*
SUZANNA:	*They're red, white, blue, and yellow.*
ALAN:	*They're tall and short too, with long and short leaves.*
SUZANNA:	*Is that tree over there an oak?*
ALAN:	*Yes, it's an oak. Trees of all sorts can be seen here.*
SUZANNA:	*And at the street corner, who's that waiting?*
ALAN:	*Old Alan; he's a fisherman, he's just come from the shore.*
SUZANNA:	*Yes, he's at sea all day long.*
ALAN:	*Who's coming towards the fisherman?*
SUZANNA:	*It's the policeman – he's a friend of mine.*
ALAN:	*Indeed, they're going to the bar to have a drink before going home.*

Vocabulary

liorzh, f.	garden	**bleunioù**	flowers
gwenn	white	**glas**	blue, green
melen	yellow, blond	**uhel**	high, tall
izel	low	**delioù**	leaves
dervenn, f.	oak-tree	**gwezenn**, f.	tree
-hont	that (over there)	**a**ᴸ	of
pep	each, every	**seurt**, m.	sort, kind
gwel/et (or sometimes **gwel/out**)	to see (here + non-pers.: 'one sees')	**korn**, m.	corner
		straed, f.	street
		gortoz	to wait
an hini	emphasizes **piv**; 'the one'	**Alan gozh**	Old Alan
		diwar	from
pesketaer, m.	fisherman, trawlerman	**mor**, m.	sea
		vez	is (habitual)

o paouez bezañ	to have just	**etrezek**	towards
an devezh-pad	the whole day long	**poliser**	policeman
		sur	sure, certain
banne, m.	drop	**a-r<u>ao</u>k**	before

Exercise 4

Match up the following pairs of sentences. Can you spot the mistake in the Breton?

(a) Pelec'h emañ Yann ha Divi?
(b) Pelec'h emaint?
(c) Aze emaint.
(d) Amañ emaint Erwan ha Nolwenn.
(e) E Roazhon emaon.
(f) War Enez-Eusa emaoc'h.

(a) You're on the island of Ushant.
(b) Erwan and Nolwenn are here.
(c) They're there.
(d) Where are Yann and Divi?
(e) Where are they?
(f) I'm in Rennes.

Now answer the questions, to get used to the different forms of **emañ**:

(g) Pelec'h emaoc'h?   (Amañ)
(h) Pelec'h emañ Soazig?   (Er gêr)
(i) Pelec'h emaon?   (En ti-krampouezh 'crêperie' – *use the* te-*form*)

(j) Pelec'h emaint?   (En ostaleri)
(k) Pelec'h emañ an ti-kêr?   (Aze)
(l) Pelec'h emaout?   (Er gegin)

The things people do

We have met the words **pesketaer** 'fisherman' and **poliser** 'policeman'. The suffix **-er** indicates someone who does something: **pesketa** is a verb meaning 'to fish', and **polis** is a masculine noun meaning 'police'. The suffix **-er** is extremely common in Breton. Its plural is **-ien**. The feminine is formed by adding **-ez**, thus **poliserez**, pl. **poliserezed**. Mutations need to be borne in mind: feminine singular nouns and almost all masculine plural human nouns lenite after the definite or indefinite article.

Exercise 5

Create agent nouns from the following verbs or nouns: masculine, feminine, both plurals – and try inserting the definite article. It should be possible to guess what the resulting nouns mean.

(a)	**kazetenn**	newspaper	(f)	**teiñ, to-**	to roof
(b)	**kelenn**	to teach	(g)	**politik/erezh** m.	politics
(c)	**labour/at**	to work	(h)	**gwerzh/añ**	to sell
(d)	**liv/añ**	to paint	(i)	**bale**	to walk
(e)	**ben/añ**	to cut (material)	(j)	**fars/al**	to joke

Describing things and people

We might ask **Petra eo ho micher?** 'What's your job?' and have seen answers such as **Kazetenner on** 'I'm a journalist.' When describing people and things, we often use adjectives. We are not ready to attach adjectives to nouns, e.g. 'a good girl', but we can manage 'the girl is beautiful': **Brav eo ar verc'h.** Typically the adjective comes first, followed by the appropriate form of **bezañ.** So (**penaos?** = 'how?'):

> **Penaos eo an ti? – Bras eo an ti** or just **Bras eo.**
> What's the house like? – Big.

> **Petra a zo gwenn? – An ti a zo gwenn** or just **An ti.**
> What's white? – The house.

> **Hir eo an delioù? – Ya, hir int** or **N'int ket. (Berr int.)**
> Are the leaves long – Yes –   No.

Ya is 'yes'; **nann** is 'no', but tends only to be used in negative responses to negative questions.

Adjectives are often qualified by 'very', 'quite', 'rather', 'too'. For 'very' we can repeat the adjective, e.g. **bras-bras** 'very big', or tack on various words, e.g., **-tre, -kaer, -mat.** 'Quite' is **a-walc'h** – it follows: **bihan a-walc'h** 'quite small'. 'Too' is **re**^{L} – it lenites and is stressed if the adjective is monosyllabic: **kaer** 'beautiful', **re gaer** 'too beautiful'. Here are a few useful adjectives. They are here for reference and the exercises only.

bras	big	**bihan**	small
mat	good	**fall**	bad

kreñv	strong	**gwan**	weak
hegarat, plijus	kind, pleasant	**dihegar, displijus**	unkind, unpleasant
yac'h	healthy	**klañv**	ill
kaer	beautiful	**divalav**	ugly
uhel	high, tall	**izel**	low, (short)
tev	fat	**moan, tanav, treut**	slim, thin, slender
yaouank	young	**kozh, oadet**	old
brav	fine	**fall**	bad
laouen	happy, satisfied	**trist**	sad
gwenn	white	**du**	black
glas	blue; green (natural)	**gwer**	green (man-made)
ruz	red	**melen**	yellow, blond
brun, liv-kistin	brown	**(liv-)orañjez**	orange
roz	pink	**gris, louet**	grey

Coming and going – useful verbs, prepositions, and question words

Useful prepositions are **da**[L] 'to' and **eus** 'from' (no mutation after this one). **Pelec'h?** 'where?' alone may indicate location and direction. But for clarity we may have: **e pelec'h ... ?** 'where, in what place ... ?', **da belec'h ... ?** 'where ... to?', and **eus pelec'h?** 'where ... from?'. So:

E pelec'h emaoc'h o chom?	–	**E Gwengamp (emaon o chom).**
Where do you live?	–	(I live) in Gwengamp.
Da belec'h emaint o vont?	–	**D'ar gêr (emaint o vont).**
Where are they going?	–	(They're going) home.
Eus pelec'h emañ o tont?	–	**Eus Douarnenez (emañ o tont).**
Where he's coming from?	–	(He's coming) from Douarnenez.

Note **Eus pelec'h *oc'h*?** 'Where're you from?', etc. Answer with the place or the place preceded by **eus**; to that we might add the appropriate form of **bezañ**, but not the **emañ** forms, as we're concerned with someone's origins:

Eus pelec'h oc'h?   – **Eus Montroulez (on).**
Where are you from?   – (I'm) from Montroulez.

Exercise 6

Now take the patterns you have just met and slot in different places and origins:

E pelec'h emaoc'h o chom?   – E *Gwengamp* (emaon o chom).

Da belec'h emaint o vont?   – *D'ar gêr* (emaint o vont).

Eus pelec'h emañ o tont?   – Eus *Douarnenez* (emañ o tont).

Eus pelec'h oc'h?   – Eus *Montroulez* (on).

Breizh (Breizh-Vihan)	Brittany	**Manav, Enez-Vanav**	Isle of Man
Breizh-Veur	Great Britain	**Kernev-Veur**	Cornwall
Mor Breizh	English Channel	**Bro-Saoz**	England
Bro-C'hall, (ar) Frañs	France	**Kembre (Bro-Gembre)**	Wales
Bro-Skos	Scotland	**Iwerzhon**	Ireland
Treger	Trégor	**Leon**	Léon
Kernev	Cornouaille	**Gwened**	Vannes (city/region)
Naoned	Nantes	**Roazhon**	Rennes
Montroulez	Morlaix	**Rosko**	Roscoff
Kemper	Quimper	**Sant-Brieg**	Saint-Brieuc

Here are a few other words (there are quite a few variants), not for the exercise:

sal, f. **ar gouelioù**	village hall	**liorzh-kêr**, f.	park
arsav, m.	bus stop	**bali**, f.	avenue, boulevard
stal, f.	shop	**ispisiri**, f.	grocer's
kigerdi, f.	butcher's	**baraerdi**, m.	baker's
stal-gouignoù, f.	cake-shop	**stal-levrioù**, f.	bookshop
stal-vutun, f.	bureau de tabac	**ti-post**, m.	post office
tavarn, f.	café, bistro, bar	**ostaleri**, f.	bar, bistro; hotel
ti-debriñ, m.	restaurant	**servijlec'h**, m.	petrol station
karrdi, m.	garage	**klañvdi**, m.	hospital
klinikenn, f.	clinic, health centre	**skol**, f.	school
		lise, m.	lycée

Dialogue 3 ▶️

Talking about someone they see

SUZANNA:	Piv a zo o pourmen a-hed an aod?
ALAN:	Ma c'henderv eo. Met n'emañ ket o pourmen. O redek emañ!
SUZANNA:	Petra a vez graet anezhañ?
ALAN:	Fañch a vez graet anezhañ. Fañch eo e anv.
SUZANNA:	Da belec'h emañ o vont?
ALAN:	Da gerc'hat e c'hoar emañ o vont.
SUZANNA:	Pelec'h emañ-hi 'ta?
ALAN:	Er skol emañ c'hoazh, a gav din.
SUZANNA:	Ya 'vat, poent eo, diwezhat eo Fañch.
ALAN:	Soazig, e c'hoar, a zo o c'hortoz e porzh ar skol.
SUZANNA:	Warc'hoazh e vo ma zud o vont da Vrest.
ALAN:	Perak 'ta?
SUZANNA:	Da brenañ dilhad nevez emaint o vont di.

SUZANNA:	*Who's walking along the coast?*
ALAN:	*It's my cousin. He's not walking, he's running.*
SUZANNA:	*What's he called?*
ALAN:	*He's called Fañch. Fañch is his name.*
SUZANNA:	*Where's he going?*
ALAN:	*He's going to meet his sister.*
SUZANNA:	*Where is she?*
ALAN:	*She's still at the school, it seems to me.*
SUZANNA:	*Yes indeed, it's time, Fañch is late.*
ALAN:	*Soazig, his sister, is waiting in the school playground.*
SUZANNA:	*Tomorrow my parents will be going to Brest.*
ALAN:	*Why?*
SUZANNA:	*They're going there to buy new clothes.*

Vocabulary

a-hed	along	**kenderv**, m.	cousin
hent, m.	road	**anezhañ**	of him
petra a vez graet eus/a^L **... ?**	what's X called?	**e**^{L}	his, him
		anv, m.	name
kerc'h/at	to fetch, go and look for	**skol**, f.	school
		'vat (avat)	well, indeed
poent eo	it's time		

diwezhat	late
porzh, m.	yard, courtyard; port; playground
kuit	away, off
dilhad, m.	clothes
di	there, to that place (not visible)

Addressing people: saying 'you'

Where Breton is the traditional language, there is variation in how people address each other; today there is a tendency to use a system which was well established in certain Breton-speaking areas several centuries ago:

te with people close to you: family, friends (it is always singular)

c'hwi with 'strangers' (it is not pejorative!) and superiors in one's profession – it is thus a polite singular and plural form (and it is the plural of **te**)

But a large part of the Breton-language area uses one form alone: **c'hwi** (just like English!). You may notice men using **te** among themselves, women using **c'hwi** among themselves, men using **c'hwi** to women, and women using **te** to men!

The demonstratives: 'this' and 'that'

Tack **-mañ** 'this', **-se** 'that', or **-hont** 'that (yonder)' on to the definite noun or, if that is followed by an adjective, to the adjective. Thus: **an dra-se** 'that (thing), it, **an dra-mañ** 'this (thing), it' – and **an dra-hont** too. If we take **keginer**, 'this cook' will be **ar c'heginer-mañ** and 'those cooks' will be **ar geginerien-se**. They do not affect the stress.

For 'this (person)', i.e. to make a reference to a specific person, there are pronouns:

	this	*that (by you)*	*that (by him . . .)*
m. sing.	**hemañ**	**hennezh**	**henhont**
f. sing.	**ho(u)mañ**	**ho(u)nnezh**	**hounhont**
plural	**ar re-mañ**	**ar re-se**	**ar re-hont**

Verbal radicals – and the impersonal conjugation

When listing verbs we give the verbal noun form; this is the first form listed in dictionaries. An oblique stroke within that form indicates the boundary between the radical and the ending; typical endings include: **-(i)añ**, **-iñ**, **-al**, **-out**, **-in**, **-at**, **-et**, **-en**, **-er**, **-ezh**, **-ek**, **-a**, **-aat**, **-el**. We give the radical separately where necessary, and, where a radical is not listed, the v.n. and the radical are identical. **Bezañ** 'to be', **kaout** 'to have', **mont** 'to go', **ober** 'to do', and **gouzout** (or **goût** in spoken language) 'to know' have irregularities. The verbal radical is very important:

1 If the subject precedes the verb, and we insert the leniting particle **a**, the radical covers the entire present tense – this is the impersonal conjugation, as given in the examples below.
2 The 2nd-person singular imperative and the 3rd-person singular present are identical to it.
3 The personal ending forms of the verb are added to it.
4 The formation of new words from verbs starts from the radical.

infinitive	radical	impersonal conjugation
kemer to take	**kemer**	**me a gemer** I take
evañ to drink	**ev**	**eñ a ev** he drinks
debriñ to eat	**debr**	**hi a zebr** she eats
redek to run	**red**	**c'hwi a red** you run
kousket to sleep	**kousk**	**Mammig a gousk** Mummy sleeps
lezel to let, allow	**lez**	**me a lez** I let
boueta to feed	**bouet(a)**	**hi a voueta** she feeds
lakaat to put	**lak(a)**	**ni a lak(a)** we put
reiñ to give	**ro**	**ar verc'h a ro** the girl gives
digeriñ to open	**digor**	**c'hwi a zigor** you open
gervel/gelver to call	**galv**	**te a c'halv** you call
mont to go	**a**	**me a ya** I go
ober to do	**gra**	**int a ra** they do (special lenition)
gouzout to know	**(g)oar**	**Tadig a oar** Daddy knows

Observe what happens in **reiñ**, **digeriñ**, and **gervel/gelver** – such patterns are found in a few common verbs. **Mont** and **ober** are almost identical apart from the letters **(g)r** starting **ober**. **Bezañ** and

kaout 'to be' and 'to have' need to be treated separately. In verbs in **-liañ** and **-niañ**, it is necessary to 'rewrite' **li** and **ni** when there is no ending or the ending begins with a vocalic **i** – thus **heuliañ** 'to follow' and **bleniañ** 'to drive' give **heuilh** and **blegn**.

Exercise 7

Form radicals from the following verbs and create present tenses with them using the impersonal conjugation as illustrated below. This conjugation, strictly speaking, emphasizes the subject, i.c. answers the imaginary question 'Who/What Xes . . . ?':

E.g. **klevet** – **klev**, **mervel** – **marv**, **lenn** – **lenn**

gwelet	to see	**selaou**	to listen to
klask	to seek, try	**kerzhet**	to walk
diskuizhañ	to rest	**pignat**	to climb
diskenn	to descend	**kouezhañ**	to fall
treiñ	to turn	**diskouez**	to show
displegañ	to explain	**pediñ**	to ask,
aliañ	to advise		invite
koll	to lose	**prestañ**	to lend
kregiñ	to begin	**serriñ**	to close
azezañ	to sit (down)	**kaozeal**	to chat, speak
gortoz	to wait (for)	**pesketa**	to fish
echuiñ	to finish	**gwellaat**	to get better
c'hoarvezout	to happen	**sevel**	to raise,
dihuniñ	to wake up,		rise, get up,
	awaken		create

Reading 📼

O lenn ar gazetenn *Ouest-France* emañ ar gwaz-se. Ar vaouez-mañ avat a zo o lenn *Bremañ*. Ha du-hont, e-tal ar stal-levrioù, ez eus paotred ha merc'hed o kaozeal. Erru int ahont war-lerc'h al lise. Sellit 'ta, *an hini zo o tont a oar* komz brezhoneg, ha houmañ ivez. Skolaerien Diwan int, hep mar.

Note how 'who' is conveyed. It is formally indistinguishable from a plain impersonal verb form, but the context – one after the other here – forces you to interpret it correctly – it's in italics: 'The one *who* is coming knows how to . . .'

maouez, f.	woman	**avat**	however, but
du-hont	over there	**e-tal**	near
erru	arrived	**war-lerc'h**	after
hep mar	without doubt, probably		

The beginnings of Brittany

History indicates that serious migration began around the fourth to fifth centuries AD, principally from south-west Britain, but also from at least Wales and Ireland. The tradition is that they were fleeing the expansion of Germanic tribes. Perhaps, but there was just as likely a desire for the maintenance and reinforcement of communal ties – consolidation was needed in mainland Europe as well. The migration also suggests there were still people speaking a Celtic language, Gaulish, there, and that there was a certain amount of mutual intelligibility. But the weight of immigration must have been such that the Briton, soon to be Breton, component prevailed.

3 E kêr

In town

In this unit you will learn:

- a little about counting money and telling the time – a few numerals
- more about mutations: nouns, adjectives, and the plural
- how to form the imperative
- about how Brittany took shape
- some phrases for speaking, eating, and drinking

Dialogue 1 ▣

Come and see these flowers!

NOLWENN:	Herve, deus amañ 'ta, deus da welet petra zo amañ.
HERVE:	Ya, ya, emaon o tont.
NOLWENN:	Sell, met sell 'ta, bleunioù kamelia.
HERVE:	Ya, bleunioù kamelia!
NOLWENN:	Petra zo, ne blij ket dit ar bleunioù kamelia?
HERVE:	Eo, met deus da welet dre amañ, aze ez eus bleunioù all.

NOLWENN:	*Herve, do come here, come and see what there is here.*
HERVE:	*Yes, yes, I'm coming.*
NOLWENN:	*Look, just look, camellias.*
HERVE:	*Yes, camellias!*
NOLWENN:	*What's up, don't you like camellias?*
HERVE:	*Yes, but come over here and see, there are other flowers there.*

Vocabulary

reomp	we do	**prenadenn**, f.	purchase
deus	come	**'ta (eta)**	then
zo	there is/are	**met**	but
plij/out	to please	**dit**	to you
eo	yes	**dre amañ**	over here
all	other		

Dialogue 2 ▣▣

Eat this! Anything to drink?

GWENOLA: Debr an tamm-se 'ta!
GWENOLE: Ya, mat eo, met gwin zo da evañ?
GWENOLA: N'eus ket, ev dour, ken mat all eo.

GWENOLA: *Eat that bit!*
GWENOLE: *Yes, it's good, but is there any wine to drink?*
GWENOLA: *No, there isn't, drink water, it's just as good.*

Vocabulary

tamm, m.	piece	**gwin**, m.	wine
dour, m.	water	**ken** + adj. + **all**	just as X

Language and grammar

The imperative

The imperative is simple to form: it consists of three persons formed on the verb radical. For the verb **debriñ** we have:

Debr!	Eat! (singular)
Debromp!	Let's eat!
Debrit!	Eat! (plural)

A very small number of verbs have some irregularities. Thus:

	mont to go	**dont** to come	**ober** to do
(2PS)	**kae**	**deus**	**gra** (or **grez**, as in Treger)
(1PP)	**deomp**	**deuomp** (rare)	**greomp**
(2PP)	**kit/it**	**deuit**	**grit**

Exercise 1

Form the imperatives of the following verbs:

E.g. **sellet**: **sell, sellomp, sellit**

reiñ, ro	to give	**red/ek**	to run
sevel, sav	to get up	**kenderc'hel,**	to continue
skriv/añ	to write	**kendalc'h**	
dont (rad. **deu**)	to come	**bale**	to take a walk
distreiñ, distro	to return	**lenn**	to read
dastum	to gather	**debr/iñ**	to eat
ev/añ	to drink	**kousk/et**	to sleep
selaou	to listen (to)	**c'hoari**	to play
kemer	to take	**kas**	to take, lead
degas	to bring	**gortoz**	to wait

Dialogue 3 🔲

How much do things cost?

TEREZA: Lavarit din mar plij pegement e koust al levr-mañ!

LEVRIER: Tost da bemzek euro e koust, da lavaret eo dek lur saoz.

TEREZA: N'eo ket ker, met pet pajenn zo ennañ mar plij?

LEVRIER: Daou c'hant pajenn zo.

TEREZA: Mat eo din, emaon o vont da brenañ al levr neuze.

LEVRIER: Un dra all marteze?

TEREZA: Nann. Mat eo evel-se.

TEREZA: *Please tell me how much this book costs!*

LEVRIER: *It costs almost fifteen euros, that's to say ten pounds sterling.*

TEREZA: *That isn't expensive, but how many pages are there in it, please?*

LEVRIER: *There are two hundred pages.*

TEREZA: *That's fine for me, I'm going to buy the book, then.*

LEVRIER: *Anything else?*

TEREZA: *No. That's all.*

Vocabulary

lavar/et	to say, tell	**pegement**	how much
koust/añ	to cost	**levrier**, m.	bookseller
tost da^L	near to,	**da lavaret eo**	that is to say
	almost + X	**pemzek**	fifteen
euro, m.	euro	**lur**, m.	pound sterling
ker	dear, expensive	**pet** + sing.	how much,
pajenn, f.	page		how many
ennañ	in it	**daou c'hant**	two hundred
marteze	perhaps		

Dialogue 4 ▒

Opening hours

DIVI: Pegoulz e vo digor ar stal, mar plij?
KIGER: A-benn arc'hoazh beure e vo digor.
DIVI: Trugarez, met da bet eur rik e vo digor?
KIGER: Da eizh eur hanter rik e vo digor.
DIVI: Mat-tre, trugarez deoc'h ur wezh c'hoazh!

DIVI: *When will the shop be open, please?*
KIGER: *It'll be open by tomorrow morning.*
DIVI: *Thanks, but at what time precisely will it be open?*
KIGER: *It'll be open at half-past eight precisely.*
DIVI: *Very good, thanks again!*

Vocabulary

pegoulz	when	**vo**	it will be
digor	open	**stal**, f.	shop
a-benn arc'hoazh	(by) tomorrow	**beure**, m.	morning
da bet eur	at what time	**rik**	precisely
eizh	eight	**hanter**	half
gwezh, f.	time	**c'hoazh**	still, yet

Counting money and telling the time – a few numerals

For the hour, we use the question word **pet** 'how much?' 'how many?'

Pet eur eo?
What time is it?

Da bet eur emañ da zont?
At what time is he (due) to come?

Da bet eur emañ ar gentel istor?
At what time is the history lesson?

If we are not focusing on the hour, we use **pegoulz**:

Pegoulz e vo amañ?	When will he be here?
diwezhatoc'h	later
ab<u>r</u>ed	soon
hiziv	today
warc'h<u>oa</u>zh	tomorrow

Here are a few numerals, the first four in their form as used with **eur** 'hour':

1	**un**	11	**unnek**	20	**ugent**
2	**div**	12	**daouzek**	30	**tregont**
3	**teir**	13	**trizek**	40	**daou-ugent**
4	**peder**	14	**pevarzek**	50	**hanter-kant**
5	**pemp**	15	**pemzek**	60	**tri-ugent**
6	**c'hwec'h**	16	**c'hwezek**	70	**dek ha tri-ugent**
7	**seizh**	17	**seitek**	80	**pevar-ugent**
8	**eizh**	18	**triwec'h**	90	**dek ha pevar-ugent**
9	**nav**	19	**naontek**	100	**kant**
10	**dek**				

When you want to say what time it is on the hour, place **eur** 'hour', after the appropriate numeral – use the singular. If you want to say 'at' the hour, then remember that **da** causes lenition: **Da bet eur?** gives **Da ziv eur**, **da deir eur**, **da beder eur**, etc. 'Midday' and 'midnight' are respectively **kreisteiz** and **kreiznoz**. For 'a.m.' you may just add **mintin** or **beure**. For 'p.m.' add **goude kreisteiz** or **goude merenn** or, for the evening, just **noz**.

For money we start with **pegement** 'how much':

Pegement eo?
How much is it?

Pegement e koust? (using the verb **koustañ** 'to cost')
How much does it cost?

These give the possible reply **Tri euro** 'three euros'. If the question is **Pegement eo ar pesked?** 'How much are the fish?' (**pesk**, m. 'fish'), the obvious possible responses are: **Tri euro** or **Tri euro eo ar pesked**; and we could have **Tri euro int** – **int** indicates the plurality of the subject, since that is not expressed separately. The answer – in this case **Tri euro** – stands first in the sentence, in place of the question word (**Pegement?**). Note it was *tri* euro; **euro** is masculine and requires **daou**, **tri**, and **pevar** (**eur** is feminine): **daou euro**, **tri euro dek**. Here are some fuller questions:

Pegement e koust ar bara/ar sistr/ar bier/ar fourmaj/an traoù bihan/al levr/al levrioù/ar gartenn-bost/ar c'hartennoù-post-mañ?

How much does/do the bread/the cider/the beer/the cheese/the apéritif biscuits/the book/the books/the postcard/these postcards cost?

Un is the form of **unan** 'one' used before a noun – it's identical to the indefinite article, and may therefore also appear as **ur** or **ul**.

Exercise 2 ▮▮

Write out the answers to the question **Pegement e koust?**

E.g. **Dek euro**.

50 euros	20 euros	8 euros	1 euro
6 euros	2 euros	100 euros	5 euros

Exercise 3 ▮▮

Write out the answers to the question **Pet eur eo?** 'What time is it?'

E.g. **Div eur eo.** 'It's 2 o'clock.'

1 o'clock	12 o'clock	7 o'clock	9 o'clock
3 o'clock	5 o'clock	11 o'clock	4 o'clock
10 o'clock	6 o'clock		

Bloaz *'year' and asking people their age, or telling them yours*

The word **bloaz** 'year' lenites after **pet?** 'how many?' and after all numerals except for **tri**, **pevar**, **pemp**, **nav**, and **mil**. If you ask someone their age, then the question is **Pet vloaz oc'h?** or **Pe oad oc'h?** lit. 'How many years/What age are you?'; and the answer will be, for example, **Naontek vloaz (on)** '(I'm) nineteen.' The verb **kaout** 'to have', see Unit 4, is an option here, thus **Pet vloaz hoc'h eus?** lit. 'How many years do you have?' – **Triwec'h vloaz am eus**, lit. 'I have 18 years.'

Exercise 4

Let's use the verb **bezañ** to ask **Pet vloaz oc'h?** (we're sticking to the numerals learnt here):

E.g. **Nav bloaz on, Naontek vloaz on.**

10, 30, 50, 80, 15, 18, 7, 4

Dialogue 5 ▣

School's out!

GWELTAZ: Tud zo en ti e-kichen?
KATELL: Ya, tud zo. Un tamm abadenn laouen zo etre studierien ha liseidi.
GWELTAZ: Echu eo ar skol war a seblant. Trouz a vo sur!
KATELL: Arabat dit bezañ chalet! Ni a serro mat ar prenestroù, ar stalafoù hag an dorioù! Ha ne vo klevet trouz ebet.
GWELTAZ: Sur out? Galvet e vo ar boliserien gant an amezeien.

GWELTAZ: *Are there people in the house nearby?*
KATELL: *Yes, there are people. There's a bit of a party between students and pupils.*
GWELTAZ: *Seems like school is over. There'll certainly be some noise!*
KATELL: *No need for you to be worried! We'll close our windows, shutters and doors firmly! And no noise will be heard.*
GWELTAZ: *Are you sure? The police will be called by the neighbours.*

Vocabulary

abadenn, f.	affair, performance, moment
laouen	happy, jolly
etre	between
lisead, m.	lycée students
war a seblant	so it seems
trouz, m.	noise; quarrel
arabat	no need to, you mustn't
chalet	worried, concerned
serr/iñ	to close, shut
prenestr, m.	window
stalaf, m./f.	shutter
dor, m.	door (note: **an <u>n</u>or, un <u>n</u>or**)
gervel (or **gelver**), **galv**	call
amezeg, m.	neighbour

Lenition and masculine nouns

Feminine singular nouns lenite after the articles. Masculine nouns may do so too:

1 Those referring to humans (including names of professions, etc.) do *not* mutate in the singular, but in the plural lenite: **paotr, ar paotr, ar baotred** 'boy, the boy, the boys'; **martolod, ar martolod, ar vartoloded** 'sailor, the sailor, the sailors'. The few exceptions include those with a plural in **-où**, e.g. **tad, an tad**, but **an tadoù** 'father, the father, the fathers'.
2 The others, i.e. those referring to things and to animals, do not mutate either in the singular or in the plural: **penn, ar penn, ar pennoù** 'head, the head, the heads'.

Note: **k-** > **c'h-** in singular masculines, plural feminines, and plural masculines referring to things and animals:

kiger, ar c'higer, ar gigerien
butcher, the butcher, the butchers
(note the lenition in the m. hum. pl.)

kazh, ar c'hazh, ar c'hizhier
cat, the cat, the cats

kazetenn, ar gazetenn, ar c'hazetennoù
newspaper, the newspaper, the newspapers

Exercise 5

Place the definite article before the following nouns, in both the singular and the plural:

> E.g. **Mamm: ar vamm, ar mammoù; paotr: ar paotr, ar baotred**

kentel	lesson (f. sing., **-ioù**)
taol	table (f. sing., **-ioù**)
kelennerezed	teachers (f. pl., sing. **kelennerez**)
levrioù	books (m. pl., sing. **levr**)
tadoù	fathers (m. hum. pl., sing. **tad**)
kazh	cat (m. sing., **kizhier**)
stal	shop (f. sing., **-ioù**)
paotred	lads (m. hum. pl., sing. **paotr**)
kelenner	teacher (m. sing., **-ien**)
karr	car (m. sing., **kirri**)
ti	house (m. sing., **tiez**)

Adjectives and mutations

With one exception, adjectives are invariable. They normally follow the noun they qualify, and then lenite according to the gender and/or number of that noun. Here is part of the picture:

1   No lenition after masculine singular nouns:

> **ur paotr bras** a big lad – **ur c'hazh koant** a pretty cat

2   Lenition after masculine human plural nouns:

> **kigerien vat** good butchers – **kizhier koant** pretty cats

3   Lenition after feminine singular nouns:

> **ur verc'h vrav** a beautiful girl – **merc'hed brav** beautiful girls

Exercise 6

(a) Accompany the following nouns by the definite article and the adjective **mat**:

> paotr, merc'h, ti, stal, ostaleri

(b) Accompany the following nouns by the indefinite article and the adjective **kozh**:

kador, nijerez (f., 'aeroplane'), levr, bag, bourc'h

(c) Accompany the following nouns by the adjective **brav**:

stalioù, tadoù, kelennerezed, kazetennerien, merc'hed

Brittany takes shape

We know of three kingdoms in the sixth–ninth centuries, namely **Domnonea**, **Kernev**, and **Bro-Ereg**. **Domnonea** was in the north and north-west, **Kernev** in the south and south-west, and **Bro-Ereg** was in the south and south-east, the Gwened area.

Before the Breton period, under the Romans, there was probably a certain uniformity. Once the immigrations happened, the levelling of a powerful empire no longer obtained. So we have differences, and the place names tell us of the relative densities of immigration. This comes out in place names in **Plou-** (in various forms), **Gwi(k)-**, **Lann-**, and **Tre-**. These tend to concentrate in the west and north-west of Brittany, and suggest the areas where they are concentrated are the areas of greatest Briton immigration. These areas are the historical areas of Breton.

A few phrases relating to speaking and listening

Bretons will be delighted if you use their language. Ever more common is a little square badge, green for a beginner and black for someone more advanced, with the words **E brezhoneg!** 'In Breton!' on it, to show you are ready and willing to speak Breton. Here are a few phrases:

Me a oar brezhoneg.
I speak Breton.

Ober a ran gant ar brezhoneg bemdez.
I speak/use Breton every day.

Komz a rit buan – komzit goustadik, mar plij.
You speak quickly – speak slowly, please.

Petra? N'em eus ket komprenet.
What? I didn't understand.

Adlârit, mar plij. (or **Adlavarit, mar plij.**)
Repeat, please.

Penaos e vez lâret X e brezhoneg?
How do you say X in Breton?

Petra a dalvez X?
What does X mean?

Emaon o teskiñ brezhoneg (er skol, er skol-veur, dre lizher).
I'm learning Breton (in school, at university, by
correspondence).

We have already met the word **krampouezh** 'crêpes' – it's a collective rather than a plural. If we want to talk of one crêpe, we give it an ending: **krampouezhenn**. Such nouns are called 'singulatives' and are feminine. To **krampouezh/enn** we can add **ed du** 'buckwheat', **sall** 'savoury', **dous** 'sweet'. We also come across **kaletez/enn** – note it behaves in the same way; these are *galettes*, a term often used for crêpes made with buckwheat. Crêpes come with all sorts of accompaniments, even if the authentic one is just with butter – Bretons love butter, **amanenn** or **amann**, m. Point on the menu, or go for the 'complete' crêpe: **krampouezhenn an tri zra**, lit. 'the three-things crêpe', the three things being **ur vi** 'an egg', **un tamm morzhedenn** 'a slice of ham', and **fourmaj** 'cheese'. Traditionally, crêpes are accompanied by **ur volennad sistr/chistr** 'a bowl of cider' (**bolenn**, f. 'bowl'; **-ad** indicates it has content), but preferable may be **ur werennad dour** 'a glass of water' (**gwerenn**, f. 'glass' – note the **-ad** again) or **ur banne bier** 'a drop of beer'; or perhaps even **ur werennad gwin** 'a glass of wine' (**gwin**, m. 'wine'). Try a glass of **laezh ribot** 'buttermilk', an extremely drinkable and refreshing yoghurt-type drink. The question 'What'll you have?' may be **Petra ho po?** (no need to pronounce **ho**), and the reply will be whatever is wanted, followed or not by **am bo** (usually pronounced **mo**). If more of the same is wanted, ask for **ar memes tra** 'the same thing'. Other relevant **-ad** words here include **ur voutailhad** 'a bottle of . . .' (**boutailh**, f.), **un tasad** 'a cup of . . .', **ur chopinad** 'a mug/pint' (the bistro may be **an ti chopin**). Use a numeral, but leave the noun in the singular and, if it's 'two, three, four', remember they are special forms. And for 'X each', use **Bep a**ᴸ: **Bep a voutailhad bier** 'A bottle of beer each', **Bep a grampouezhenn an tri zra** 'a "complete" crêpe each'.

   After the meal the choice may be **ur banne kafe/te** 'a coffee/tea' (an alternative to **banne** is **bannac'h**) – and you may ask **Pelec'h**

emañ ar privezioù? Can you guess? If the toilets are at the back of the restaurant, you may hear **E penn (all) ar sal**, **E penn (all) an trepas** 'At the back of the room/end of the corridor'.

Other useful words for drinks include **chug-frouezh** 'fruit juice', **chokolad** 'hot chocolate', and **digor-kalon** 'apéritif'. Red and white wine are **gwin ruz** and **gwin gwenn**. Not to mention Breton whisky, there are some excellent beers now – just go easy on certain of them! Ask for **hini du** 'a dark one', **hini gwenn** 'a light one', and **hini melen** 'a "yellow" (lager-like) one' – the word **hini** just stands in for **bier** here.

Try to avoid being **mezv** 'drunk' – **Arabat bezañ mezv!** 'Don't be drunk!', but do wish **Yec'hed mat d'an holl!** 'Good health to everyone!'

Le Far Breton *Farz* Breizh

Ezhomm zo:
250 g bleud
150 g sukr
1 bakadenn sukr-ha-vanilha
4 vi brav
1 litrad laezh
100 g rezin sec'h
1 werennadig rom

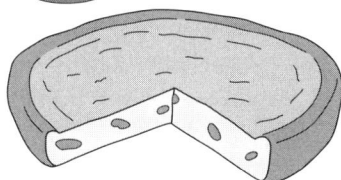

Evit fardañ

Meskañ ar bleud, ar sukr hag ar vioù.
Ouzhpenniñ ar bakadenn sukr-ha-vanilha hag al laezh tamm ha tamm.

Diskenn an toaz-se en ur plad amanennet mat, ha poazhañ en ur forn tomm etre tri-c'hard eur hag un eur.
E-lec'h lakaat rezin e c'heller lakaat pruneoz bet e glec'h er rom.
Er farz gwirion ne lakaer na rezin na pruneoz.

4 Prenañ traoù ha mont d'an ostaleri

Shopping and going to the café

In this unit you will learn:

- how to express and ask about availability and existence, about possession
- how to ask and answer yes/no questions
- more about consonantal mutations: strengthening and spirantization
- the forms of the possessive adjectives and pronouns, namely 'my', 'mine', etc.
- the verb forms for 'there is', 'there are'
- some present-tense forms of the irregular verbs **mont** 'to go' and **ober** 'to do'
- the present-tense forms of the verb **kaout** 'to have'
- about the prepositions **gant** 'with', **da** 'to' and possession
- some useful things to know when driving around Brittany

Dialogue 1 🎧

There's no bread in the house!

SUZANNA: Alan, me 'gav din n'eus ket mui bara en ti.
ALAN: N'eus ket mui bara? Ne vern! E-kichen emañ ar stalioù, ha digor int.
SUZANNA: Deomp di neuze.
ALAN: Ya 'vat. Pelec'h emañ ma arc'hant?
SUZANNA: Sell, arc'hant a zo amañ, war an daol.
. . .

ALAN: Brav eo an amzer, dre chañs.
SUZANNA: Ur sac'h a zo ganin. Prest on.
ALAN: Er stalioù e c'hellimp prenañ laezh ivez, ha marteze traoù all.
SUZANNA: Er stalioù e kavomp atav traoù da brenañ.
ALAN: N'ouzon ket pelec'h emañ ma alc'hwez. Da hini a zo ganit?
SUZANNA: Ya, ganin emañ, em godell.
ALAN: Mat eo 'ta, deomp d'ar stalioù neuze.

SUZANNA: *Alan, I don't think there's any more bread in the house.*
ALAN: *There's no more bread? Never mind! The shops are nearby, and they're open.*
SUZANNA: *Let's go there then.*
ALAN: *Fine. Where's my money?*
SUZANNA: *There's some money here, on the table.*
. . .
ALAN: *The weather's fine, fortunately.*
SUZANNA: *I've got my bag. I'm ready.*
ALAN: *In the shops we'll be able to buy milk too, and perhaps other things.*
SUZANNA: *In the shops we always find things to buy.*
ALAN: *I don't know where my money is. Have you got yours?*
SUZANNA: *Yes, in my pocket.*
ALAN: *Fine, Let's go to the shops.*

Vocabulary

ne + verb + **ket mui**	not any more	**ne vern!**	no matter!, never mind!
e-kichen	near, nearby	**ma/va**[s]	my
arc'hant (north), **argant** (south), m.	money	**amzer**, m.	weather; season
		dre chañs	fortunately
		sac'h, m.	bag
prest	ready	**e c'hellimp**	we'll be able
laezh, m.	milk	**atav**	always
alc'hwez, m.	key	**da hini**	yours
em[s]	in my	**godell**, f.	pocket

Language and grammar

Availability and existence – some verb forms for 'there is', 'there are'

If we want to say 'there is/are', 'there isn't/aren't', we use (**a**) **zo** or **ez eus** and **n'eus ket**. They do not change, but note that Breton has two forms for the positive. Use **a zo** when what there is comes first, and **ez eus** if something else comes first:

Kalz laezh a zo er yenerez.
There's lots of milk in the fridge.

Er yenerez ez eus kalz laezh.
In the fridge there's lots of milk.

N'eus ket kalz laezh er yenerez.
There isn't much milk in the fridge.

What there isn't may be on its own or preceded by a^L, provided it comes after the verb. Thus:

N'eus ket *bara* en ti or **N'eus ket *a vara* en ti.**
There isn't any bread in the house.

Things are simpler for 'there will be', there won't be' or 'there was', 'there wasn't', 'there were', 'there weren't' (note: **a** when what there will be or was/were precedes; **e** otherwise; no particle in the negative).

Tud a vo/a oa en ti-krampouezh.
There will be/were people in the crêperie.

En ti-kêr e vo/e oa tud.
There will be/were people in the town hall.

Ne vo/oa ket bier (a vier) er bar.
There won't be/wasn't any beer in the bar.

Exercise 1

Use the following words to express existence and absence, past (imperfect), present and future, e.g. **Holen a zo er gegin – N'eus ket a holen er gegin** (each could be a question) 'There's some salt in the kitchen' – 'There isn't any salt in the kitchen' (for the future and imperfect replace **a zo** and **n'eus ket** with **a vo** and **ne vo ket** (future) and **a oa** and **ne oa ket** (imperfect)).

holen, m.	salt	**pebr**	pepper
kontell, f.	knife	**fourchetez**, f.	fork
alumetez	matches	**loa**, f.	spoon
tiretenn, f.	drawer	**armel**, f.	cupboard
patatez	potatoes		

Some present-tense forms of the irregular verbs mont *'to go' and* ober *'to do'*

Mont and **ober** have the radicals **a** and **gra**, which become **ya** and **ra** when preceded by the particle **a**:

Te a ya tre en davarn.
You go into the café.

Ni a ra un droiadig war ar maez.
We take a little walk in the countryside.

Exercise 2

Insert the appropriate form of **bezañ** in the following sentences:

E.g. **Sukr _____ war an daol** gives
Sukr a zo war an daol
'There's some sugar on the table.'

(a) Bara _____ war an daol.
(b) Gant da vamm _____ kalz arc'hant.
(c) Ne _____ ket dour er werenn.
(d) Laezh _____ en tas.
(e) Kalz tavarnioù _____ war ar blasenn.
(f) Ouzh taol _____ daou baotr ha pemp plac'h.
(g) E Spezed _____ ul levrdi mat-kaer.
(h) War ar vag _____ kalz touristed.
(i) Ouzhpenn tri c'hant studier brezhoneg _____
e Skol-Veur Roazhon.
(j) Ne _____ ket a win en ti.

ouzh taol	at/to table
plac'h, f.	girl (no lenition after articles with this word, but adjectives lenite as appropriate)

levrdi, m.	bookshop
bag, f.	boat
ouzhpenn tri c'hant	over three hundred

Exercise 3

Insert the correct form of **mont** or **ober** into the following sentences:

> E.g. **Ni a _____ d'ar gêr** gives
> **Ni a ya d'ar gêr**
> 'We go home.'

(a) Emaon o _____ da Vrest.
(b) Petra a _____ Yannig er gegin?
(c) C'hwi a _____ da glask ur ranndi e kreizkêr.
(d) Petra emaoc'h oc'h _____ ?
(e) Piv a _____ ganin e kêr?
(f) Pêr a _____ e soñj chom er gêr.
(g) Gant piv emaout o _____ d'ar fest-noz?
(h) Piv a _____ trouz er gegin?
(i) Kalz tud a _____ da Vreizh e-pad an hañv.
(j) Ma breur ha ma c'hoar a zo o _____ da c'hoari c'hartoù.

ranndi, m.	apartment, flat
kreiz-kêr, m.	town centre
ober, **gra e soñj**	to decide
chom	to live, stay
e-pad	during
hañv, m.	summer
c'hoari	to play

Dialogue 2 ▣

Suzanne and Alan in the supermarket

SUZANNA: Alan, pelec'h emañ ma sac'h?
ALAN: Er garrigell emañ, gant da arc'hant.
SUZANNA: Kae da gerc'hat ar bara, mar plij.
ALAN: Ya, mat eo din. Ha te, kae da gerc'hat al laezh, neuze.
. . .
SUZANNA: Prenet hon eus dour, gwin, krampouezh, silzig, vioù, ar gelaouenn, te ha kafe.
ALAN: Ya, dañjerus eo ar stalioù. Ha setu-ni amañ, bremañ, o prenañ bara ha laezh!

Suzanna:	E-kichen ez eus un ostaleri. Mat e vo dimp azezañ ur pennad war ar blasenn, neketa?
Alan:	Ya sur. Brav eo an amzer. Eno e vo mignoned marteze.
Suzanna:	Me 'gav din em eus tout.
Alan:	Mat eo neuze. Deomp da baeañ.
Suzanna:	Kemer ar garrigell hag ar sac'h. Me a bledo gant an arc'hant.
Alan:	Ac'h, re a labour! Mat e vo diskuizhañ war ar blasenn, gant ar gelaouenn da lenn hag un tasad kafe da evañ . . . pe gentoc'h gant ur werennad bier.

Suzanna:	*Alan, where's my bag?*
Alan:	*It's in the shopping trolley, with your money.*
Suzanna:	*Go for the bread, please.*
Alan:	*OK. And you, go and get the milk then.*
. . .	
Suzanna:	*We've bought water, wine, crêpes, sausages, eggs, the newspaper, tea, and coffee.*
Alan:	*Yes, shops are dangerous. Here we are buying bread and milk!*
Suzanna:	*There's a bar nearby. It'll be good to sit a while in the square, won't it?*
Alan:	*Yes indeed. The weather's fine. Perhaps there'll be friends there.*
Suzanna:	*I think I've got everything.*
Alan:	*Fine. Let's go to pay.*
Suzanna:	*Take the trolley and the bag. I'll deal with the money.*
Alan:	*Ah, too much work! It'll be good to rest in the square, with the newspaper and a cup of coffee, or rather a glass of beer.*

Vocabulary

dija	already (comes last in a phrase)	**o**[s]	their
		a-raok	before
pae/añ	to pay (for)	**karrigell**, f.	shopping trolley
silzig	sausages	**vi**, m.	egg
kelaouenn, f.	newspaper	**te**, m.	tea
dañjerus	dangerous	**azez/añ**	to sit down, be seated/sitting
pennad, m.	moment		
tout	everything	**kemer**	to take

pled/iñ, + gant	to deal with, look after	**re a +**	too much, too many
labour, m.	work	**diskuizh/añ**	to rest
peᴸ	or	**kentoc'h**	rather
eno	there (in that place; not visible)		

Possession – possessive adjectives and pronouns

Ask 'whose' something is with **Da biv eo ... ?** Echo the question in your answer:

> **Da biv eo al levr-mañ?** Whose is this book? –
> **Din eo.** Mine.

> **Da biv eo ar c'haier-se?** Whose is that exercise book? –
> **Da Bêr eo.** Pêr's.

Here are the conjugated or personal forms of **da**:

din(-me)	to me	**dimp/deomp(-ni)**	to us
dit(-te)	to you	**deoc'h(-c'hwi)**	to you
dezhañ (e-unan)	to him	**dezho/dezhe**	to them
dezhi	to her	**(o-unan)**	
(hec'h-unan)			

By adding the components in brackets we obtain a more authentic, emphatic, response.

The possessive adjectives are as follows (ˢ and ᴾ are explained in the next section):

ma/vaˢ	my	**hon/hor/hol**	our (**hor + k-** > **hor + c'h-**)
daᴸ	your (= **te**)		
eᴸ	his, its ('its' for m.)	**ho(c'h)**ᴾ	your (= **c'hwi**)
he(c'h)ˢ	her, its ('its' for f.)	**o**ˢ	their

Hec'h, sometimes, and **hoc'h** are used before words beginning in vowels and **h-**. In Bro-Dreger 'our' is **hon**; elsewhere it varies like the articles; after **hor k-** becomes **c'h-**. Possession may be emphasized by adding the personal pronouns on to the noun, e.g. **ma zad-me** 'my father'.

The possessive pronouns, i.e. 'mine', etc., are formed by adding **hini** (sing.) and **re** (pl.), e.g., **da hini** 'yours' (sing.), **hon hini** 'ours' (sing.), **ho re** 'yours' (pl.).

Emaon o vont da weladenniñ va bugale.
I'm going to visit my children.

E dad a ra un droiadig er vourc'h.
His father takes a little walk in the village centre.

Hec'h eontr a zeu d'an iliz.
Her uncle comes to the church.

Hor c'helenner a lenn al levr.
Our teacher reads the book.

Ho kwin a zo mat-kaer.
Your wine is very good.

O fark a zo d'am zad.
Their field belongs to my father.

Consonantal mutations: strengthening and spirantization

Possession brings us to the remaining mutations, *spirantization* and *provection* – thus the superscripts 'S' and 'P'. Spirantization transforms **p**, **t**, and **k**, into **f**, **z**, **c'h** respectively. It occurs after the possessive adjectives **ma/va** 'my' (including its prepositional forms **em** 'in my' and **d'am** 'to my'), **he** 'her', and **o** 'their', and after the numerals **tri/teir** 'three', **pevar/peder** 'four', and **nav** 'nine' (the numerals are very often followed by lenition instead):

park
ma fark   em fark   he fark o fark   tri/pevar/nav fark

tad
ma zad   d'am zad   he zad o zad   tri/pevar/nav zad

kazh
ma c'hazh d'am c'hazh he c'hazh o c'hazh tri/pevar/nav c'hazh

Provection changes **b**, **d**, and **g** (including **gw**) to **p**, **t**, **k** (**kw**). If we set aside the provection of **d** in the mixed mutation, this occurs:

(a) After **ho(c'h)** 'your':

bag	boat	**ho pag**	your boat
ger	word	**ho ker**	your word
dlead	duty	**ho tlead**	your duty
gwerenn	glass	**ho kwerenn**	your glass

(b) After the prepositional forms of **da** 'your', namely **ez** 'in your'
and **d'az** 'to your':

bag	boat	**ez pag**	in your boat
ger	word	**d'az ker**	to your word
dlead	duty	**ez tlead**	in your duty
gwerenn	glass	**d'az kwerenn**	to your glass

Exercise 4

Here are the words for a few members of the family. Practise using
the possessive adjectives with them – you might precede them with
setu 'here is':

> E.g. **Setu ma zad.** Here's my father.
> **Setu e vamm.** Here's his mother.

mamm-gozh, f.	grandmother
tad-kozh, m.	grandfather
mamm, f.	mother
tad, m.	father
gwreg, f.	wife
gwaz, m.	husband
moereb, f.	aunt
eontr, m.	uncle
pried, m./f.	wife (f.), husband (m.)
merc'h, f.	daughter
mab, m	son
keniterv, f.	cousin
kenderv, m.	cousin
nizez, f.	niece
niz, m.	nephew
bugel, m.	child
c'hoar, f.	sister
breur, m.	brother
merc'h-vihan, f.	granddaughter
mab-bihan, m.	grandson
bugel-bihan, m.	grandchild

This group of words gives no real surprises. We can even add **-kaer**
for 'in-law' and **-kuñv** for 'great-': **mamm-gaer**, **-où-kaer** 'mother-
in-law'; **tad-kuñv**, **-où-kuñv** 'great-grandfather'.

Perhaps the best words for 'family' are **familh** and **tiegezh**. **Tud** is 'mother and father'; **kerent** means 'relatives'. Note too **dimezet** 'married' (use the prefix **di-** for **dizimezet** 'divorced'), **mignon**, m. and **mignonez**, f. 'boy-friend', 'girl-friend'; 'partner', and **paotr yaouank**, **plac'h yaouank** 'bachelor', 'spinster'. A 'baby' is **babig**, m.

The present-tense forms of the verb kaout 'to have'

Kaout is unique in that the expressed subject and the form of the verb agree, i.e. a third-person plural subject goes with a third-person plural verb form. The present-tense forms to retain are as follows – note there are masculine and feminine forms in the third-person singular, that the contracted forms are very common, and that special forms of the first- and second-persons singular may be seen:

	full *S/DO +* *(positive)*	*otherwise*	*contracted*
1 pers. sing.	**am eus**	**em eus**	**'m eus**
2 pers. sing.	**ac'h eus,** **az peus**	**ec'h eus,** **ez peus**	**'tcus, 'peus,** **('z) feus**
3 pers. sing. m.	**en deus**		**'n eus**
3 pers. sing. f.	**he deus**		
1 pers. pl.	**hon eus**		**'n eus**
2 pers. pl.	**hoc'h eus,** **ho peus**		**'peus**
3 pers. pl.	**o deus**		

Here are a few examples:

Ur c'hi ac'h eus, Janig?
Do you have a dog, Janig?

N'em eus ket, n'em eus ki ebet.
No, I haven't got a dog.

Sec'hed hoc'h eus?
Are you thirsty?

Ya, sec'hed ruz hon eus, ha naon du ivez!
Yes, we're very thirsty, and very hungry too.

Amzer 'teus da evañ ur banne ganin?
Do you have time to have a drink with me?

N'he deus ket ezhomm da labourat.
She doesn't need to work.

Kaout helps create some very useful verbs: **kaout sec'hed** 'to be thirsty', **kaout naon** 'to be hungry', **kaout ezhomm da**[L] 'to need to', **kaout c'hoant da**[L] 'to want to'.

Exercise 5

Insert the requested form of the verb **kaout** into the following sentences:

E.g. **Dour** (she has) **da evañ** gives
Dour he deus da evañ.
'She has water to drink.'

(a) Un tamm kig (she has) da zebriñ.
(b) Ur bus (you have, sing.) da vont da Lesneven.
(c) Ur banne gwin (they have) da evañ.
(d) Ni (we have) avaloù er gegin.
(e) Ur gentel (I have) da zeskiñ.
(f) Hiziv (I don't have) kalz labour.
(g) Arc'hoazh (they don't have) kalz traoù d'ober.
(h) Un ti brav (you have, pl.).
(i) Sec'hed (he has). ('He is thirsty.')
(j) Naon (I don't have). ('I'm not hungry.')

The prepositions gant *'with',* da *'to' and possession* 🔲

The prepositions **gant** 'with' and **da**[L] 'to' also convey 'to have'. **Gant** might have a 'now, on me' sense and **da** might emphasize 'MY property'. Take **bezañ** and the prepositions plus the possessor concerned (**gant** does not cause mutation). The 'conjugated' forms of **gant** are:

ganin	with me	**ganimp, ganeomp**	with us
ganit	with you	**ganeoc'h**	with you
gantañ	with him	**ganto, gante**	with them
ganti	with her		

Here are a few examples:

Ur c'hi a zo ganin en ti.	I have a dog in the house.
Terzhienn a zo ganti.	She has a temperature.
Ar grip a zo gantañ.	He has flu.
Din eo ar c'haier-se.	That exercise book is mine.

Exercise 6

Insert the appropriate forms of the verb **kaout**:

> E.g. **An dud _____ ur vag** gives **An dud o deus ur vag**
> 'The people have a boat.'

(a) Ma zad _____ tri c'hi.
(b) Janig _____ ur sae ruz.
(c) Ue levr _____ Yannig.
(d) C'hoant _____ da vont da Gemper. (Me)
(e) Ma mignoned _____ ezhomm dour. (Int)
(f) C'hwi _____ ur mab.
(g) Piv _____ levr ma gwreg? (Consider **piv** to be m.)
(h) Spi _____ e teuio Yannig en-dro abred. (e.g. 'I hope
Yannig will come soon.')

A last word on possession:
The girl's hat

How do we say 'of' in a possessive sense? We focus on three constructions: (1) 'the girl's hat', i.e. 'the hat of the girl'; (2) 'a girl's hat' (i.e. 'a hat of a girl'), and (3) 'a brother of the boy' (≈ 'one of the boy's brothers'). These are dealt with in three different ways:

(1) Switch 'the girl's hat' round into 'the hat of the girl' and remove the first 'the' and the preposition 'of'. This construction is characterized by both possessed and possessor being definite, so it covers 'Nolwenn's hat' too. If 'hat' is **tog** and 'the girl' is **ar verc'h**, 'the girl's hat' will be **tog ar verc'h**. And 'Nolwenn's hat' will be **tog Nolwenn**. Note that any possessor beginning with a consonant and complementing a feminine singular noun or a masculine human plural noun may be subject to lenition, as if it was an adjective. So **levr ar paotr** 'the boy's book', **istor Breizh** 'the history of Brittany', **sae Vari** 'Mari's dress'.

(2) Here it's as if 'girl's' is an adjective, as in 'the World Cup';
Breton will likewise tend to tack the noun on, e.g. **un tog merc'h**.
Using nouns as adjectives is very common in Breton.

(3) Here the complement, the possessor, is definite, but the
possessed is indefinite, and 'of' is conveyed using a preposition,
typically **da** for animates and **eus** for inanimates: **ur mab da Yann**
'a daughter of Yann('s)', **ul levr eus al levraoueg** 'a book from the
library', **daou brenestr eus an ti** 'two windows of the house' – all
these have a sense of selection.

Exercise 7

Join the words from the following two groups according to the first
possessive construction:

E.g. **karr ma zad** 'my father's car'

tog, levr, kazh, istor, klañvdi, stal, kambr, karr, kelenner, kazetenn

Nolwenn, ma zad, e vamm, hon bugale, Roazhon, Kemper, Erwan,
Divi, ar paotr

Dialogue 3 ▧

Suzanna and Alan are still in the bar

SUZANNA: N'eo ket mat ar bier?
ALAN: Geo, mat eo. Hag ar c'hafe?
SUZANNA: Mat eo. Traoù a zo da ober er gêr! Te a skoazello, neketa?
ALAN: Eveljust, met mat omp amañ en ostaleri.
SUZANNA: Sur eo, me ivez a blij din bezañ amañ.
ALAN: N'ec'h eus ket arc'hant?
SUZANNA: Nann, n'em eus ket. C'hoant ac'h eus da vont d'ar sinema?
ALAN: Petra a zo er sinema?
SUZANNA: Sell er gelaouenn.
ALAN: Ya 'vat.

SUZANNA: *Isn't the beer good?*
ALAN: *Yes, it's fine. And the coffee?*
SUZANNA: *It's fine. There are things to do at home. You'll help, won't you?*

ALAN: *Of course, but we're fine here in the bar.*
SUZANNA: *That's certain, I like being here.*
ALAN: *Don't you have any money?*
SUZANNA: *No. Do you want to go to the cinema?*
ALAN: *What's on at the cinema?*
SUZANNA: *Look in the paper.*
ALAN: *OK.*

Vocabulary

(g)eo	a form used to contradict a negative question; also **deo**
skoazello	will help (**skoazell/añ** 'help')
evel just	of course
sinema, m.	cinema
kelaouenn, f.	newspaper

The basics of yes/no questions 🔳

We may ask a question by changing the intonation. We may also place the interrogative particle **ha** at the very beginning of the question. There is also the form **daoust ha** (use this one with a negative question):

Dont a reoc'h/reot d'ar fest-noz?
Are you coming to the *fest-noz*? (we use the future in these examples)

Glav a vo?
Is it going to rain?

Ha dont a reoc'h/reot d'ar fest-noz?
Are you coming to the *fest-noz*?

Ha glav a vo?
Is it going to rain?

Daoust ha ne vo ket glav?
Won't it rain?

Note: **dont a reot/reoc'h** 'you'll come' is treated in Unit 5. This is the very important **ober** conjugation.

Needless to say, it is important to know how to respond to questions. The basic pattern is:

Question	Response		
positive	positive	=	**ya** (the question may be echoed as a statement)
positive	negative	=	negate the verb (or auxiliary) of the question
negative	positive	=	**(g)eo** (the question may be echoed as a statement)
negative	negative	=	**nann** (the question may be echoed as a statement)

Here are a few more examples:

Question	Response
Brav eo an amzer?	**Ya(, brav eo).**
Is the weather fine?	Yes(, it is).
O lenn emaoc'h?	**N'emaon ket.**
Are you reading?	No(, I'm not).
N'ec'h eus ket c'hoant da zont ganin?	**Geo(, c'hoant 'm eus).**
Don't you want to come with me?	Yes(, I do).
N'eus ket avel hiziv?	**Geo(, avel a zo).**
Isn't it windy today?	Yes(, it is).
N'ouzit ket pelec'h emaint?	**Nann(, n'ouzon ket).**
Don't you know where they are?	No(, I don't [know]).

Ya and **nann** can be used on their own, but it is more authentic to use them together with the repeated phrase. Bretons, by the way, will most often ask yes/no questions in the negative.

Reading

Why are we at home today?

Ma zad, ma mamm, ma c'hoarig ha me a zo er gêr hiziv. Perak emaomp-ni holl er gêr eta? Peogwir omp klañv. Ar grip a zo ganimp siwazh. Gant-se n'emaon ket er skolaj, ha ma c'hoar ne ya ket d'ar skol-vamm. Er mare-mañ emañ ma mamm war he gwele; terzhienn he deus. Ma zad a ro dezhi kalz dour da evañ. Eñ a zo klañv ivez, met n'eo ket ken klañv hag ar re all. Hor c'hazh ne gompren ket perak emaomp holl er gêr! Spi hon eus e vimp yac'h a-benn warc'hoazh.

Vocabulary

grip, m.	flu	**gant-se**	because of that
skolaj, m.	school, college	**skol-vamm**, f.	nursery school
er mare-mañ	at the moment	**gwele**, m.	bed (usually with
dour, m.	water		**war** 'on' when ill)
vimp	we will be	**siwazh**	alas

Exercise 8

Make up answers to the following questions:

E.g. **O labourat el liorzh e vint** (negative) gives
Ne vint ket
They'll be working in the garden' – 'No, they won't.

(a) O vont da Gastell-Paol e viot warc'hoazh? (negative)
(b) Ne vi ket gant da vamm hiziv? (positive)
(c) N'eo ket prest ho labour? (negative)
(d) Ne vimp ket e Roazhon? (positive)
(e) C'hwi a blij deoc'h chom e Breizh? (positive)
(f) N'eo ket bras Yannig? (negative)
(g) N'eus ket bara en ti? (negative)
(h) O lenn levr Yannig emaoc'h? (negative)
(i) Gant ar studierien e studiomp brezhoneg? (positive)
(j) C'hwi a wel ar mor? (positive)

Some useful things to know when driving around Brittany

Breton roads can be small and empty (**n'int ket stanket** 'they aren't blocked') – it's good to have a map (**ur gartenn-hent**), but also fun to discover things by getting lost (**koll e hent** 'to lose *his* (vary it) way') – there are lots of chapels (**chapel**, m./f., **-ioù**) and calvaries (**kalvar**, m., **-ioù**). On minor roads lots of signs will indicate place names in **ker-**; these are most often farms. Many signs are now in both Breton and French – in a very few places only in Breton.

Bleniañ, blegn is 'to drive' and **stard/añ** 'to brake'. 'To hitch-hike' is **c'hoari biz-meud** (**biz-meud**, m. 'thumb'). If we pick someone up (**samm/añ**), we say **Pignit er c'harr!** 'Climb into the car!' or **Deuit e-barzh!** 'Come in!' – if you need to tell someone to get out, say **Diskennit!** And fasten your seat-belt (**prenn/añ ho kouriz**). Don't drink – the police (**ar polis** or **an archerien**) may ask you to 'play the biniou' (**c'hwezh/añ er biniou** 'to blow into the biniou').

Filling up at the petrol station may well be done without much communication, but petrol is **esañs**, m., a petrol station is **servijlec'h**, m., and we can 'fill her up' by using **karg/añ** or **ober e garg**, lit. 'to load'. And if your car has broken down, it's **sac'het**.

© Jean-Michel Prima

5 E kêr e vezomp alies

We're often in town

In this unit you will learn:

- how to talk about habitual actions
- how to talk about future plans and events
- about the auxiliary **ober** 'to do', infinitives, and the periphrastic conjugation
- about verbal particles and the synthetic conjugation
- about the verb **gouzout** 'to know'
- about singulatives, collectives, duals, and mass nouns
- something about subordination
- a little about word order
- about life in town: what people do, the school, paying a compliment
- Brittany and the sea – and something about food

Dialogue 1 ▣

What's your job?

KATELL:	Petra eo micher an den-se aze?
KRISTEN:	Paotr-al-lizhiri eo!
KATELL:	Ah, mat! Kas a ra lizhiri neuze!
KRISTEN:	Ya, kas a ra lizhiri a bep seurt d'an dud: lizhiri karantez, lizhiri an tailhoù, hag all.
KATELL:	Hag honnezh, petra eo he micher da honnezh?
KRISTEN:	O pourmen emañ bremañ, met kigerez eo.
KATELL:	Sell 'ta, gwerzhañ kig a ra ar vaouez-se!
KRISTEN:	Hag ar paotr yaouank pelloc'h amañ. Gwelet em eus e benn c'hoazh ...

KATELL:	Hemañ zo kaner. Kanañ a ra brav-tre hervez ar re yaouank all!

KATELL:	*What's the job of that man?*
KRISTEN:	*He's a postman!*
KATELL:	*Ah, right! So he brings letters!*
KRISTEN:	*Yes, he brings all sorts of letters to people: love letters, tax letters, etc.*
KATELL:	*And that woman there, what's her job?*
KRISTEN:	*Now she's taking a walk, but she's a butcher.*
KATELL:	*Imagine, that woman sells meat!*
KRISTEN:	*And the young lad further along here. I've seen him too . . .*
KATELL:	*He's a singer. He sings really well according to other young folk!*

Vocabulary

paotr-al-lizhiri, m.	postman	**lizher**, m.	letter
a bep seurt	of every sort	**karantez**, f.	love
tailhoù, pl.	taxes	**hag all** (**h.a.**)	etc.
pourmen	to take a walk	**kigerez**, f.	butcher
kig, m.	meat	**maouez**, f.	woman
pelloc'h	further	**kaner**, m.	singer
kan/añ	to sing	**hervez**	according to
ar re	the people	**all**	other

Language and grammar

The habitual forms of bezañ *'to be'*

These forms are the regular present and imperfect tenses of **bezañ** and are used in habitual contexts, essentially with an adverb such as 'always', 'every day', 'every X', 'sometimes', 'often', respectively, **atav**, **bemdez**, **bep X**, **a-wechoù** (or **a-wezhioù**), **alies** (the adverb may be understood), and after a conjunction such as **pa**ᴸ 'when(ever)' (the 'normal' present of **bezañ** with **pa** may mean 'since', 'as', 'because'). The impersonal conjugation has **a vez** and **a veze**. Here are the synthetic forms – a good introduction to them:

verb		present	ending	imperfect	ending
bez/añ	1PS	**vezan**	**-an**	**vezen**	**-en**
	2PS	**vezez**	**-ez**	**vezes**	**-es**
	3PS	**vez**	**–**	**veze**	**-e**
	1PP	**vezomp**	**-omp**	**vezemp**	**-emp**
	2PP	**vezit**	**-it**	**vezec'h**	**-ec'h**
	3PP	**vezont**	**-ont**	**vezent**	**-ent**
	nonpers.	**vezer**	**-er**	**vezed**	**-ed**

The forms are given mutated since they are almost always preceded by **a**ᴸ or **e**ᴹ (or by a negative particle, e.g. **ne**ᴸ). Here are a few examples:

Alies e vezent er gourmarc'had.
They were often in the supermarket.

A-wezhioù e vezan er gêr hag e tebran krampouezh mamm-gozh.
Sometimes I'm at home and I eat grandma's crêpes.

Pa vez yogourt er yenerez e vezan laouen.
When there's yogurt in the fridge I'm happy.

but: **Bremañ pa'z omp skuizh ez aimp da gousket.**
Since (lit. now because) we're tired, we'll go to bed.

Exercise 1

Adapt the following sentences so as to justify use of a habitual form of **bezañ**:

E.g. **Tud a zo en ti** 'There are people in the house' gives **Tud a vez atav en ti** when we add **atav** 'always'.

(a) Bara a zo da brenañ hiziv.
(b) Hiziv emaon o c'hortoz ma breur.
(c) Labour a oa da ober dec'h.
(d) Petra a zo war an daol?
(e) Oc'h ober trouz e oa-hi er gegin.
(f) Hiziv emaon er gêr.
(g) Er stal-gazetennoù e oac'h o lenn.
(h) War ar blasenn ez eus tri c'hi.
(i) N'eus ket a arc'hant ganin.
(j) Ar voest a zo da serriñ.

(k) Em malizenn emaon o klask ur gravatenn.
(l) N'eo ket gwall blijet hiziv.

boest, f.	box	**malizenn**, f.	suitcase
kravatenn, f.	tie	**gwall blijet**	very pleased

The future (and more)

Remember that the radical on its own provides forms for the impersonal conjugation of the present tense! We add one ending to it to form the future tense, the imperfect tense, the past definite tense, and the two conditionals. Taking **lenn** 'to read', we have:

present	future	imper-fect	past definite	condi-tional I	condi-tional II
–	-o	-e	-as	-fe	-je
lenn	lenno	lenne	lennas	lennfe	lennje

That is all we need provided the verb is positive and the subject is expressed, or provided the verb is negative and the subject is expressed and follows the verb.

There is also a conjugation with personal endings; the six forms just given are identical to the third person singular forms of that conjugation. Let's now meet the future, taking **bezañ** 'to be', regular **lenn** 'to read', and irregular **mont** 'to go':

	bezañ	*lenniñ*	*mont*	*endings*
1PS	**vin**	**lennin**	**in**	**-in**
2PS	**vi**	**lenni**	**i**	**-i**
3PS	**vo**	**lenno**	**aio, ay, yelo**	**-o**
1PP	**vimp**	**lennimp**	**aimp**	**-imp**
2PP	**viot, voc'h**	**lennot, lennoc'h**	**eot, eoc'h**	**-ot, -oc'h**
3PP	**vint**	**lennint**	**aint**	**-int**
nonpers.	**vior**	**lennor**	**eor**	**-or**

The three third-person singular forms of **mont** are generally preceded by the particles **ez**, **ez**, and **a** respectively. The forms of **bezañ** are given with **v-** because they most often occur mutated by preceding a^L or e^M (or by a negative particle, e.g. ne^L). But **b-** does occur, e.g. in a positive answer:

A-benn arc'hoazh e vimp e Douarnenez. Bremañ avat emaomp en ostaleri.
Tomorrow we'll be in Douarnenez. But now we're in the bar.

Petra a yelo ganeoc'h?
What'll you have?

Lakait din ur banne bier. Er gêr e viot diwezhatoc'h?
Give me a beer. Will you be at home later?

Ya, bin. Koan a zebrimp da seizh eur.
Yes, I will. We'll eat dinner at seven.

Exercise 2

Replace the verb forms by the future:

E.g. **D'ar gêr ez a Soazig** becomes **D'ar gêr ez ay Soazig**
'Soazig will go home.'

(a) Krampouezh a zebromp bemdez.
(b) Kemener eo Herve.
(c) En otel emaint dija.
(d) Plijus eo ar vakañsoù. (**vakañsoù**, pl. 'holidays')
(e) Me a ya da Bariz.
(f) Yannig a zebr kig.
(g) War ar gador e welit al levr.
(h) N'em eus ket amzer da selaou.
(i) Tud a zo amañ.

The ober *or periphrastic conjugation*

For this we need the synthetic forms of **ober** 'to do' – here they are in the present, future, and imperfect:

singular	*1*	*2*	*3*	
present	**ran**	**rez**	**ra**	
future	**rin**	**ri**	**raio/ray**	
imperfect	**raen**	**raes**	**rae**	

plural	*1*	*2*	*3*	*nonpers.*
present	**reomp**	**rit**	**reont**	**reer**
future	**raimp**	**reot/reoc'h**	**raint**	**reor**
imperfect	**raemp**	**raec'h**	**raent**	**raed**

This is the verbal noun followed by the conjugated form of the verb **ober** (third-person singular if a third person plural subject is expressed). The verbal noun and **ober** are linked by the verbal particle **a**ᴸ. So **ober** conveys the person and time: **Labourat a ra** 'he/she works'. Note that this corresponds to a 'general' statement. If we want to specify a moment, then we say **emañ o labourat** or **o labourat emañ** 'he/she's working'. Here's a table of some of the forms, using **labourat**:

	present	*future*	*imperfect*
1PS	labourat a ran	labourat a rin	labourat a raen
2PS	labourat a rez	labourat a ri	labourat a raes
3PS	labourat a ra	labourat a raio/ ray	labourat a rae
1PP	labourat a reomp	labourat a raimp	labourat a raemp
2PP	labourat a rit	labourat a reot/ reoc'h	labourat a raec'h
3PP	labourat a reont	labourat a raint	labourat a raent
nonpers.	labourat a reer	labourat a reor	labourat a raed

Of the three non-personal forms given above, only the present is still in everyday use.

To help get the hang of the subtleties, compare:

O kousket e oant.
They were sleeping/asleep. (at the time you're describing!)

O kousket e vezent.
They were (always/often) sleeping/asleep.

Kousket a raent.
They would sleep, etc. (lazy or just no problem sleeping!)

Exercise 3

Transform the following sentences using the **ober** conjugation:

E.g. **Yannig a lenn ul levr** becomes **Lenn a ra Yannig ul levr**
Yannig reads a book.

(a) Da welet o zud ez eont. (They go to see their parents.)
(b) Goude ar skol e ran ma labour-skol. (After school I do my homework.)

(c) Me a ya d'ar sinema gant Nora. (I go to the cinema with Nora.)
(d) Er gegin e tebran bara gant kaotigell. (In the kitchen I eat bread and jam.)
(e) Ma c'hentel vrezhoneg a zeskin. (I'll learn my Breton lesson.)
(f) Tadig a selaou ar match er radio. (Dad listens to the match on the radio.)
(g) Er skinwel e c'hoariont mell-droad. (On TV they play football.)
(h) Mintin mat e savin arc'hoazh. (I'll get up early tomorrow morning.)
(i) Disul ez in da bourmen. (On Sunday I'll go for a walk.)
(j) Hi a werzh kazetennoù bemdez. (She sells newspapers every day.)

labour-skol, m.	homework
kaotigell, f.	jam
skinwel, m.	television (or **tele**)
mell-droad, f.	football
mintin mat	first thing in the morning

Dialogue 2

Schools, pupils and teachers

NOLWENN: Kalz paotred zo er skol-mañ?
ERWAN: N'eus ket, merc'hed zo kentoc'h. Met kelennerien niverus zo asambles gant kelennerezed.
NOLWENN: Petra a vez lavaret diwar-benn ar skol-mañ gant an dud?
ERWAN: Ur skol vat eo hervez an dud gant kelennerien vat ha kelennerezed ampart.
NOLWENN: Kalz skolioù all zo er gêr-mañ?
ERWAN: Ya, skolioù evit ar re vras ha skolioù all evit ar re vihan.
NOLWENN: Met petra a welan pelloc'h er porzh?
ERWAN: Pelloc'h, du-hont? Gwez tilh a welit du-hont. Kalz gwez tilh a vez kavet er porzhioù skol. Met kozh int bremañ hag a-wezhioù ne weler mui nemet ur paourkaezh gwezenn dilh e-kreiz ar porzh. Met poent eo dimp dont en-dro rak koumoul du zo o tont. Glav a vo emberr.

NOLWENN:	Are there lots of boys in this school?
ERWAN:	No, there are girls. But there are many men teachers as well as women teachers.
NOLWENN:	What do people say about this school?
ERWAN:	According to people it's a good school with good men teachers and skilled women teachers.
NOLWENN:	Are there many other schools in this town?
ERWAN:	Yes, there are schools for older children and schools for younger children.
NOLWENN:	But what do I see further off in the playground?
ERWAN:	Further off, over there? You can see lime trees over there. Lots of lime trees are to be found in school playgrounds. But they're old now and sometimes one only sees a poor lime tree in the middle of the playground. But it's time for us to go back because there are black clouds on their way. There'll be rain soon.

Vocabulary

skol, f.	school	**niverus**	numerous
asambles (gant)	together, along with	**diwar-benn**	about, concerning
ampart	competent, skilled	**porzh**, m.	yard, port, playground
welan	I see		
tilh, f.	lime trees	**gwez**, f.	trees
a-wezhioù	sometimes	**du-hont**	over there, yonder
ne^L + v. + **mui nemet**	only, nothing more than	**paourkaezh**	poor, miserable
dont, deu/ da en-dro	to come/go back	**e-kreiz**	in the middle of
		rak	because, for
emberr	soon	**koumoul**, f.	clouds

We drop the translations of the dialogues from now on.

Dialogue 3

Flattery will get you everywhere, but do behave yourself!

LENA:	Herri, sell ouzh ar plac'h-mañ! Daoulagad kaer he deus: glas int.
HERRI:	Ya, gwir eo met da zaoulagad zo kaeroc'h a gav din!

LENA: Ha ma divhar, plijout a reont dit? Ha ma divvrec'h?
HERRI: Ya, ya, bepred ar memes tra. Ya, koant out ha kaer
        eo da zivhar ha da zivvrec'h. Ha da zivskoaz zo kaer
        ivez!
LENA: Ha tra all?
HERRI: Lena, mar plij, amañ ez eus bugale o selaou!
LENA: Gra ur pok din war unan eus ma divjod eta!

Vocabulary

daoulagad, m.	eyes	**glas**	blue, green
gwir	true	**kaeroc'h**	more beautiful
a gav din	I think, I find	**divhar**, f.	legs
divvrec'h, f.	arm	**bepred**	always, still
memes	same	**tra**, m.	thing
koant	pretty	**ober, gra ur**	to give a kiss to
divjod, f.	cheek	**pok da**L	

Verbal particles and the synthetic or personal conjugation

The synthetic conjugation, like the periphrastic one, has a general sense. But it requires more gymnastics on your part – more information is given in a single form!

1PS	**gwelan**	I see	**-an**
2PS	**gwelez**	you see	**-ez**
3PS	**gwel**	he/she sees	–
1PP	**gwelomp**	we see	**-omp**
2PP	**gwelit**	you see	**-it**
3PP	**gwelont**	they see	**-int**
nonpers.	**gweler**	one sees/people see	**-er**

In Dialogue 2 we saw three of these forms – they were all mutated (they usually are!). Note: the third-person singular is identical with the radical – on its own it means 'he/she/it sees', but when the subject is expressed it is the radical. Some examples:

Al logod a zebran.	I eat the mice.
Ar bier a evez.	You drink the beer.
Hon mignoned a c'hortozomp.	We wait for our friends.

Er gêr e sellomp ouzh ar skinwel.	We watch TV at home.
E kêr e viot arc'hoazh.	You'll be in town tomorrow.
Skuizh int.	They're tired.

Let us summarize the use of **a**^{L} and **e**^{M}: the former is used when the subject or the direct object precedes; the latter is used otherwise. This does not apply when the verb is negated.

The verb gouzout 'to know'

Gouzout (also **goût**) is irregular and varies a good deal. We may see the radical as **(g)oar**, e.g. **me a oar** 'I know', etc. Synthetic forms may be built on this, but the standard ones are reminiscent of **bezañ** (note the irregular mutation): **ouzon, ouzout, oar, ouzomp, ouzoc'h, ouzont, ouzer.** For the future the forms are often built on a base **gouez-**, thus: **ouezin, ouezi, ouezo, ouezimp, ouezot/ouezoc'h, ouezint, ouezor.**

Ha gouzout a rit alamaneg?   – N'ouzon ket or **Ya.**
Do you know German? – No, I don't. / Yes, I do.

Me n'ouzon ket pelec'h emaint hiziv.
So far as I'm concerned, I don't know where they are today.

N'ouzont ket skrivañ brezhoneg.
They don't know how to write Breton.

There is another verb 'to know', namely **anavez/out** (or **anaout**), which tends to mean 'to know (a person)'.

Exercise 4

Insert the required form of the present tense of the verb given:

> E.g. **Ma breur** (I help). (**skoazellañ**) gives
> **Ma breur a skoazellan.**

(a) Ur bus (I see) war ar blasenn. (**gwelet**)
(b) Laezh (we buy) bemdez. (**prenañ**)
(c) Ne (I find) ket mat krampouezh. (I don't like . . .) (**kavout**)
(d) Kazetennoù (she sells) e kêr. (**gwerzhañ**)
(e) Ne (you are, pl.) ket dimezet? (**bezañ**)
(f) Boued (I prepare/cook) da c'hwec'h eur. (**fardañ**)

(g) Soazig (they see) o studiañ dirak an tele. (**gwelet**)
(h) Ne (we ask) netra. (**goulenn**)
(i) Ar gentel (she understands) mat. (**kompren**)
(j) Er marc'had (shout) ar genwerzhourien. (**garmiñ**; **kenwerzhour**, m. 'trader')

Singulatives and collectives

Collectives are abundant in Breton and applied to anything which we cannot count at first sight, e.g. clouds, stars, trees . . . and mice! So we have: **koumoul**, **stered**, **gwez**, **logod**. To indicate 'one' we add **-enn** and obtain the *singulative*: **ur goumoulenn**, **ur steredenn**, **ur wezenn**, **ul logodenn**. They are feminine singulars. The collectives are plurals: **Al logod n'ema*int* ket en ti** 'The mice aren't in the house.'

Mass nouns

Breton has mass, non-count nouns: **Dour zo** 'There's some water.' In this use the word **dour** is a mass noun and singular. If we were to say *un* **dour zo amañ**, what we would be saying is 'there's a stream here'. Other examples are **bara** 'bread', **mel** 'honey', and **te** 'tea'.

The dual

This category is peculiar to certain parts of the body and refers to 'pairs'. It has masculine (**daou-**) and feminine (**div-**) forms – there may be some contraction:

divskouarn	(= **div** + **skouarn**)	ears
divvrec'h	(= **div** + **brec'h**)	arms
daoulagad	(= **daou** + **lagad**)	eyes
daoulin	(= **daou** + **glin**)	knees
daouarn	(= **daou** + **dorn**)	hands

Note too that we can also say **daou zorn**, but then these two hands no longer have to belong to the same body. From this it follows that all these nouns also have plurals, e.g. **lagadoù** '(some) eyes', **dornioù** 'some hands', etc. Masculine duals (but not feminines) lenite appropriate adjectives, e.g. **daoulagad c'hlas** 'blue eyes'.

Subordinate clauses

The following two sentences include one clause each: 'I met the girl' and 'She arrived on Friday.' If we join the two together using a word like 'who' or 'after', the clause 'She arrived on Friday' becomes 'incomplete' without the first, main, clause and is referred to as a subordinate clause: 'I met the girl <u>who arrived on Friday</u> / <u>after she arrived on Friday</u>.' For the moment note the following:

Me 'meus komprenet mat *e kas* hennezh lizhiri d'an dud?
Have I understood properly that that person takes letters to people?

Ur wreg eo *a welan* bemdez.
It's a woman [whom] I see every day.

. . . met skrivet gant tud all *peogwir* eo paotr-al-lizhiri!
. . . but written by other people because he's the postman.

Hag honnezh . . . a werzh kig d'an dud pa vez en he stal.
And that woman . . . sells meat to people when she's in her shop.

Note that 'say *that*, understand *that*', etc. requires the verbal particle **e**[M]; *who* or *which* (not always there in English) require **a**[L]. Other types may require **e**[M], **ma**[M] (for later), or nothing: **peogwir** + **e**[M], **pa**[L] + verb. Here are some examples of proverbs with *who/which* clauses:

An dour a red ne ra droug da zen ebet.
Running water does not harm anyone.

Al logodenn n'he deus nemet un toull a vez paket buan.
The mouse which has only one hole is caught quickly.

Exercise 5

Here we have three sets of sentences to create. For this excrcise use the present tense. Precede the following sentences by **Lavaret a ra** 'He/she says', **Skrivañ a reont** 'They write', or **Spi am eus** 'I hope':

E.g. **Selaou a ra ar c'helenner** gives **Spi am eus e selaou ar c'helenner** 'I hope he/she listens to the teacher.'

(a) Ar fourmaj a goust ker.
(b) Ober a ra e labour.

(c) Gwalc'hiñ a ra e zaouarn bemdez.
(d) Kas a ra ar paotrig bemdez d'ar skol.
(e) Mont a ra d'ar gêr bremañ.

Join the following phrases together; we've done the first one for you:

E.g. **Gwelet a ran an ti a brenen hiziv.**
      I see the house which I'll buy today.

(f) Gwelet a ran an ti.   – Prenañ a rin an ti hiziv.
(g) An den a gav mat ar boued.   – Azezañ a ra an den er c'hafe
                                          berndez.
(h) Ar vaouez a vale war an aod
     alies.   – N'anavezan ket ar vaouez.
(i) Gwelet a ran ar bugel.   – Ne laka ket ar bugel e votoù.
(j) Emaint o chom en ti-se.   – Breizhiz eo an dud-se.

And join the following sentences using **pa** or **peogwir** (either may be used) – and we do the first one here too:

E.g. **Mont a ra kuit ar vugale peogwir ez an tre en ti.**
      The children go away because I enter the house.

(k) Mont a ra kuit ar vugale.   – Mont a ran tre en ti.
(l) C'hoarzhin a ra ar verc'h.   – Ober a ra sotonioù e vreur.
(m) N'emañ ket ar gwir ganti.   – Ar gaou a zo ganti.
(n) Ar brezhoneg a zo aes.   – Studiañ a reomp kalz.
(o) Laouen omp.   – Hon tad-kaer a zo en ti.

sotoni, f.	something silly, stupid
ar gwir a zo gant u.b.	to be right
ar gaou a zo gant u.b.	to be wrong

The order of words in the phrase

The basic rule: the phrase begins with the element bringing the new information, the 'message'. The three conjugations may transmit different 'messages'. The periphrastic **Evañ a ran dour bemdez** 'I drink water every day' gives us **evañ** 'drink' as 'message', i.e. 'it's *drinking* some water that I do'. The synthetic offers **Dour a evan bemdez** 'I drink water every day' ('It's *water* that I drink every day') or **Bemdez e evan dour** (It's *every day* that I drink water'). And the impersonal emphasizes the subject: **Me a ev dour bemdez** 'I'm the one who drinks water every day'. See these as corresponding to different questions:

Petra a rez bemdez? *Evañ* a ran dour bemdez.
Pegoulz e evez dour? *Bemdez* e evan dour.

Petra a evez bemdez? *Dour* a evan bemdez.
Piv a ev dour bemdez? *Me* a ev dour bemdez.

Exercise 6

Rewrite the following sentences, placing the underlined element first:

> E.g. **An avaloù a brenin er marc'had** gives
> **Er marc'had e prenin an avaloù**
> I'll buy the apples at the market.

(a) Bremañ e <u>werzhan</u> kazetennoù.
(b) Kavout a ran <u>un aval</u> er saloñs.
(c) Mont a ran <u>ouzh taol</u>.
(d) Koan a <u>zebran</u>.
(e) Ul lizher a gasan <u>da Wenola</u>.
(f) D'am gwele ez <u>an</u>.
(g) Deskiñ a ra <u>brezhoneg</u> er skol.
(h) Gwin am eus <u>da evañ</u>.
(i) Me a <u>zeuy</u> da gomz gant Mammig.
(j) Parkañ a reomp <u>ar c'harr</u> er straed-se.

Brittany, the sea, and the land – and more about food

Brittany has an enormous coastline, that in the south being on the whole gentler than in the north, particularly the north-west, with its firths or estuaries, the **aberioù** (**aber**, m./f.). Amazing views are to be had from many of the promontories or capes, especially where the cliffs are high, **an tevennoù a zo uhel** (**tevenn**, m. (also a dune)) and there is a lighthouse, **tour-tan**, m. Rocks and reefs, **kerreg** (**karreg**, f.), are everywhere – the archipelago of the island of **Bréhat Enez-Vriad** is particularly beautiful, and dangerous.

Many books have been written on Brittany and the sea. No one can leave Brittany without having had mussels, **meskl**, with chips or fries, **fritez**, though many a Breton might favour **meskl dre gig-sall** 'mussels and bacon'.

© Jean-Michel Prima

This impels us to say that the archetypal Breton meal, **meuz**, m., is **patatez ha kig-sall** 'potatoes with bacon' (**kig-sall** 'salted meat (pork bacon)'). But perhaps the national dish is the **kig-ha-farz**, a sort of stew with meat and vegetables, in which a bag containing buckwheat with milk, eggs, prunes and raisins is cooked. After a couple of hours the bag is broken open and everyone crowds around – very warming after a long walk in the wind and the rain. Less sophisticated is the no less national **yod-kerc'h**, 'barley broth', a sort of porridge.

6 En ostaleri hag er stal-levrioù

In the café and the bookshop

In this unit you will have:

- visited the café, talked about doing things, explored a bookshop, and visited the market
- reviewed what we've learnt about the verb
- reviewed mutation and adjectives
- reviewed number and numerals
- found out more about negation
- discovered diminutives

Dialogue 1 ▣

Our friends are now in Landreger

SUZANNA: Penaos e tremenomp hon amzer e kêr?

ALAN: Pourmen, azezañ en ostalerioù. Plijus eo e Breizh. Tu zo da dremen eurvezhioù en ostalerioù en ur gaozeal.

SUZANNA: Ya, mat-kaer eo.

ALAN: Petra a raimp diwezhatoc'h? D'ar sinema e c'hellfemp mont.

SUZANNA: Ne fell ket din. Re vrav eo an amzer.

ALAN: Ma, ne vo den ebet er sinema gant an amzer-mañ.

SUZANNA: Plijus e vo pourmen er c'hoad, dindan ar gwez, en ur gistina, da skouer, pe a-hed an aod, en ur zastum bili pe vezhin, pe c'hoazh en ur gregina.

ALAN: Mat e vo dimp bezañ e Landreger ivez. Koant-tre eo Landreger, kreiz-kêr gant an iliz-veur, an ostalerioù hag ar stalioù bihan.

SUZANNA: Sur, ha n'emañ ket pell ar porzh.

ALAN: Kalz bigi a zo er porzh, met dreist-holl bigi-dre-lien.

Vocabulary

tremen	to pass	**eurvezh**, f.	hour
amzer, f.	time, weather, season	**azez/añ**	to sit, sit down
		en urᴸ	verbal particle + v.n. giving gerund
kaoze/al	to chat, speak, talk	**gallout, gall/ gell**	to be able, can (see the note below)
kistina	to gather chestnuts	**da skouer**	for example
dastum	to gather, collect	**a-hed**	along
		bili	pebbles
bezhin	seaweed	**kregina**	to gather shells
iliz-veur, f.	cathedral	**bag-dre-lien**, f.	sailing boat

Note: The form **c'hellfemp** in the dialogue is a conditional form; it is identical to the imperfect except for the **-f-**, which appears in every person. This is the 'Conditional I'; there is also a 'Conditional II', with **-j-** in place of **-f-**. See Unit 11 (there is also some reference to the conditional in Unit 8).

Language and grammar

The verb so far

Focus on the all-important radical: **debriñ** 'to eat' > **debr**, the radical. Place the subject and the verbal particle **a**ᴸ in front of **debr** to obtain the present tense of the impersonal conjugation, with some measure of emphasis on the subject. Reduce the emphasis on the subject by using the **ober** or periphrastic conjugation.

Exercise 1

Give the verb in the **ober** conjugation:

E.g. **Lenn** (I read) **ul levr** gives **Lenn a ran ul levr.**

(a) Mont (I go) d'an aod.
(b) Evañ (They drink) bep a voutailhad sistr.
(c) C'hoari (They play) ar vugale el liorzh-kêr.
(d) Labourat (We work) er skol.
(e) C'hoarzhin (You laugh, sing).
(f) Gouzout (He knows) piv eo.

(g) Gwelet (We see) hon mamm o tont.
(h) Lakaat (I put) amann war e vara.
(i) Klevet (She hears) ar vartoloded o kanañ.
(j) Debriñ (You eat) meskl dre gig-sall.

Back to the verb 1

Remember that verbs have radicals; thus **gwelet** has the radical **gwel**. Slightly simplifying, by adding endings to this form we obtain the synthetic conjugation – the endings convey person and tense (present, future, imperfect, past simple) or mood (conditional), e.g. **gwelan** 'I see', **gweli** 'you'll see', **gwele** 'he/she used to see', **gweljomp** 'we saw', and **gwelfec'h** or **gweljec'h** 'you would see' (Conditionals I and II). Essentially, you use the synthetic conjugation when the subject is contained within the verb ('I', 'you', 'he', etc.).

Exercise 2

Recast the sentences in Exercise 1, placing the expression of place or the direct object first (if possible):

E.g. **Lenn** (I read) **ul levr** gives **Ul levr a lennan.**

Can it be done in each case?

Back to the verb 2

The personal or synthetic forms may be preceded by **Bez' e . . .** , at the start of a sentence, creating something close in meaning to the **ober** conjugation, i.e. bringing the action into relief: **Bez' e lennin ma levr-istor hiziv da noz** 'I'll read my history book tonight.' Note that, so far, the particle **e**[M] is used whenever something other than the subject or direct object comes first.

What about negation? Basically we surround the synthetic forms with **ne**[L] **. . . ket**, e.g. **ne lennan ket** 'I don't read.' It's possible to negate **ober** in the periphrastic too, which imparts a certain insistence to the statement (a direct object *must* immediately follow the infinitive): **Lenn (al levr) ne ran ket** 'I don't read (the book).' If a noun subject is expressed and put in front of the negated verb, then if that 'subject' is plural, the verb still goes into the third-person plural, but if such a 'subject' is put after the negated verb, the verb is in the third-person singular. So the preposed 'subject' is really a sort of focus or emphasis. Note the Breton for 'The boy(s) doesn't/ don't eat a crêpe':

Ar paotr ne zebr krampouezhenn ebet.
Ne zebr ar paotr krampouezhenn ebet.

Ar baotred ne zebr*ont* krampouezhenn ebet.
Ne zebr ar baotred krampouezhenn ebet.

The synthetic forms may have a personal pronoun expressed, either attached to them in the positive forms or, in the negative ones, coming after **ket**: (**e**) **tebran-me**, (**e**) **lennez-te**, **ne zebro ket eñ**, **ne lennit ket c'hwi**. That doesn't count as expressing the subject separately!

Back to the verb 3

As a bridge to the verbs 'to have' and 'to be' we just need to recall the progressive form, which we met in Unit 2 (you can vary the order of the elements here too, of course):

O lenn ul levr emaon / emaout / emañ / emaomp / emaoc'h / emeur

Emaon / emaout / emañ / emaomp / emaoc'h / emeur o lenn ul levr

Me / te/ eñ / hi / ni / c'hwi / int / an den a zo o lenn ul levr
I'm . . . reading a book

O lenn ul levr ez eus bugale.
Children are reading a book.

Recall that with **bezañ** we have impersonal, habitual, location, and identity, forms:

subject first impersonal	subject first habitual	subj. follows loc./progressive	subj. follows identity
me a zo	**me a vez**	**emaon**	**on**
te a zo	**te a vez**	**emaout**	**out**
eñ a zo	**eñ a vez**	**emañ**	**eo**
hi a zo	**hi a vez**	**emañ**	**eo**
ni a zo	**ni a vez**	**emaomp**	**omp**

c'hwi a zo	c'hwi a vez	emaoc'h	oc'h
int a zo	int a vez	emaint	int
(an nen a zo)	(an nen a vez)	emeur	eur
future = **vo**	–	**vin**, etc.	**vin**, etc.

The negative forms are:

> **ne vezan ket, ne vezez ket, ne vez ket, ne vezomp ket, ne vezit ket, ne vezont ket; n'emaon ket, n'emaout ket, n'emañ ket, n'emaomp ket, n'emaoc'h ket, n'emaint ket; n'on ket, n'out ket, n'eo ket, n'omp ket, n'oc'h ket, n'int ket**

future **ne vin ket**, etc.

Recall the indefinite forms ('there is', 'there are'): **a zo** when the 'subject' precedes, **ez eus** when the subject follows: **Tud a zo amañ – Amañ ez eus tud** 'There are people here.' For the negative we have **n'eus ket** – if we want to say there isn't something, then we use either of the following: **N'eus ket bara** or **N'eus ket a vara** 'There isn't any bread.'

The normal rules apply when subjects are expressed – third-person noun subjects mean third-person singular verb forms, except when they precede, in the negative, when they aren't actually subjects and the verb takes a plural form if the 'subject' is plural.

Kaout 'to have' is built on the **eus** forms of **bezañ**. It has a sense of 'there is to me', etc. ('S/DO+' = 'preceded by the subject or direct object' – when the verb is affirmative).

	present neutral		*present habitual*		*future*	
S/DO+	*other*	*colloquial*	*S/DO+*	*other*	*S/DO+*	*other*
am eus	em eus	'm eus	am bez	em bez	am bo	em bo
ac'h eus	ec'h eus	'teus/'peus	az pez	ez pez	az po	ez po
en deus	en deus	'neus	en dez	en dez	en do	en do
he deus	he deus	he deus	he dez	he dez	he do	he do
hon eus	hon eus	hon eus	hor bez	hor bez	hor bo	hor bo
hoc'h eus	hoc'h eus	'peus	ho pez	ho pez	ho po	ho po
o deus	o deus	o deus	o dez	o dez	o do	o do

The forms given in the 'S/DO+' and 'other' columns are the standard, literary forms. The 'colloquial' forms are indispensable and are found in writing as well as predominating in speech. Here are a few useful expressions involving **kaout**:

kaout amzer da[L]	to have (the) time to
kaout tro (da[L]**)**	to have an opportunity (to)

kaout chañs	to be lucky
kaout da^L	to have/be due to
kaout kaer	to X in vain
kaout keuz	to regret
kaout mezh	to be ashamed
kaout riv/anoued	to be cold
kaout soñj eus	to remember
kaout spi	to hope

kaout aon   to be afraid ('of' = **rak** or **dirak**, or, sometimes in the spoken language, the preposition **deus**; 'to' = **da**^L; this verb is often tacked on at the end: **'m eus aon** 'I'm afraid, I think').

kaout ezhomm   to need ('to' = **da**^L; what you need = DO, or insert **da gaout** 'to have something').

kaout mall   to be in a hurry – **bezañ** is often found, e.g., **mall a zo ganin**.

kaout poan   to be in pain, e.g. **kaout poan em c'hein** 'to have a pain in my back', etc., and **kaout poan-benn** / **poan-gof** / **poan-dent** 'to have a headache / stomach ache / toothache'.

Here are a few sentences:

Ur banne gwin ho po?
Would you like a glass of wine?

Un ti am eus war an aod.
I have a house by the sea.

Ar vugale o deus chañs.
The children are lucky.

N'ho poa ket ezhomm eus an dud-se?
Didn't you need those people?

N'he do ket soñj ac'hanomp.
She won't remember us.

N'eo ket prest ar pred, 'm eus aon.
The meal isn't ready, I think / I'm afraid.

Exercise 3

Select the odd one out in the following sequences of words:

(a) Roazhon	Brest	Pariz	Lannuon
(b) skol	ostaleri	lise	kevrenn
(c) mamm	mab	c'hoar	kador
(d) pebr	krampouezh	holen	sezv
(e) tas	bolenn	asied	pellgomz
(f) fourchetez	kontell	paper	loa
(g) kelenner	beleg	marc'h	kannad
(h) logodenn	ki	kazh	pesk
(i) mont	gwelout	dont	distreiñ
(j) bremañ	diwezhat	abred	amañ

Now, using the information below and the knowledge you've accumulated so far, try placing articles in front of the nouns ((b)–(h)).

kador, f.	chair	**sezv**, m.	mustard
tas, m.	cup	**asied**, m.	plate
pellgomz, m./f.	telephone	**paper**, m.	paper
beleg, m.	priest	**marc'h**, m.	horse
kannad, m.	representative, envoy	**ki**, m.	dog

Exercise 4

Here are a couple of short texts in which the sentences have been jumbled. See if you can put them in an order that makes sense – there's no exactly correct order.

(a) N'emañ ket Tadig ganto. Yen eo an amzer. Chomet eo hemañ er gêr d'ober boued d'al loened. Emañ Herve hag Anna o vont da Vontroulez gant Mammig evit gouel Nedeleg. Mamm-gozh a ra boued da Dad-kozh ha da Dadig.

(b) Tud a zo dre-holl. Pakadoù a zo gant an holl. Setu kêr Vontroulez gant he ruioù strizh hag he ziez uhel. Mont a ra an dud d'ar marc'had. War vord ar ru ez eus un den o kanañ: Madigoù, c'hoarielloù ha boued a zo e-barzh ar pakadoù. 'Nedeleg laouen d'an holl!'

chomet	stayed, remained	**boued**, m.	food
loen, m.	animal	**Nedeleg**, m.	Christmas

dre-holl	everywhere	**pakad**, m.	packet
an holl	everyone	**ru.**, f.	street
kêr Vontroulez	the city of Montroulez	**madig**, m.	sweet, candy
c'hoariell, f.	toy	**e-barzh**	in, inside

Exercise 5

Insert the correct verbal forms into the following sentences:

> E.g. **Evit piv** (prenañ) **Rozenn ar per?** gives
> **Evit piv e pren Rozenn ar per?**
> For whom does Rozenn buy the pears?

(a) Yannig (debriñ) un aval.
(b) Soazig (bezañ) o pourmen a-hed an aod.
(c) Evañ (ober) dour bep mintin.
(d) (Bezañ) Mari-Janig o gwiadiñ.
(e) Ar vugale ne (gwelet) ket ar skol.
(f) Ne (klevet) ket an dud ar c'hleier o seniñ.
(g) Pelec'h (bezañ) ar fourchetezoù?
(h) Bras (bezañ) an traktor.
(i) Me (bezañ, mont) da ziskuizhañ.
(j) Da biv (gwerzhañ) Pêr ar per?

gwiad/iñ	to weave	**kloc'h**, m.	bell
seniñ, **son**	to ring	**traktor**, m.	tractor
bep mintin	every morning		

Dialogue 2 ▣

They're talking about Breton in the bookshop

SUZANNA: Er stal-levrioù e welomp levrioù a bep seurt, koulz e galleg hag e brezhoneg.

ALAN: Ya, karet a rafen kavout ul levr war istor Breizh.

SUZANNA: Roet ez eus bet din da c'houzout eo mat levr Louis Elegoed, hag e brezhoneg eo bet lakaet zoken.

ALAN: N'eo ket kredapl, me a garfe prenañ al levr-se! (*D'al levraoueger*) Lavarit din mar plij, hag-eñ emañ *Istor Breizh* Louis Elegoed ganeoc'h?

LEVR/GOUR: Ya 'vat, diskouez a rin anezhañ deoc'h. Setu-eñ, e-touez al levrioù er stalenn a-gleiz. Nann, a-gleiz emañ, n'emañ ket a-zehou.

SUZANNA: Kartennoù-post a zo ivez, amañ e-kichen an nor. Brav int. Sellit – Enez-Vriad. Mat e vo deomp mont di. Un enezenn kaer-meurbet eo, nepell diouzh Pempoull, a-dal da Veg an Arc'houest. Gant ur vagig an hini eo e c'hellimp treuziñ ar mor.

Vocabulary

koulz . . .	both . . .	**diskouez**	to show
ha(g) . . .	and . . .	**ya 'vat**	that's certain,
lak<u>a</u>/at	to put		of course
(sometimes **lak**)		**stalenn**, f.	shelves
rafen	I would do	**a-zehou**	to the right
kredapl	credible,	**meurbet**	very
	believable	**a-dal da**	opposite
e-touez	among	**gant**	by (conveyance)
a-gleiz	to the left	**treuz/iñ**	to cross
enezenn, f.	island	**an hin eo**	emphasizes what
nepell diouzh	not far from		precedes
beg, m.	point, end;		
	mouth, beak		

Diminutives

Our text has the word **bagig** 'little boat'; we already know **bag**, so can guess that **-ig** provides diminutives. The suffix **-ig** is added not only to the singular of the noun, but also to the plural, as **-igoù**. The diminutive we are likely to encounter for **bagig** is **bagoùigoù**. So **paotr** gives **paotred**, which means **paotrig** gives **paotredigoù**. It's straightforward, but be ready for examples where the base noun retains its singular form in the plural, e.g. **madigoù** 'sweets'.

Mutation and adjectives

We already know that attributive adjectives lenite if the noun is feminine singular or masculine human plural. But lenition here is different from that after an article: we have the full range of lenition (this time **d-** often *does* mutate) *only* if the noun ends in **l**, **m**, **n**, **r**, or a vowel. Any other ending, and **k**, **p**, and **t** beginning the adjective, do *not* mutate. A few examples:

f. -r b-	kador vras	ar gador vras	kadorioù bras	ar c'hadorioù bras
f. -l d-	taol zu/du	an daol zu/du	taolioù du	an taolioù du
m.	ti bihan	an ti bihan	tiez bihan	an tiez bihan
f. -m k-	mamm gaer	ar vamm gaer	mammoù kaer	ar mammoù kaer
f. -c'h k-	merc'h kaer	ar verc'h kaer	merc'hed kaer	ar merc'hed kaer
f. irreg. **m-**	plac'h vat	ar plac'h vat	plac'hed mat	ar plac'hed mat
m. hum.	paotr mat	ar paotr mat	paotred vat	ar baotred vat
m. hum. irreg.	tad-kaer	an tad-kaer	tadoù-kaer	an tadoù-kaer
m. k-	ki bihan	ar c'hi bihan	chas bihan	ar chas bihan
f. -z b-	nizez vihan	ar nizez vihan	nizezed bihan	ar nizezed bihan
f. -z t-	nizez tev	ar nizez tev	nizezed tev	ar nizezed tev

Adjectives qualifying the demonstrative pronouns are subject to the same rule, even with masculine and non-human masculine plural reference, e.g. **hemañ vihan** 'this small fellow'.

Negatives

Essentially **ne**[L] **... ket** 'not', surrounding the verb (the auxiliary in a compound form). **Ne** before a consonant may drop, but the lenition remains. In the imperative and relative clauses it's **na**[L]. Here are some examples of other negatives – except where mentioned otherwise, **ket** may be optionally included in its usual position:

Ne welan loa ebet war an daol.
I can't see any spoon(s) on the table. (the noun negated by **ebet** must be singular and countable)

N'eus tra / N'eus tra ebet / N'eus netra ebet en armel.
There's nothing in the wardrobe.

Ne gomprenan mann / takenn / tamm (ebet) / banne.
I can't understand a thing / at all.

N'eus nikun / N'eus den / N'eus den ebet en ti.
There's no one in the house.

Biskoazh n'em eus gwelet Soazig. / N'em eus biskoazh gwelet Soazig.
I've never seen Soazig. (past only)

> **Morse n'em eus gwelet Soazig. / N'em eus morse gwelet Soazig.**
> I've never seen Soazig. (any tense)

> **N'in biken da Gemper. / Biken n'in da Gemper.**
> I'll never go to Kemper. (future only)

> **Ne welomp Tadig neblec'h. / Neblec'h ne welomp Tadig. /**
> **Nep tu ne welomp Tadig.**
> We can't see Daddy anywhere.

> **N'eus nemeur a gezeg er park.**
> There are scarcely any horses in the field.

> **En ti ne reont (ken) nemet sellout ouzh an tele.**
> At home they do nothing but watch TV.

> **Nann, ne oa na dour na tredan en tier gwechall.**
> (note no lenition after this **na**)
> No, there was neither water nor electricity in houses formerly.

> **Ne raint (ket) ken an dra-se – Ne raint ket an dra-se ken.**
> They won't do that any longer. (**ket** is obligatory if something
> comes between the verb and **ken**)

Finally, the verbal noun is negated by placing **nompas** in front of it,
or by using periphrases such as **chom hep** 'to remain without',
tremen hep 'to pass without', or **mirout a** 'to keep from':

> **Evit nompas dispign e dammig arc'hant – Evit chom hep**
> **dispign e dammig arc'hant.**
> In order not to spend his bit of money.

Numerals

0	**mann** – zero; with a count noun, put **ebet** after: **ti ebet** 'no house'
1	**unan** – replace with **un/ur/ul** when occurring with a noun
2	**daou**^{L} (m.), **div**^{L} (f.)
3	**tri**$^{S/L}$ (m.), **teir**$^{S/L}$ (f.)
4	**pevar**$^{S/L}$ (m.), **peder**$^{S/L}$ (f.)
5, 6, 7, 8	**pemp, c'hwec'h, seizh, eizh**
9	**nav**$^{S/L}$
10–19	**dek, unnek, daouzek, trizek, pevarzek, pemzek, seitek, triwec'h, naontek**

20, 21 . . .	**ugent, unan warn-ugent**, . . .
30, 31 . . .	**tregont, unan ha tregont**, . . .
40, 41 . . .	**daou-ugent, unan ha daou-ugent**, . . .
50, 51 . . .	**hanter-kant, unan hag hanter-kant**, . . .
60, 61 . . .	**tri-ugent, unan ha tri-ugent**, . . . **dek ha tri-ugent**, . . .
70, . . . 79	**naontek ha tri-ugent**
80, 81, . . . 99	**pevar-ugent, unan ha pevar-ugent**, . . . **naontek ha pevar-ugent**,
100, 101, . . . 110	**kant, kant unan**, . . . **kant dek** or **dek ha kant**, . . .
120, 121 . . .	**kant ugent** or **c'hwec'h-ugent, kant unan-warn-ugent** or **unan ha c'hwec'h-ugent**
130	**kant tregont** or **dek ha c'hwec'h-ugent**, . . .
190	. . . **kant dek ha pevar-ugent** or **dek ha nav-ugent**, . . .
199	. . . **kant naontek ha pevar-ugent** or **naontek ha nav-ugent**
200–900	**daou, tri, pevar** + **c'hant; pemp, c'hwec'h, seizh, eizh kant, nav** + **c'hant**
1000	**mil**
1200	**mil daou c'hant** or **daouzek kant** (the latter, using the hundreds, is normal between 1001 and 1999)
(in the year) 1984	(**er bloaz**) **mil nav c'hant pevar ha pevar-ugent** or **naontek-kant pevar ha pevar-ugent**
2000, 3000, . . .	**daou vil, tri mil**, . . .
1000000	**ur milion**

There is also a decimal system for the tens, after twenty and on the pattern of **tregont** 'thirty': **pergont, pemont, c'hwegont, seikont, eikont, naogont**. It is used in particular in bilingual classes; people whose normal language is Breton use the vigesimal system.

Ur milion and multiples are followed by a^L + pl.; other numerals are followed by the singular, attached to the smallest component: '357 children' is **tri-c'hant seizh bugel hag hanter-kant**. Gender choice and mutation still apply to numbers ending in one, two, three, four, and nine.

Clock time

Recall that we ask the time with the question **Pet eur eo?** lit. 'How many hours is it?' Remember to pronounce the **-t** in **pet** here as a **d**. The answer will be:

o'clock:	**Un eur – div eur – teir eur – peder eur – pemp eur – c'hwec'h eur – seizh eur – eizh eur – nav eur – dek eur – unnek eur – kreisteiz eo** or **hanternoz eo** 'it's one o'clock, . . . , midday / midnight'
past:	**div eur + pemp – dek – ha kard – ugent – pemp warn-ugent – hanter**
to:	**teir eur + nemet pemp warn-ugent – nemet ugent – nemet kard – nemet dek – nemet pemp**

For *time when?* use the preposition **da**^{L}. Thus, followed by some other useful expressions:

Da bet eur emañ . . . ?
At what time is . . . ?

Da un – ziv – deir – beder – bemp – c'hwec'h – seizh – eizh – nav – nav – zek – unnek – eur, da greisteiz, **da hanternoz** + some form of **emañ** or **e**^{M} plus a verb.

tost da ziv eur	almost two o'clock
da ziv eur rik	at two sharp
n'eo ket un eur	it isn't one o'clock
ouzhpenn seizh eur	later than seven o'clock
a-raok teir eur	before three o'clock
goude peder eur	after four o'clock
da zek eur noz	at ten in the evening
da seizh eur ha kard diouzh ar mintin	at 7.15 in the morning
war-dro pemp eur or **pemp eur pe war-dro** or **pemp eur bennak**	about five o'clock
tremen c'hwec'h eur or **c'hwec'h eur tremenet** or **en tu-hont da c'hwec'h eur**	past six o'clock
etre unnek eur hag hanternoz	between eleven and midnight

A 'clock', by the way, is **horolaj**, m. and a 'watch' is **montr**, m. or **eurier**, m. If it's slow, it's **bezañ diwezhat** (or **bezañ war-lerc'h**) and if it's fast, it's **bezañ abred**.

Exercise 6

Put the following times into Breton.

  9:30, past eleven, around three, at 2:15 sharp, before twelve,
  at 7:30 p.m., at 6:00 a.m., before one, after four, almost six

Money

We still hear **santim** or **kantim**, m. 'centime' and **lur**, m. 'franc'. Of
the ancient terms, perhaps the one met most frequently is **gwenneg**,
m. 'a *sou*, five centimes'. And the **euro** and the **sent**, m. (**santim**,
kantim are often used instead) are here, anyway.

Exercise 7

Combine the follow groups of three words, adapting them and
making mutations as appropriate:

  E.g. **an**, **paotred**, **bras** give **ar baotred vras** 'the big lads'

(a) an, dañvad, du   (b) un, plac'h, mat
(c) an, kelennerez, speredek (d) div, gwezenn, kaer
(e) nav, kador, aes   (f) an, touristed, gall
(g) an, boest, goullo   (h) an, tadoù, kozh
(i) un, gwerenn, torret   (j) an, ti, koant

aes	comfortable
gall	French (adjective)
goullo	empty
torret	broken

Exercise 8

Answer in Breton the following questions, in full:

(a) Da belec'h emaoc'h o vont?   (Lesneven)
(b) Gant piv e tremenint ar vakañsoù? (Nora, Erwan)
(c) Da bet eur ez erruimp e Naoned?   (5:15)
(d) Pegoulz e oa ganet?   (1986)
(e) Perak ne fell ket d'az c'hoar c'hoari? (skrivañ ul lizher)
(f) Eus pelec'h oc'h?   (Sant-Maloù)

(g) Gant piv e studiot brezhoneg?   (den ebet)
(h) Pet den a vo amañ warc'hoazh?   (22)
(i) Prest eo koan? (*No*, diwezhatoc'h, emichañs)
(j) Daoust ha ne zeuot ket d'an eured? (*Yes*, eveljust)
(k) Peur ez eot skuizh gant al labour-mañ? (biken or biskoazh?)

erru/out	to arrive
genel, gan	to give birth to (passive, as here, = 'was born')
fell/out da	to want (e.g., **Me a fell din** 'I want . . .')
prest	ready
emichañs	probably
eured, m./f.	wedding
mont, a skuizh gant	to get fed up with

Meals

Meal names are used without an article except when qualified, e.g., by a possessive: **da goan** 'for dinner', but **ma lein** 'my breakfast', **d'ho lein** 'for your breakfast'. **Koan**, f. is the evening meal where everyone gets together. There is great variation, but breakfast is **lein**, f. or **dijuni**, m., lunch is **lein**, f. or **merenn**, f., and tea (around 4.30 p.m.) is **adverenn**, f. or **merenn-vihan**, f.; if in doubt use **pred**, m. 'meal', which surfaces in **preti**, m. 'restaurant'. Note as examples **Ha gouzout a rit pegoulz e vez debret lein?** 'Do you know when they have lunch?' and **Gant e lein emañ** 'He's having his lunch.' Use **da**ᴸ for 'for' and 'to': **d'ho koan, da goan**.

Reading 🔲

Ha bremañ d'ar marc'had! Bep sizhun e vez marc'had e Landreger. Tud a zo a zeu eus pep lec'h e Treger, ha zoken eus pep lec'h e Breizh, hep kontañ an dud a-ziavaez-bro. Legumaj a vez kavet, ha frouezh ivez: patatez, tomatez, artichaod, karotez, ognon, kignen, letuz, irvin-ruz, pour, fav-glas, avaloù, per, orañjez, pechez, abrikez, prun, sivi, flamboez, bananez, ha kabelloù-touseg, fourmaj, kig, ha pesked, kranked, meskl, grilhed, grilhed-traezh, chifretez, ha ligistri zoken – boued mor. Digarezit al listenn! Dilhad ha pladennoù a vez gwerzhet (ha prenet!) ivez – a-drugarez d'ar sonerezh keltiek e teu

bep bloaz miliadoù a dud da Vreizh, dreist-holl d'An Oriant e-lec'h
ma vez Gouelioù Etrekeltiek.

bep sizhun	every week (adv.)	**a-ziavaez-bro**	from abroad
hep kontañ	without counting	**listenn**, f.	list
legumaj	vegetables	**pladenn**, f.	disk, record
dilhad, m.	clothes	**sonerezh**, m.	music
a-drugarez daL	thanks to	**bep bloaz**	every year (adv.)
keltiek	Celtic	**dreist-holl**	especially
miliadoù aL	thousands of . . .	**Etrekeltiek**	Interceltic
gouel, m.	festival	**abalamour**	because
lec'h, m.	place	**ma**M	

Exercise 9

Not all the new words in the passage are listed below – you may
have noticed that some of them had strange 'plural' forms. Do you
know why? The forms are in the Key.

Exercise 10

Answer in Breton the following questions on the Reading:

(a) Pegoulz e vez marc'had e Landreger?
(b) Piv a ya da Landreger evit ar marc'had?
(c) Peseurt legumaj a vez kavet er marc'had?
(d) Ouzhpenn ar boued, petra a vez gwerzhet?
(e) Perak e ya kalz tud bep bloaz d'An Oriant?

7 Ar marc'had hag an aod

The market and the seaside

In this unit you will learn:

- how to compare people and things
- how to express wants and preferences, likes and dislikes, needs and abilities, opinions and obligations
- more about adjectives and adverbs: the comparative, the superlative, and the 'equative' ('as . . . as . . .') and 'exclamative' ('How . . . !', 'What a . . . !')
- about **fellout** 'to want', **kavout/krediñ** 'to think', **rankout/ dleout/ret** 'must', **karout/plijout** 'to like', and **gallout** 'can'
- verbs ending in **-a** and **-at**

Dialogue 1 ◻◻

Others and the bookshop

KATELL: Petra eo ar stal-se du-hont, e korn ar straed?
GWELTAZ: Ur stal-levrioù eo a gav din. Ha just a-walc'h e oamp o klask unan. Ha n'eo ket un degouezh brav, kalon-me?
KATELL: Eo, eo, un degouezh brav eo kement-mañ, sur!

Vocabulary

korn, m.	corner	**just a-walc'h**	quite precisely
degouezh, m.	event, chance	**kalon-me**	my dear
kement-mañ	all this		

Dialogue 2 🔲

And now they're in the bookshop

KATELL: Ha petore levr emaout o klask te bremañ?

GWELTAZ: Ul levr da lavaret dimp e pelec'h ez eus ostalerioù mat er vro-mañ. Meur a hini a gaver, kalz re a gav din! N'ouzon ket re petore levr prenañ ... hennezh pe hemañ?

KATELL: Goulenn gant paotr ar stal, hennezh a oar sur ha petore levr a blijo dit hag e pelec'h ez eus ostalerioù mat!

Vocabulary

petore	what sort of	**meur a hini**	many a one
kalz re	far too many	**re**	here: at all
goulenn gant	to ask (someone)	**ha(g) ... ha(g) ...**	both ... and ...

Exercise 1

Answer in Breton the following questions on the dialogue:

(a) Peseurt stal a zo e korn ar straed?
(b) Peseurt levr emaomp o klask?
(c) Penaos e vo kavet ul levr mat?
(d) Ha gouzout a raio ar paotr pelec'h ez eus ostalerioù mat?

Dialogue 3 🔲

At the market

GWELTAZ: Plijout a ra kalz din dont d'ar marc'had evel-se. Ennañ emañ ar vuhez a blij kement din : c'hwezh vat, liv ar frouezh, stumm al legumaj, kaozioù an dud ... Ya, hag an doare o deus ar varc'hadourien da werzhañ o zraoù! Dont a-benn da werzhañ pep tra, sed aze ur vicher vrav!

KATELL: Ya 'vat. Met bremañ eo ret dimp kavout ar pezh hon eus da brenañ evit an devezhioù da zont. Amañ 'mañ al listenn ganin: ognon zo da brenañ, hag ivez kignon. Gouzout a ouzout a-walc'h n'eus ket a geginerezh mat hep ognon ha kignon!

GWELTAZ: Ya, ha ma kavan sifolez e vo mat ivez … Met ma Doue, sell 'ta … Pegement e koust ar c'harotez amañ?

KATELL: Marteze e kavez anezho ker met sell pegen kaer int ivez! Prenet e vo nebeutoc'h ma fell dit.

GWELTAZ: A-hend-all, ha soñjet ec'h eus prenañ boued mor evit arc'hoazh? Klevet em eus lavaret eo mat-tre ar c'hranked evit an deizioù! Ha marteze prenañ un dousennad kregin sant Jakez ivez? Petra a soñj dit, kariad?

KATELL: Mat-tre met en aod e vo kavet ar memes tra ha freskoc'h c'hoazh!

© Jean-Michel Prima

Vocabulary

ennañ	there (lit. 'in it')	**buhez**, f.	life
kement	so much	**c'hwezh**, m. or f.	smell
frouezh, sgt	fruit	**stumm**, m.	shape, form,
frouezhenn			appearance
kaoz, f.	conversation;	**doare**, m.	manner, way,
	cause, subject		appearance
	(in pl. often	**ar pezh** (a^L)	that which,
	'gossip')		what

devezh, m.	day (emphasizing duration)	**da zont**	to come, future (adjective)
ognon	onions	**kignon**	garlic
gouzout a ouzout	you know	**keginerezh**, m.	cooking, cuisine
		sifolez	chives
ma^M	if	**nebeutoc'h**	less
ma Doue!	goodness! (lit. 'my God')	**a-hend-all**	moreover
		krank	crab
ma fell dit	if you want	**dousennad**, f.	dozen (quantity, with the item immediately following)
soñj/al	to think (of X-ing = + inf.)		
evit an deizioù	these days, at the moment		
krogenn, f.	shell	**kregin sant Jakez**	scallops
petra a soñj dit?	what do you think?	**kariad**	friend
		fresk	fresh

Exercise 2

Answer in Breton the following questions on the dialogue:

(a) Petra a blij da Weltaz, ha perak?
(b) Petra o deus da brenañ?
(c) Ker eo ar c'harotez?
(d) Petra freskoc'h a vo kavet en aod?

Dialogue 4 🔲

By the seashore

KATELL: Klevet a ran c'hwezh ar mor bremañ. Emaomp o tostaat d'an aod. Ober a ra vad an iod d'hon yec'hed! Ne gav ket dit?

GWELTAZ: Eo, kalon-me! Met gantañ e teu an iod gant an avel, ha gant an avel em eus poan o kerzhet! Hag arabat dimp mont re bell ma fell dimp kaout amzer da brenañ boued mor war an distro ...

KATELL: Bepred nec'het gant ar boued, kariad! Me gav din e plij dit ar boued mor abalamour d'ar maionez a c'hallez fardañ da zebriñ ganto! Ha n'eo ket gwir?

GWELTAZ: Ne ran forzh, gouzout a ouzout mat! ... Sell du-hont, er pelloù, ur vag o klask dont a-benn ar gwag! Pegen bihan ar vag ha pegen bras ar mor!

KATELL: Ma, da bet eur e kloz ar stalioù dre amañ? Rak gwelet a ran an noz o tont buan. Emichañs eo en tu all da c'hwec'h eur . . .

GWELTAZ: Gortoz, ez an da lavaret dit: c'hwec'h eur dek rik, kalon-me.

KATELL: Ma, poent eo distreiñ ha tapout hor prenadennoù er stal!

Vocabulary

klev/et	to sense, perceive (= 'smell'); hear	**tosta/at**	to get near (**da** 'to')
iod, m.	iodine	**ober**, **gra vad**	to do good, benefit (**da** 'to')
yec'hed, m.	health	**ne gav ket dit?**	don't you think?,
kaout poan o^M	have trouble X-ing		don't you agree?
pell	far	**re**^L	too
kaout amzer da^L	to have the time to	**fell/out**	to want
		war an distro	on return, when we come back
bepred	constantly, forever		
nec'h/iñ	to worry	**abalamour da**^L	because of
maionez, m.	mayonnaise	**fard/añ**	to prepare, make
ne ran forzh	I don't care	**du-hont**	over there
er pelloù	in the distance	**dont, deu/ da a-benn**	to manage, overcome
gwag, sgt **gwagenn**	waves	**pegen** + adj.	how X! (exclamative)
ma	well, OK	**rak**	for, because
kloz/añ	to close	**ez an da**^L	I'm going to
en tu all ad^L	beyond, the other side of	**rik**	precisely, on the dot
tap/out	to get, catch		
prenadenn	purchase		

Exercise 3

Answer in Breton the following questions on the dialogue:

(a) Perak en deus Gweltaz poan o kerzhet?
(b) Ha sec'hed en deus Gweltaz?
(c) Petra a wel Gweltaz er pelloù?
(d) Da bet eur e kloz ar stalioù dre amañ?

Language and grammar

The comparison of adjectives and adverbs, and related issues

The comparative and superlative of adjectives and adverbs are formed by the addition of **-oc'h** and **-añ**. **B**, **d**, **g**, **z**, and **zh** preceding the suffix undergo provection, thus to **p**, **t**, **k**, **s**, **sh**:

positive	*comparative*	*superlative*	
gleb	**glepoc'h**	**glepañ**	wet
abred	**abretoc'h**	**abretañ**	soon, early
ruz	**rusoc'h**	**rusañ**	red
kozh	**koshoc'h**	**koshañ**	old

'As X as' is generally conveyed by **ken X ha(g) ...** The comparatives all mean 'more X / X-er (than)'. 'How X!' is **pegen** + adj. 'Than' in the standard language and a small area in Leon is the preposition **eget**, but more commonly it is the preposition **evit** 'for'. The personal forms of these prepositions are as follows:

1PS	**egedon**	**evidon**	1PP	**egedomp**	**evidomp**
2PS	**egedout**	**evidout**	2PP	**egedoc'h**	**evidoc'h**
3PSm.	**egetañ**	**evitañ**	3PP	**egeto/egete**	**evito/evite**
3PSf.	**egeti**	**eviti**			

The comparative behaves like any adjective, i.e. it mutates as appropriate. The superlative is the same, but may come first, before the noun, in which case there are *as a rule* no mutations at all (whatever the gender, just the change **k-** > **c'h-** if the adjective begins in **k-** and the article precedes). Here are a few examples (including an exception):

Ma c'harr a zo rusoc'h ha koshoc'h eget/evit e hini.
My car is redder and older than his.

Ar verc'h vrasañ hag ar paotr brasañ a zo er saloñs.
The biggest girl and boy are in the sitting-room.

Ar stal-mañ a zo ken modern ha honnezh.
This shop is as modern as that one.

Ar veaj pellañ – ar pellañ beaj
the longest journey

E-touez ar muiañ drein emañ ar gaerañ rozenn.
Among the most thorns is the most beautiful rose.

Ar boelladenn gentañ – ar c'hentañ poelladenn
the first exercise

There are some irregulars – here are three of them; fuller information in Unit 12:

	as X as (+ *ha*)	*comparative* (+ *eget/evit*)	*superlative*	
mat	**kenkoulz** (or **ken mat**)	**gwell(oc'h)**	**gwellañ**	good
drouk	**ken gwazh** (or **ken fall**)	**gwashoc'h**	**gwashañ**	bad
fall	**ken gwazh** (or **ken fall**)	**gwashoc'h**	**gwashañ**	bad

Exercise 4

Construct sentences using comparatives – make them truthful:

> E.g. **Bambi**, **bihan**, **Godzilla** give
> **Bambi a zo bihanoc'h eget Godzilla**
> Bambi is smaller than Godzilla.

(a) New York, bras, Pariz.
(b) An Nil, hir, al Liger.
(c) Deiz, teñval, noz.
(d) Pinvidik, Chirac, Madonna.
(e) Buan, ur C'hlio, ur Ferrari.
(f) Granada, tomm, Helsinki.
(g) Stravinski, kozh, Methuselah.
(h) Trist, Izold, Tristan.
(i) Kemper, brav, Pempoull.
(j) Enez-Vriad, brav, Manchester.
(k) Frañsez, bras, te.
(l) Berc'hed, kaer, me.
(m) Eñ, lous, c'hwi.
(n) Hi, kozh, ni.
(o) Int, sot, ni.
(p) Ni, diwezhat, int.
(q) Yannig, fur, eñ.

(r) Gwenola, koant, hi.
(s) Herve, yaouank, te.
(t) Chwi, kreñv, int.

Wanting, obligation, needing, liking, thinking, and being able

Very common is **kaout c'hoant**, which may be followed by **da**^{L} + v.n. There is also **fell/out**, a sort of impersonal verb, constructed with **da**^{L} governing the person who 'wants':

> **N'en deus ket c'hoant da vont d'ar gêr.**
> He doesn't want to go home.

> **Int a fell dezho c'hoari ganin.**
> They want to play with me.

> **Hi ne fell ket dezhi chom er gêr.**
> She didn't want to stay at home.

> **Fellout a ra din kavout ma breur.**
> I want to find my brother.

Note how a 'subject' may come before **fellout**, as an emphatic or focal element. This sort of construction is extremely common in Breton.

On **kaout c'hoant**, note that a v.n. may immediately follow **c'hoant** if it's a *need* you have, e.g. **c'hoant debriñ en deus** = **naon en deus** 'he's hungry', and compare **c'hoant he deus da ziskuizhañ** 'she wants to rest' with **c'hoant diskuizhañ he deus** 'she wants/needs to rest' (this distinction can be vague!).

Another possibility is the future tense of **kaout**: **Petra ho po?** 'What'll you have?' (i.e. 'What do you want?') – **Un tamm kaviar am bo** 'I'll have a bit of caviar.'

Obligation and need

Obligation and need are rendered in various ways. Need may be conveyed by **rank/out** to have to' and **ret eo da**^{L} + **u.b.** + v.n. (**ret** 'necessary'), or you may use **kaout ezhomm da**^{L} + v.n. Moral obligation may be conveyed by **dle/out** 'to have to' (is resistant to lenition **d-** in this verb), **dav eo da**^{L}, and **mat eo da**^{L} + **u.b.** + v.n. It's also possible to use **kaout da**^{L} + v.n. 'to have to' and **bezañ da**^{L} + v.n. 'to be (due) to'. Here are a few examples:

Rankout a reomp mont d'ar skol-veur.
We have to go to the university.

N'eo ket ret deomp gwerzhañ al levrioù-se.
We don't have to sell those books.

Ezhomm hoc'h eus da brenañ ur sac'h-kein.
You need to buy a rucksack.

Dleout a ra-hi ober war-dro he c'hoar.
She must look after her sister.

Kalz traoù am eus d'ober hiziv.
I have lots of things to do today.

A-benn arc'hoazh ez in da gerc'hat ma breur.
Tomorrow I'm to go and get my brother. (Here just the future)

The related prohibition, or a negative imperative, may be conveyed with **arabat (eo)**, e.g. **Arabat soñjal e traoù seurt-se** 'Don't think of such things.'

Liking

To convey 'to like' we can use **kav/out mat** (lit. 'to find good'), good when talking of food, or **kar/out** 'to like, love' (often in the conditional); more general is **plij/out** 'to please', the meaning 'like' conveyed with the help of **da**^{L} (also occasionally **gant**). It's possible to use **mat** 'good' with **gant**. To convey 'prefer', add **muioc'h** to **karout** or replace **mat eo gant** with **gwell eo gant** – **kentoc'h** 'rather' might be used here too. Thus:

Ha kavout a rit mat ar c'hrampouezh?
Do you like the crêpes?

Me a garfe mont d'an estrenvro.
I'd love to go abroad.

Ar gwez-se ne blijont ket din.
I don't like those trees.

Hi a blijfe dezhi debriñ ur grampouezhenn vras.
She'd like to eat a big crêpe.

Plijout a rafe deomp ober un dro e Montroulez.
We'd like to go for a walk in Montroulez (Morlaix).

Mar plij ganeoc'h.
If you please.

Mat eo ganin debriñ krampouezh.
I like eating crêpes.

Thinking

'Thinking' may be conveyed by various verbs and expressions, e.g. **kav/out** 'to seem', **soñj/al** 'to think, consider', **kred/iñ** 'to believe'. All these verbs may be used personally, but they may also be used like **fell/out**:

Ha kavout a rit e labour mat?
Do you think he works well?

Int a zegouezho warc'hoazh, a gav din.
They'll arrive tomorrow, I think.

Int a gav dezho e vo mat evel-se.
They think it'll be fine like that.

Eñ a soñje dezhañ e teuje e vab hep dale.
He thought his son would come without delay.

'Thinking' might overlap with having an intention or idea of doing something. This can be done with **bezañ e-sell da**^{L} + v.n. or **bezañ e-soñj da**^{L} + v.n.:

E-sell emaon da dremen un eizhtez bennak e Langoned.
I'm thinking of spending a week in Langonned.

Being able

As for 'ability', here we have the verb **gall/out** or **gell/out**. It's perfectly regular, except for its optional unusual appearance when negated, namely **n'hellan ket** 'I can't', etc. It's also possible to convey impossibility by using negated **bezañ evit** + v.n. A few examples:

N'out ket evit mont d'ar voest-noz?
Can't you go to the night club?

Gallout a rin lenn ar pennad-se fenoz.
I'll be able to read that article this evening.

Espernet em eus tout ma arc'hant. N'hellen ket mirout.
I've spent all my money. I couldn't help it.

Petra a vez graet eus 'to begin' e brezhoneg? Se n'on ket
gouest da lâret dit, n'em eus ket desket se c'hoazh.
How d'you say 'to begin' in Breton? I can't tell you that,
I haven't learnt it yet.

A common answer to the last question might be **bezañ krog da**^{L} or
komañs da^L. Other possibilities for 'can' include **moaien bezañ da**^{L}
+ **u.b.** + **da**^{L} + v.n. and **tu bezañ da**^{L} + **u.b.** + **da**^{L} + v.n.:

Moaien a vo da Bêr da vont d'ar gêr.
Pêr will be able to go home.

N'eus ket tu da Gatell da labourat hiziv.
Katell can't work today.

Exercise 5

Reconstruct the following sentences, placing the underlined
element first – you are, of course, likely to have to change the form
of the underlined element:

E.g. **Mont a ran d'ar gêr gant ma mignonez** gives
      D'ar gêr ez an gant ma mignonez
      I go home with my girlfriend.

(a) Fellout a ra <u>dezhi</u> distreiñ d'ar gêr.
(b) Kavout a ran ar veaj <u>hir</u>.
(c) Ne blij ket <u>da Bêr</u> studiañ.
(d) Int a rank chom er gêr <u>hiziv</u>.
(e) N'hellan ket lakaat <u>ma loeroù</u>.
(f) Me a <u>fell</u> din prenañ ur vantell gaer.
(g) Hi a rank gwerzhañ <u>he sae ruz</u>.
(h) Ar brozhioù-se ne blijont ket <u>din</u>.
(i) Buan e c'hellan skrivañ <u>brezhoneg</u>.
(j) C'hwi a rank dont <u>du-mañ</u> diouzhtu.

beaj, f.	journey	
loer, f.	sock	
mantell, f.	coat	
brozh, f.	skirt	

Exercise 6

Recast the following sentences, taken from the preceding section, placing the underlined element first.

> E.g. **Ha kavout a rit <u>mat</u> al labour?** gives
> **Ha mat e kavit al labour?**
> Do you find the work good?

(a) N'eo ket ret deomp gwerzhañ <u>al levrioù-se</u>.
(b) Ezhomm hoc'h eus da brenañ <u>ur sac'h-kein</u>.
(c) Dleout a ra-hi ober <u>war-dro he c'hoar</u>.
(d) Kalz traoù am eus d'ober <u>hiziv</u>.
(e) A-benn arc'hoazh ez in da gerc'hat <u>ma breur</u>.
(f) Ar gwez-se ne blijont ket <u>din</u>.
(g) Plijout a rafe <u>deomp</u> ober un dro e Montroulez.
(h) N'out ket evit mont <u>d'ar voest-noz</u>?
(i) Gallout a rin lenn <u>ar pennad-se</u> fenoz.

Verbs in -a *and* -aat

There are numerous verbs with the verbal noun ending **-a** (there's no change for the radical, although the **-a** may be lost in certain forms) – these verbs indicate collection, gathering, hunting or even searching. Such verbs are formed by adding **-a** to plural, collective, or mass nouns. Nouns ending in a voiced consonant letter, here **g**, **d**, **b**, and **z**, undergo provection: **pesked** 'fish' (pl.) gives **pesketa** 'to fish', **kerez** 'cherries' (coll.) gives **keresa** 'to collect cherries', and **brennig** 'limpets' (coll.) gives **brennika** 'to collect limpets'.

Nouns with plurals in **-où** or **-ioù** insert **-a-** before **-où**: **avaloù** 'apples' > **avalaoua** 'to collect apples' (one of the names of the hedgehog in Breton is **avalaouer** 'apple collector' – its spines collect them as it ambles by!), **delioù** 'leaves' (of trees) > **deliaoua** 'to rake up dead leaves', **louzoù** 'herbs', 'weeds' > **louzaoua** 'to weed'. Nouns in **-aou**, e.g. **glaou** 'coal' just add **-a**: **glaoua** 'to gather coal'. This method of forming verbs is ancient, and remains very productive. Some things never change: **merc'h** 'girl', 'daughter', pl. **merc'hed** > **merc'heta** 'to chat up/collect girls' and **paotr** 'boy', pl. **paotred** > **paotreta** 'to chat up/collect boys', etc.

Verbs in **-aat** are formed likewise, but may indicate a 'progression', a 'becoming'. They are formed from nouns and adjectives: **c'hoant** 'desire' > **c'hoantaat** 'to desire', **izel** 'low' > **izelaat** 'to (become) lower', **evezh** 'care', 'attention' > **eveshaat** 'to watch over', 'to pay attention', **gwell** 'better' > **gwellaat** 'to make/become better', **tost** 'close' > **tostaat** 'to approach', etc. The radical will as a rule be **-a**: **c'hoantaet** 'desired'. Stress the penultimate, though the two vowels tend to contract.

8 Ha ni ha selaou an dud o komz

We listen to people speaking

In this unit you will learn:

• about compound tenses
• how to refer to past events and construct a narrative: the forms of the imperfect, the simple past, and the perfect
• more about conjugated prepositions
• about object pronouns
• a little about Breton music

Dialogue 1 ▣▣

Being tourists in Konk-Kernev

SUZANNA: Lezomp ar wetur amañ eta, ha deomp da weladenniñ kreiz-kêr gant e diez kozh ha bihan hag e ruioù strizh-strizh.

ALAN: Kalz touristed a zo amañ, ha stalioù! Ur spont eo.

SUZANNA: N'eo ket, tamm ebet. Me a blij din kement-mañ. Mat eo evit tud ar vro ivez.

ALAN: Ya, mat eo, met trist eo ivez. Gwelloc'h e oa pell 'zo, en amzer dremenet, a-raok gwalenn an douristed. An dud a laboure er parkeier, er mor, ne vezent ket e dalc'h ar re all.

SUZANNA: Me n'on ket sur. Gwir eo koulskoude e veze komzet brezhoneg, tost gant an holl. Setu perak ez eus bet krouet ul liamm etre ar brezhoneg hag an dienez.

ALAN: Emañ ar gwir ganeoc'h – bezañ paour ha komz brezhoneg. Met en deizioù-mañ e vez komzet ha klevet brezhoneg muioc'h-mui er vuhez foran. Ur gwir adc'hanidigezh eo!

Vocabulary

karter, m.	district	**ober, gra o**	to sightsee
ru, f.	street	**zouristed**	
lez/el	leave, let	**spont**, m.	terror, fright
tamm ebet	not at all	**pell 'zo**	long ago
tremenet	past	**gwalenn**, f.	stick, scourge; ring
e dalc'h bezañ	to be in thrall	**ar re all**	the others
	to (lit. 'to be	**paour**	poor
	in the grip of')	**gwir**	true
koulskoude	however, but	**tost**	almost
an holl	everybody	**perak**	why
krou/iñ	to create	**liamm**, m.	link, connection
dienez, f.	misery, poverty	**en deizioù-mañ**	these days
muioc'h-mui	more and more	**buhez**, f.	life
foran	public (adj.)	**adc'hanedigezh**, f.	renaissance

Language and grammar

The forms of the compound tenses

Here are a few examples of compounds:

verbal noun	*radical*	*example*
bleniañ	**blegn**	**Ni hon eus bleniet ar c'harr.**
to drive		We have driven the car.
kousket	**kousk**	**Kousket em eus un tammig.**
to sleep		I slept a little.
boueta	**bouet(a)**	**Bouetaet en deus ar c'hazh.**
to feed		He fed the cat.
c'hwitout	**c'hwit**	**C'hwitet hon eus hor bachelouriezh.**
to fail		We failed our bac.
ober	**gra**	**Int o deus graet eus o gwellañ.**
to do		They've done their best.
dont	**deu**	**Deu(e)t eo en diwezh.**
to come		She's come at last.
bezañ	**'b-'**	**Bet on e Kemper c'hoazh.**
		I've been in Kemper already.

kaout	'b-'	**Bet em eus kant euro . . .**
		I've had 100 euros . . .

Both **bezañ** and **kaout** are used as auxiliaries and both use themselves as auxiliary, **bezañ** with **bezañ**, **kaout** with **kaout**. **Bezañ** as auxiliary is restricted to intransitives, i.e. verbs which don't have a direct object, e.g., **mont** 'to go', **dont** 'to come', but they don't all take, or have to take, **bezañ**. This is something to learn verb by verb. Note that only **bezañ** is used for the infinitive, e.g. **bezañ aet** 'to have gone', **bezañ kavet** 'to have found'. **Bezañ** is also used for the passive, e.g. 'he is seen'.

Past times

Breton has past tenses other than the compound ones we have just met. Let's complete your knowledge of the imperfect with the forms of **bezañ** and **kaout** (note that **kaout** does not have a non-personal form):

> **oan, oas, oa, oamp, oac'h, oant, oad**
>
> **am/em boa, az/ez poa, en doa/devoa, he doa/devoa,**
> **hor boa, ho poa, o doa/devoa** (the forms with **am** and **az**
> tend to follow the subject or direct object when the verb
> is affirmative; **doa** and **devoa** are alternatives)

There is a progressive: **me a oa o lenn em c'hambr-studi**, **em c'hambr-studi e oan o lenn** 'I was reading in my study'; a habitual: **me a veze alies o lenn** 'I was often reading in my study'; and in Leon there is an imperfect of **emañ**: **edon, edos, edo, edomp, edoc'h, edont, edod**: **Edon o vale war ar maez** 'I was walking in the countryside.'

The imperfect is used in descriptions and situations where the action is not moving on, thus close to English 'I was doing', 'I used to do', 'I would (often) do', etc.

Next we must mention the *simple past*, though it is not used much in speech, where the perfect replaces it. Here are the synthetic endings of four verbs, the first one regular:

> **treiñ, tro:** **trois, trojout, troas, trojomp, trojoc'h, trojont,**
> **trojod**

ober, gra:	ris, rejout, reas, rejomp, rejoc'h, rejont, rejod
bezañ:	voen, voes, voe, voemp, voec'h, voent, voed
kaout:	am/em boe, az/ez poe, en doe/he doe (or en/he devoe), hor boe, ho poe, o doe (or o devoe) (see the note above for the imperfect)

Here are the conditionals of **bezañ** and **kaout**, since they too can be used in the formation of compound tenses, i.e. 'I *would have* X-ed', etc.:

bezañ

cond. I:	ve(fe)n, ve(fe)s, ve(fe), ve(fe)mp, ve(fe)c'h, ve(fe)nt, vefed
cond. II:	vijen, vijes, vije, vijemp, vijec'h, vijent, vefed

kaout (see the note above on the imperfect)

cond. I:	am/em befe, az/ez pefe, en defe, he defe, hor befe, ho pefe, o defe
cond. II:	am/em bije, az/ez pije, en dije, he dije, hor bije, ho pije, o dije

Here are a few examples:

Glav a rae dec'h da noz.
It rained last night.

D'ar Yaou e veze er marc'had o werzhañ dilhad kozh.
On Thursdays he was at the market selling old clothes.

Pelec'h edoc'h/e oac'h o chom er bloaz tremenet?
Where did you live last year?

Disoñjal a raen da lavaret deoc'h e oa Mizerig kalvez.
I forgot to tell you that Mizerig was a carpenter.

Ober a ris anaoudegezh gant daou eus he breudeur, he c'hoar yaouankañ, he zad hag he mamm.
I made the acquaintance of two of her brothers, her youngest sister, her father and her mother.

The use of some common prepositions

Prepositions are crucial elements in Breton – there are numerous verbs, nouns, and adjectives which are constructed with one or even more of them. Here are a few examples involving the most common prepositions:

(a)   **ouzh** 'at, against' is used after words conveying some sort of attachment or conformity: **stagañ ouzh** 'to attach to', **heñvel ouzh** 'similar to'; note it too with **sentiñ ouzh** 'to obey', **fachet ouzh** 'angry with', **kaout kas ouzh** 'to feel aversion for', **miret ouzh u.b. da/a ober u.d.b.** 'to prevent someone from doing something'.

(b)   **gant** 'with'. **gant** has a general meaning 'with'. Note its meaning 'by' in passives:

Kemeret eo bet ar gontell gant al laer.
The knife has been taken by the thief.

Hennezh zo bet sikouret gant e amezeg da adlivañ ar vogerenn.
He's been helped by his neighbour to repaint the little wall.

Ar babig-se zo moumounet gant e vamm-gozh.
That baby is spoilt by its grandmother.

Breton favours the passive: there's no problem saying **Kollet he deus Mari he filoù** 'Mari has lost her batteries', but somehow **Kollet eo he filoù** *gant* **Mari**, lit. 'Lost is her batteries by Mari' seems more authentic (**pil**, m., **-où**). Note too: **diskenn gant an derezioù** 'to go down the steps'; **pignat gant ar skeul** 'to climb up the ladder'; **gant an tren** 'by train'.
'Bring' and 'take' may involve **gant**: **deut eo e draoù gantañ** 'he's brought his things' – **aet eo e draoù gantañ** 'he's taken his things' (the latter can even convey 'steal' or 'eat/drink': **Mont a ra kalz bara ha gwin ganin** 'I eat a lot of bread and drink a lot of wine'). We know it's used for possession, even alongside **kaout**: **N'em eus ket a arc'hant ganin** 'I don't have any money on me.' Note also the expressions:

Petra a yelo ganit?
What'll you have?
(lit. 'What will go with you?')

Kaset eo he faner ganti.
She's taken her basket.
(lit. 'Taken/Sent is her basket with her.')

We find **gant** too after verbs conveying the notions of asking and receiving: **goulenn gant** 'to ask (someone)' (also **digant** and **ouzh**); it may also express manner or reason:

mervel gant an naon	to die of hunger
krenañ gant an aon	to tremble with fear

Like **da**, **gant** is used in several impersonal expressions. They may in fact be synonymous, with the nuance that with **gant** there is a greater sense of control. Thus:

dav e vo ganin	I shall have to
kerse e vo gantañ	he will regret
mar plij ganeoc'h	if you please
kenkoulz eo ganto mont diouzhtu	it's as well if they went/ they'd better go immediately
gwell eo ganin ober an dra-se	it's better for me to do that

And there are many set phrases:

Glav a zo ganti!	It's raining!
Mont a reas gant e hent.	He went on his way.
Petra a zo ganit?	What's up with you?
E-pelec'h emaomp ganti?	Where are we up to?
Chañs vat ganeoc'h!	Good luck to you!
(hag) echu ganti!	(and) that's an end to it!

(c) **da**^{L} basically means 'to', but has lots of idiomatic uses. One thing to be borne in mind is that it cannot be used when going to a person; in such a situation **davet** is used.

Note: **da bemp eur** 'at five o'clock', **d'an ampoent** 'at the moment', **d'ar Sul** 'on Sundays' (also found without the article: **da Sul**), **da nebeutañ**, **da vihanañ** 'at least', **da skouer** 'for example', and **d'ar red** 'at a run'.

It is used, as expected, with verbs of communication or a sense of 'giving': **reiñ**, **ro** 'to give', **skriv/añ** 'to write', **lavar/et** 'to say', **diskouez** 'to show', **displeg/añ** 'to explain'.

Particularly useful is its use with verbs such as **kav/out**, **fell/out**, e.g., **me a gav din** 'I think, it seems to me', **me a fell din** 'I want [to]'.

We have also noted its use to indicate personal possession: **Ar c'harr a zo dezhi – Da Nolwenn eo ar c'harr** 'The car is hers/ Nolwenn's.' And it is constructed with a few adjectives, e.g., **ingal eo din** 'I don't mind' (lit. 'it's equal to me').

It is very common before a verbal noun: for instance after **derc'hel**, **dalc'h** 'to keep on X-ing', e.g **Derc'hel a rin da geginañ, pedet em eus Soazig da zont du-mañ da goan** 'I'll carry on cooking, I've asked Soazig here to dinner.' Other examples – including an exception:

> **Emañ-hi o hastañ d'an ti-gar, diouzhtu-kaer he deus un treñ da dapout.**
> She's rushing to the station, she has a train to catch immediately.

> **N'eo ket chomet da labourat?**
> Didn't he stay to work?

> **Diouzh ma zu e c'hellin kregiñ labourat a-zevri en deizioù-mañ.**
> For my part I'll be able to start working seriously in the coming days.

Note constructions such as **daoust da Soaz da vezañ klañv** 'in spite of Soaz's being ill' (or **evit** rather than **daoust da**). And, to avoid all the personal forms of the verb: **ha hi da serriñ he daoulagad** 'and she closed her eyes'.

Finally, **dav/ret eo da Bêr** 'Pêr must', **mall eo dezho** 'they are in a hurry', **tomm eo dezhi** 'she's hot' (but **anoued/riv am eus** 'I'm cold'), **fall e oa da Soaz** 'Soaz didn't feel well', **mat e vefe deoc'h** 'it would be good for you to'. And many more.

(d)   **e, en** (**en** occurring before **n**, **t**, **d**, **h** or vowels) conveys 'at', 'in', 'within', 'to', before the place where one is, which one is entering – even with verbs of movement: **e Landreger** 'in Land-reger', **mont en ti** 'to enter the house', **mont e kêr** 'to go to town' (but **mont da greiz-kêr** 'to go to the town centre'). Some feel that **e** is used only in stationary situations. **E/en** and **e-barzh** (very common for 'in') may be differentiated, **e**, **en** as 'in/at' and **e-barzh** as 'in the interior of': **en ti** 'in the house', 'at home', **e-barzh an ti** 'inside the house'.

(e)   **war**[L] has a general meaning 'on' and is paired with **diwar** 'from'. Useful expressions include **mont war droad** 'to be on foot', **war yun** 'without having had any breakfast', **mall/pres a zo warnon** 'I'm in a hurry.' Before a v.n. it can have an augmentative sense: **mont war goshaat** 'to be getting older' (**kosha/at** 'to get older'). As **war a**, followed by a personal form of a verb, it has the sense 'so far as . . .': **war a glevan** 'so far as I've heard/know', **war a lavarer** 'so far as people say'.

More about conjugated or personal prepositions

Remember: Breton prepositions conjugate, or have personal forms – you can't translate 'for me' as **evit** + **me**. Certain are even conjugated using other prepositions as auxiliaries. Yet others use a possessive to obtain their personal forms (and a few don't have any personal forms). There are two principal conjugations, that exemplified by **gant** 'with' and that exemplified by **evit** 'for' – the latter type is the more widespread. Here is **evit**:

1PS	**evidon**	1PP	**evidomp**
2PS	**evidout**	2PP	**evidoc'h**
3PSm.	**evitañ**	3PP	**evito/evite**
3PSf.	**eviti**		

The third person plural form very commonly, and everywhere, occurs as **-e** instead of **-o**. Here are the principal prepositions, arranged according to type:

(1) The **evit** type (the **-d-/-t-** provection is mentioned where it occurs):

a (eus) > **ac'hanon** (3P: **anezhañ, anezhi, anezho/anezhe** – this preposition is very important)
a-raok > **araokon** (and **araozon**) before me
dindan > **dindanon** under me
dirak > **dirakon** (and **dirazon**) in front of me
diwar > **diwarnon** from me (note the inserted **-n-**)
dre > **drezon** through me (note the inserted **-z-**)
e, en > **ennon** in me
eget > **egedon** than me (note provection in the 3P: **egetañ, egeti,** and **egeto**)
etre > **etrezomp** between (us) (note the inserted **-z-**)
evel > **eveldon** as, like me (note inserted **-d-**, and provection in the 3P: **eveltañ, evelti, evelto**)
hep > **hepdon** without me (note provection in the 3P: **heptañ, hepti,** and **hepto**)
hervez > **hervezon** according to me

nemet > **nemedon** except me
war > **warnon** on me (note the inserted **-n-**)

(2) The **gant** type:

da > **din** to, towards, for me (3P: **dezhañ**, **dezhi**, and **dezho**)
digant > **diganin** from me
diouzh > **diouzhin** from me (3P: **dioutañ**, **diouti**, and **diouto**;
   1PP: **diouzhimp**)
ouzh > **ouzhin** against, towards, at/to me (3P: **outañ**, **outi**,
   and **outo**; 1PP: **ouzhimp**)

(3) Here are a couple of examples of prepositions conjugated with
the help of other prepositions:

betek > **betek** + **e(n)** > **betek ennon** until, as far as (me)
e-barzh > **e-barzh** + **e(n)** > **e-barzh ennon** inside me,
   within me

(4) And some prepositions incorporate a possessive in order to
obtain their personal forms:

e-lec'h > **en he lec'h** instead of her
e-kichen > **en hor c'hichen** near us
diwar-benn > **diwar ma fenn** about me
a-zivout > **war ho tivout** concerning you
war-lerc'h > **war da lerc'h** after you

Many prepositions are used with the 3PSf. ending to convey a
neuter, or neutral form – this, however, is confined to a few set
expressions. **Deomp de'i** (= **dezhi**) 'Let's get down to it' – such
expressions are very common; here are a few examples (note some
have a temporal or meteorological sense):

Miz Even 'oa anezhi.	We were in June.
Glav 'oa anezhi.	It was raining/rain was in the air.
kas ane'i	to have a good time, live it up
Bec'h de'i.	Let's get down to it (= work).
ruzañ ane'i	to be sickly
duañ ane'i	to live in misery, wretchedness

We come to a crucial use of **a**^{L} after Dialogue 2, when we look at
object pronouns.

Exercise 1

Insert the requested verbal forms into the gaps in the following
sentences – we do the first for you ('s.p.' = 'simple past'):

(a) **Lavarout a (ober, s.p.) Yann gevier d'am mamm**. (**Lavarout a
reas Yann . . .**)
(b) He dilhad a (lakaat, s.p.) Mari ahont da sec'hañ.
(c) Ne (bezañ, 1PS imperf.) ket skuizh dec'h.
(d) Pelec'h (bezañ, imperf.) chomet ma breur ha ma c'hoar?
(e) (Debriñ, 3PSm. perf.) e damm bara.
(f) Ne (bezañ, imperf.) banne gwin ebet er werenn.
(g) Ur c'harr a (bleniañ, 2PP imperf.) pa oac'h yaouank.
(h) (Dont, 3PP perf.) da c'hoari war ma zachenn.
(i) Trouz (bezañ, 'there is') peogwir ez eus kalz tud en ti.
(j) Aet e oant kuit, neuze e (skubañ, 1PS s.p.) an ti.
(k) Pa oa brav an amzer e (gwiskañ, 2PS imperf.) da zilhad nevez.
(l) P'en deus gwelet e vamm (paouez, 3PSm. perf.) da youc'hal.
(m) O paouez erruout e Karaez (bezañ, 1PP imperf.).
(n) Erfin (dont, 3PP pluperf.) a-benn da zibab o c'hrampouezh
karetañ.
(o) Ne (paeañ, 1PP perf.) netra dezhañ, rak n'en deus skoazellet
ac'hanomp.

sec'h/añ	to dry
tachenn, f.	piece of ground, field
trouz, m.	noise
skub/añ	to sweep
gwisk/añ	to dress (someone), to put (something) on
diwisk/añ	to undress someone, take off
paouez daᴸ + infinitive	to stop, finish
erfin	at last
dibab	to choose, select
karetañ	favourite
pae/añ	to pay
ac'hanomp	us (see below on object pronouns)

Exercise 2

Replace the following sequences of preposition and noun (or
personal pronoun) by the appropriate 'conjugated' form of the
preposition – we do the first for you again: (a) = **outi**:

(a) ouzh ar voger
(b) em fod
(c) gant he zad
(d) d'am zud
(e) evit ar paotr
(f) war ar gloued
(g) en e vlev
(h) dindan va roched
(i) ez potoù
(j) d'ar mab
(k) a-dreñv ar vag
(l) hep ho pragoù
(m) en-dro d'ar gwez
(n) davet 'me'
(o) digant 'ni'
(p) goude ar pred
(q) evel Breizhiz
(r) panevet Soaz
(s) etre an tiez
(t) a-zioc'h ar siminal
(u) gant 'te'
(v) eget 'chwi'
(w) war-du Paol
(x) diwar-benn e gleñved

moger, f.	wall	
pod, m.	pot, vase	
blev	hair f.	
roched, m./f.	man's shirt	
hiviz, f.	woman's shirt, blouse	
botoù, f.	pair of shoes	
bragoù	pair of trousers	
Breizhad, m.	Breton person	
siminal, m.	chimney	
kleñved, m.	illness	

Dialogue 2

Chatting about the people they see

SUZANNA: Ha gwelout a rit ar plac'h a zo o pourmen war ribl ar stêr?

ALAN: Ya, gwelout a ran anezhi. Bez' eo ar plac'h a werzhe bleunioù e marc'had Lannuon er sizhun dremenet, 'keta?

SUZANNA: Eo. A-wechoù e vez ur paotr yaouank ganti, o skoazellañ anezhi.

ALAN: Ar paotr-se 'm eus gwelet anezhañ nevez 'zo. Pemzek vloaz eo hag emañ o chom e Sant-Brieg. Ur paotr lemm e spered eo – lavarout a reer e yay da Bariz da studiañ.

SUZANNA: Dont a ray en-dro da Vreizh, spi 'm eus. Ezhomm hon eus tud speredek du-mañ. Me a soñj din eo traoù Breizh a-bouez evitañ.

ALAN: Ya sur, met en deizioù-mañ, pa vezer yaouank, eo
mat bezañ digor d'ar bed, evel-se, gant gwrizioù
breizhek ez ay war greñvaat stad ar yezh.

Vocabulary

ribl, m.	bank (of river)	**stêr**, f.	river
anezhi	it (see the section on object pronouns below)	**bez' eo**	it is
		'keta	tag question, e.g. 'isn't it?', etc.
nevez 'zo	recently	**lemm e spered**	intelligent, quick-witted
speredek	intelligent		
a-bouez	important	**yaouankiz**, f.	youth
gwrizienn, f.	root	**breizhek**	Breton (adj.)
mont, a war^L	option with **-aat** verbs	**kreñva/at**	to strengthen, get stronger
stad, f.	state		

Object pronouns

Two principal systems co-exist. One is used by around half of all
Breton speakers (mainly in Leon and Gwened, more sporadically
elsewhere) and mainly uses the possessive pronouns. Since the
other system is much more widespread, we restrict ourselves to it
here (but see the end of this section).

This system involves the use of the personal forms of a^L, which
makes them absolutely crucial to learn – do bear in mind **a** is not
used with *nouns* to convey direct objects. There is a great deal of
variation in the pronunciation of these forms, so listen to the
recordings and to other native speakers. The forms are:

> **ac'hanon, ac'hanout, anezhañ, anezhi, ac'hanomp,
> ac'hanoc'h, anezho/anezhe**

pronounced:

> [ãnõn], [ãnout], [neã], [nei], [ãnõm], [ãnoc'h], [ne]

The only rule seems to be that these personal forms cannot come
first in the sentence – if emphasis is required, that can easily be dealt
with by putting the element to be emphasized first, and echoing this
element with the personal forms of a^L in the place from which the
emphasized element was taken. Note the following – we make use

of emphasis in the first two examples (this can be done with other prepositions too, as in the second example):

Al levrioù am eus gwelet *anezho* war an daol.
The books, I saw them on the table.

Yann on aet *gantañ* d'ar foar.
I went to the fair with Yann.

Pelec'h emañ an alc'hwez? Ah, Nolwenn he deus kavet anezhañ.
Where's the key? Ah, Nolwenn has found it.

Kavet en deus ac'hanon.	**Komprenet em eus ac'hanout.**
He found me.	I understood you.
Gwelet em eus anezhañ.	**Komprenet em eus anezhi.**
I saw him.	I understood her.
Gwelet o deus ac'hanomp.	**Gwelet hon eus ac'hanoc'h.**
They saw us.	We saw them.
Kavet em eus anezho.	
I found them.	

So they come after the verb, more or less where you would have them in English. Do remember, too, that **a**ᴸ may retain its full 'of' sense, and as such goes together with **eus**, which doesn't have personal forms. So, for example, **ober goap eus** 'to make fun of':

Na rit ket goap anezhañ, a-boan ma c'hell fiñval, c'hoant bomisat en deus.
Don't make fun of him, he can hardly move – he wants to be sick.

It would be a pity not to devote a few lines to the other system for conveying direct object pronouns. The following sentences are for illustration. Note that on the whole the possessive adjectives are used – look out for **am/em** = 'me', **az/ez** = 'you (2PS)', and **hen** = 'him, it'. So, here they are, for you to work out in your own time:

Ma gwelout a c'hell.	He can see me.
Hor c'havout a raint a-benn nebeut.	They'll find us soon.
Da welet hon eus.	We saw you.
Ho kwelet em eus. Va digarezit!	I saw you. Excuse me!

Hol lezit da vont du-se!	Allow us to go there!
Er skol n'em gwelas ket.	He didn't see me at school.
Er skol em gwelas.	He saw me at school.
Er skol ez kwelis.	I saw you at school.
Me az kwel.	I see you.
Te am gwel.	I see you.
Hi hen gwelas dec'h.	She saw him yesterday.
He fardoniñ a rin.	I'll forgive her.
He zamallet hoc'h eus dija.	You've blamed her already.
Pardonit eñ!	Forgive him!
Lezit hi!	Let her!
Touellit i!	Deceive them!
N'am zamallit ket!	Don't blame me!
N'e skoazellit ket!	Don't help him!
N'o fardonit ket!	Don't forgive them!

Exercise 3

The following short adapted passage comes from Roparz Hemon's novel *An Ti a Drizek Siminal* (*The House with Thirteen Chimneys*) – the sentences have been put in the wrong order. Try to put them in the right order.

'E-barzh va zi?' eme Vado.

Chom a reont difiñv, nemet Fedor, a ya da serriñ an dorioù hag ar prenestroù, evel ma'z eo bet gourc'hemennet. An holl a dav.

'Serrit an dorioù hag ar prenestroù,' emezañ, 'hag arabat da zen kuitaat ar sal.'

'An den yaouank-mañ,' eme Demostenes o tiskouez Youenn, 'a zo o paouez lavarout ez eus bet klasket lazhañ unan bennak.'

Komz a ra evel un den kustum da vezañ sentet outañ.

eme[L]	say(s), said
difiñv	still, without moving
evel ma[M] + v.	as, just as
gourc'hemenn	to command, order
tevel, tav	to be silent
kuita/at	to leave
lazh/añ	to kill
kustum da[L]	used to

Reading 🔲

Gwechall e oan o chom e Bulien – ur vourc'hig eo, n'emañ ket pell eus Lannuon. Ma zud a oa dezho ur menaj er vourc'hig. Eno o deus tremenet o buhez a-bezh. Me a oa ganet ugent vloaz 'zo. Er skol em eus desket galleg, met gant ma zud e komzen atav brezhoneg, ha tra all ebet! Gant ar skolioù Diwan eo aet an traoù war wellaat evit ar yezh hag evit spered an dud. Bremañ ez eus lorc'h enno. Sur eo eo ret deomp komz galleg el labour pemdeziek, met nebeutoc'h-nebeutañ, ha muioc'h-muiañ a dud a vez kavet o komz brezhoneg. Marteze o doa mezh eus ar yezh, hag a-daol-trumm o deus komprenet e c'hellent komz brezhoneg ha bezañ tud ordinal war un dro! Ur gwir diskuizh eo!

gwechall	formerly	**bourc'hig**, f.	little village
menaj, m.	farm	**a-bezh**	whole, entire
zo	ago		(lit. 'of a piece')
lorc'h, m.	pride	**nebeutoc'h-**	less and less
a-daol-trumm	all of a sudden	**nebeutañ**	
ordinal	ordinary	**war un dro**	at the same time
diskuizh, m.	rest, relief		('as' = **gant**)

Exercise 4

Answer in Breton the following questions on the preceding text:

(a) Pelec'h e oac'h o chom gwechall?
(b) Pegoulz e oac'h ganet?
(c) Gant peseurt skolioù eo aet an traoù war wellaat?
(d) Perak o deus an dud komzet galleg?

Breton music

Music has contributed immensely to a positive attitude to things Breton. There are many festivals, with at the pinnacle the **Gouelioù Etrekeltiek** every August in **An Oriant**. The **fest-noz** is everywhere, this popular, community gathering with lots of music and fun. Organizations such as COOP Breizh have built on their recording of traditional music and song with a commitment to modern music and song, traditional but enriched by others' traditions and by innovation. 'Breton' doesn't have to be 'old' and 'exotic'.

The traditional instruments continue, e.g. the **biniou**, m., a sort of bagpipe. From southern Kernev and in Gwened, it comes as the **biniou kozh**, a little bagpipe, the **biniou bras**, a twentieth-century introduction from Scotland, and the **veuze**, also small, from Breizh-Uhel. The player is a **biniaouer**. Another instrument is the **bombard**, f., a much larger type of bagpipe, dating from the fifteenth century and played by a **bombarder** or **talabarder**. Important too are the violin, **violoñs**, m. and the hurdy gurdy, the **rebed**, m. Of considerable popularity is the **akordeoñs**, m., the accordeon, played by the **akordeoñser** – it's recent, known in Lower Brittany as the **boest avel** or **boest an diaoul**, and in Breizh-Uhel as the **bouèze**. And don't forget the **fleüt**, f., the flute (**pakañ e fleütoù** 'to die'!) and the drum, the **taboulin**, f.

'To play' music is **seniñ**, **son**, which may be constructed with (or without) **gant** if you mention the instrument. 'Music' is **sonerezh**, m. and a 'musician' **soner**, m. Add **hengounel** and **klasel** to **sonerezh** to get 'traditional' and 'classical' music.

© Jean-Michel Prima

9 Ne gollimp ket hon hent!

We shan't lose our way!

In this unit you will learn:

- more about how to describe past events
- how to ask for and give directions
- how to state and ask about location and distance
- about time and place, days/weeks/months/years, and periods of the day
- about ordinal numerals and fractions
- about the passive
- about the particle **ra** and using the imperative
- about important times of the year

Dialogue 1

What they saw in the old town

DIVI: Hiziv on bet o pourmen er gêr gozh. Pell zo n'em boa ket gwelet anezhi. Unan vrav eo.

TEREZA: Gwir eo eo unan vrav gant ar mogerioù roman, an iliz-veur gotek ha roman. Gwelet az poa anezhi c'hoazh? Gwir eo?

DIVI: An iliz-veur, n'em eus ket re soñj anezhi, met ar c'hastell em eus soñj mat-tre anezhañ. Ya, gwelet em boa anezhañ pa oan deuet amañ evit ar wezh kentañ.

TEREZA: Ha sell ar wastell amann am eus prenet e kêr ivez. Un tamm anezhi az po?

DIVI: Ya, mar plij, gant kalz a blijadur rak amañ eo mat ar gwastilli. P'emaon ganti, em eus komzet gant hon amezeien. Kavet am eus anezho e kêr pa oant o pourmen ivez.

TEREZA: Ha diwar-benn petra hoc'h eus komzet?

DIVI: Diwar-benn an amzer, anat dit! Te oar mat emañ an amzer e-kreiz kement kaoz pa vezer e Breizh! Cheñch a ra ken alies ma'z eo ur sport a-wezhioù divinout penaos e vo a-benn an deiz war-lerc'h!

TEREZA: Mar plij, na rez ket goap!

Vocabulary

er gêr gozh	in the Old Town	**roman**	Roman(esque)
gotek	Gothic	**kastell**, m.	castle
gwastell, f.	cake	**p'emaon ganti**	while I'm at it,
amezeg, m.	neighbour		by the way
anat dit	of course	**e-kreiz**	in the middle of
kement	every	**cheñch**	to change
ken	so (+ adj./adv.)	**alies**	often
ma^M	that	**sport**, m.	sport
divin/out	to guess		

Language and grammar

More on the forms and expression of the past

Often the presence of time markers indicates the appropriate tense. **Hiziv** 'today', **bremañ** 'now', **er sizhun-mañ** 'this week', etc., are present markers; **dec'h** 'yesterday', **gwezh<u>a</u>ll** (or **gwech<u>a</u>ll**) 'formerly', **arlene** 'last year', etc., are past markers; and **(w)arc'hoazh** 'tomorrow', **er bloaz a zeu** 'next year', etc., are future markers.

So the following sentence is correct, isn't it?: **Gwelet em boa da vreur dec'h** 'I saw your brother yesterday.' The construction **gwelet em boa**, lit. 'I *had* seen', is imposed by **dec'h**. We have the past participle plus **kaout** in the *imperfect* – the form of **kaout** marks the past – and it is correct. Compare **Gwelet em eus da vreur hiziv** 'I saw your brother today.' **Hiziv** 'today' is *now*, so we have **gwelet em eus**: the past participle plus **kaout** in a present tense form. Note too **Gwelet em eus bet da vreur hiziv**, with the addition of **bet** – it seems to take the immediacy away and place things more firmly in the past. There's also an 'insistent' past, using **ober** – note the verbal noun: **Debriñ ar c'hig am eus graet** 'I've eaten the meat.'

Exercise 1

Answer the following questions on Dialogue 1:

(a) Is it a long time since Divi saw the 'old town'?
(b) What is gothic and romanesque there?
(c) When did Divi see the castle?
(d) What has Tereza bought in town?
(e) Who did Divi meet out walking?
(f) What do people in Brittany apparently talk about all the time?

Dialogue 2a 🔘

Comparing towns

TEREZA: Morse n'em eus gwelet ur c'hastell ken uhel all! Sell 'ta an tour bras zo e-kreiz!

DIVI: Gwir eo, met n'eo ket ken uhel ha tour Londrez!

TEREZA: Evidon n'eo ket ar memes tra. Evidout, evel just, komprenet 'm eus, n'eus nemet Londrez ...

DIVI: Ma, sell 'ta kentoc'h ouzh an ti kozh harp ouzh mogerioù ar c'hastell. Pegen kozh eo hennezh, gant e brenester a-dreuz, frammet gant koad.

TEREZA: Hag an nor vras zo outañ ivez! Gant mein dailh tro-dro. Te gav dit eo ker un ti evel hemañ?

DIVI: N'ouzon ket met, n'in ket da brenañ anezhañ bepred! Re a labour zo da ober evit kempenn anezhañ mat.

TEREZA: Ha tour Londrez zo plijusoc'h da lojañ ennañ?

DIVI: ... !!

Vocabulary

ken uhel all	so high, as high as that	**tour**, m.	tower
harp ouzh	leaning against	**ken** + adj. + **ha(g)** ...	as ... as ...
prenestr, m.	window	**a-dreuz**	twisted, distorted
framm/añ	to join, frame, give a structure to	**koad**, m.	wood
tailh, f.	appearance; cut (here to indicate cut or shaped stone)	**maen**, m.	stone
		tro-dro	all around
		bepred	always
plijus	pleasant	**kempenn**	to sort out, get in order
loj/añ	to live, have a room		

Directions – here and there

'Straight on' is **rag-eeun** or **war-eeun**, based on **eeun** 'straight', 'direct'. 'To the left' and 'to the right' are **a-gleiz** and **a-zehou**. For 'to my/your/the policeman's left', use **da**ᴸ, e.g., **a-gleiz d'ar poliser** 'to the left of the policeman', **a-zehou dezhi** 'to her right'. They may also be used for '*on* the left/right', but **war an tu kleiz/dehou** is preferable. 'Back' is **en-dro**. To convey which street, use the ordinals (coming later), e.g. **ar c'hentañ ru, an eil ru, an trede ru**, etc. Note the following useful words:

korn, m.	corner	**kreizenn-**	commercial/
kroazhent, m.	crossroads	**genwerzh**, f.	shopping centre
parklec'h, m.	car park	**park/añ ur c'harr**	to park a car
plasenn, f.	square	**porzh-houarn**, m.	railway station
riblenn-straed, f.	pavement, sidewalk	**treuzenn**, f.	pedestrian crossing

Recall **amañ** 'here', **aze** 'there', **ahont** 'over there', and **eno** 'there (out of sight)'. To indicate movement use **du-mañ, du-se, du-hont** (also 'to someone's place'), and **di**, corresponding to the first four. For 'this, etc., way' use **dre amañ**, etc. 'From here' and 'from there' are **ac'hann** and **ac'hano**: **pell ac'hann** 'far from here', **Pegeit ac'hann emañ X?** 'How far from here is . . . ?' 'From . . . to . . .' tends to be **a**ᴸ **. . . da**ᴸ **. . .** ; it's possible to use **eus** here instead of **a**. Note:

Pelec'h emañ ar mirdi?
Where is the museum?

Bez' ez eus ur mirdi er vourc'h?
Is there a museum in the village?

Kit rag-eeun hag e kavot anezhañ er c'hentañ ru war an tu kleiz.
Go straight on and you'll find it in the first street on the left.

A-dreñv deoc'h emañ, e-kichen ar post.
It's behind you, near the post-office.

Pegeit emañ ar post eus ar porzh-houarn?
How far is the post office from the railway station?

N'emañ ket pell, diskennit d'ar porzh ha setu eñ dirak ar bigi.
It isn't far; go down to the port and there it is in front of the boats.

Note expressions using **pell** 'far', e.g. **pell-pell/pell-tre/pell-bras, pell a-walc'h/pellik** 'quite far'. 'Far from' is **pell eus** or **pell diouzh**. Do the same with **tost (da)** 'near (to)', or use **e-kichen** or **e-tal** 'near', 'nearby'. Instructions will be **Kit . . . !** 'Go . . . !', **Mont a c'hallfec'h . . .** 'You could go . . .', etc.

'On foot' is **war droad** and 'by' a vehicle is **gant**, e.g., **gant ar c'harr-boutin** 'by coach/bus', **gant ar c'harr** 'by car'. And here are a few extra useful adverbs of place:

	no movement	*movement*
out	**er-maez, en diavaez**	**er-maez, en diavaez**
in	**e-barzh, en diabarzh**	**e-barzh, en diabarzh**
up	**en nec'h, e krec'h**	**en nec'h, d'an nec'h, da grec'h**
down	**en traoñ, en dinaou**	**en traoñ, d'an traoñ**
forwards	**a-raok, en diaraok**	**war raok**
backwards	**a-dreñv, en diadreñv**	**war-dreñv**

The points of the compass, **rod an avelioù**, are (the variants may be seen as alternatives):

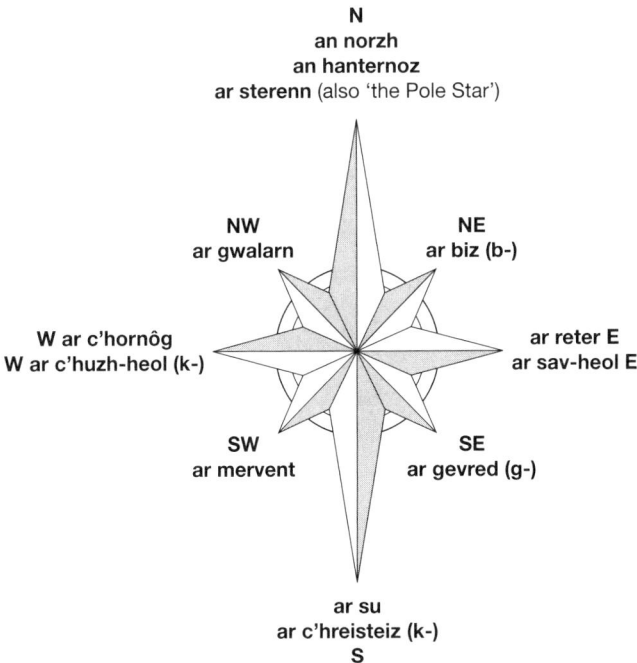

N
an norzh
an hanternoz
ar sterenn (also 'the Pole Star')

NW
ar gwalarn

NE
ar biz (b-)

W ar c'hornôg
W ar c'huzh-heol (k-)

ar reter E
ar sav-heol E

SW
ar mervent

SE
ar gevred (g-)

ar su
ar c'hreisteiz (k-)
S

To convey 'in *the* west *of* Brittany' imagine a straightforward possessive construction, thus **e kornôg Breizh**; '[to the] south of Brittany' is **er su da Vreizh**.

Exercise 2

Look at the map. You're at the station, the **gar** or **porzh-houarn**. Describe how you get to (a) the port, (b) the crêperie, (c) the post-office, (d) the bank, (e) the bar, and (f) the supermarket. Venturing further afield, tell someone in a car how to get to the Abati Boporzh (Beauport Abbey), Logivi, Enez-Vriad, and Landreger.

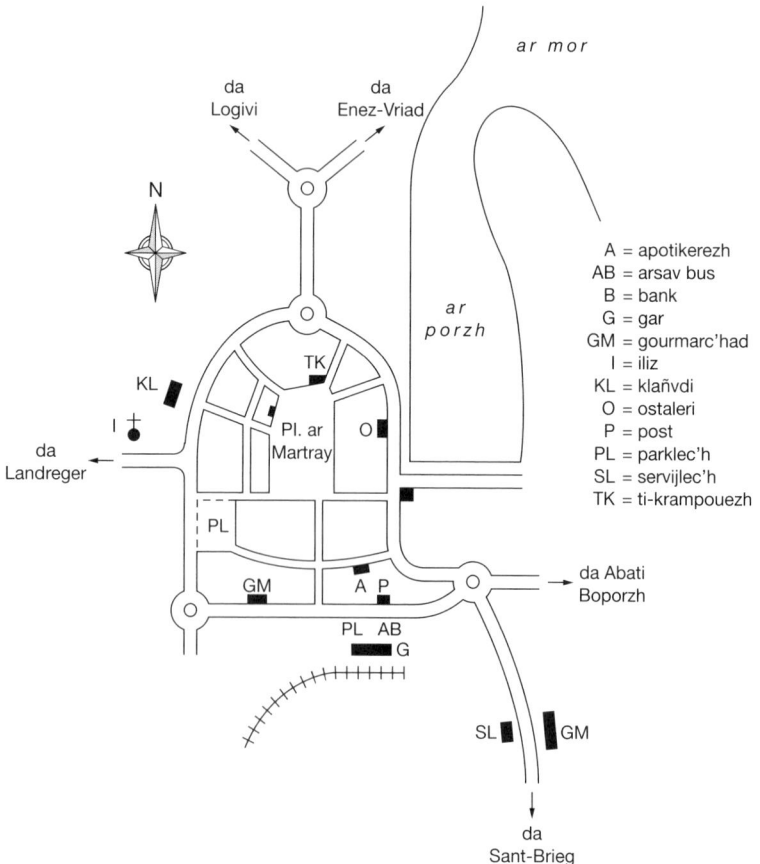

ar mor

da Logivi

da Enez-Vriad

N

ar porzh

A = apotikerezh
AB = arsav bus
B = bank
G = gar
GM = gourmarc'had
I = iliz
KL = klañvdi
O = ostaleri
P = post
PL = parklec'h
SL = servijlec'h
TK = ti-krampouezh

TK

KL

Pl. ar Martray

O

da Landreger

PL

GM

A P

da Abati Boporzh

PL AB

G

SL

GM

da Sant-Brieg

Vocabulary for Dialogue 2b

traoù kozh	antiques (lit. 'old things')	**un tammig**	a bit
soñj, m.	thought, opinion; memory, intention	**chekennaoueg**, f.	cheque book
		sevel, sav	create, build; rise, raise, compose
kistin	chestnuts	**lufr**	shining, sparkling
plañchod, m.	floor, parquet floor	**a zeu**	next (lit. 'which comes')
tra-walc'h	enough	**diriaou diwezhañ**	last Thursday
stammenn, f.	pullover	**servij/out**	to serve, be useful
gwallamzer, f.	bad weather		
avius	envious	**sell**, m.	look

Exercise 3

If you have the audio, listen to Dialogue 2b and answer these questions:

(a) What has Tereza seen a little further off?
(b) What does Divi think Tereza wants him to come along for?
(c) What else does Divi think Tereza wants to buy?
(d) What did Tereza see last Thursday?

Dialogue 3 🔲

The travails of going shopping

DIVI: Ma, deomp de'i 'ta! Ar pezh zo bet divizet ganit a vo sevenet.

TEREZA: Met perak 'ta out-te ken tagnous pa lavaran dit mont da welet ar stalioù? Ne blij ket dit mont enno pe petra? Gwell eo dit chom eurvezhioù ouzh taol-gont un ostaleri bennak marteze?

DIVI: . . . !!

TEREZA: Hag e-keit-se eo ret din sammañ ar prenadennoù da gas d'ar gêr ganin war-lerc'h. Kement-mañ pa vez an aotrou o klukañ bannac'h war-lerc'h bannac'h hag o kontañ istorioù droch gant e gamaraded nevez?

DIVI: Met kariadez, na fulorez ket evel-se . . . Gouzout a rez a-walc'h e teuin ganit da welet ar stal traoù kozh. Sur on eo koantik an armel bet gwelet ganit en deiz all, sur on. Ha marteze a-walc'h e kavimp traoù all c'hoazh, traoù da blijout dimp . . . ur gador-vrec'h, un daol da lakaat er saloñs, un dousennad gwer da evañ . . .

TEREZA: . . . ar whisky a garez kement!

Vocabulary

ma	well	**deomp de'i 'ta**	let's get down to it
diviz/out	to decide, determine, desire	**seven/iñ**	to carry out, do; apply ('to' = **ouzh**)
tagnous	grumpy, disagreeable, awkward	**eurvezhioù**	for hours and hours
		taol-gont, f.	bar
bennak	some or other	**e-keit-se**	in the meantime
samm/añ	to load	**kluk/añ**	to down, swallow
istor, m.	story, history	**droch**	silly, daft
kamarad, m.	pal, comrade	**fulor/iñ**	to be/get angry
koantik	pretty	**en deiz all**	the other day
kador-vrec'h, f.	armchair	**saloñs**, m.	sitting room, drawing room
dousennad, f.	dozen		
gwer	drinking glasses		

Exercise 4

Put the following sentences into the imperfect and the future, inserting **dec'h** and **warc'hoazh**:

(a) Hiziv e labouran kalz.
(b) Emaon o vont d'ar c'hoariva hiziv. (**c'hoariva**, m. 'theatre')
(c) Hiziv em eus ma c'hentelioù da zeskiñ.
(d) Diskouez a ran deoc'h ma c'haier hiziv.
(e) Er gêr emañ al levrioù.
(f) Pêr a glask prenañ ur c'harr.
(g) Hiziv e pedin Mari d'hon ti.
(h) Hiziv e werzhan ma fesked er marc'had.
(i) Avaloù a zebran hiziv.
(j) Lammat a ra hiziv ar merc'hed yaouank.
   (**lamm/at** 'to jump')

Distances

Note **metr**, m. 'metre', **kilometr** 'kilometre', **santimetr** 'centimetre', and **milimetr** 'millimetre'. Remember to use the singular with numerals: **ur c'hilometr**, **daou gilometr**, **tri/pevar/nav c'hilometr** 'three/four/nine kilometres', **pemp kilometr** 'five kilometres'.

Time and 'How long?'

In response to **Pegeit?** 'How long?' use **eur**, f. 'hour', **hantereur**, f. 'half-an-hour', and **kardeur**, m. 'quarter-of-an-hour' (masculine!), and even **munutenn**, f. or **munut**, m. 'minute' and **eilenn**, f. 'second'. Accompany them with numerals as appropriate. Note the following two tables:

'It . . . ten o'clock/ten hours' (you add on **eo**, **e vo**, **e oa**, **e vez**, etc.):

's	's not	coming up to almost	around about	past more than
dek eur eo	n'eo ket dek eur	tost da zek eur	war-dro dek eur	ouzhpenn dek eur
		o tostaat da zek eur	dek eur pe war-dro	tremen dek eur
		tost da vat dek eur	dek eur bennak	en tu-hont da zek eur

'When?' (here we use **emañ** or **e vez**, etc.):

at	before	around	after
a-raok dek eur	da zek eur	war-dro dek eur	goude dek eur
		da zek eur pe war-dro	
		da zek eur bennak	

Pell 'a long time' is useful here too: **pell e viot oc'h ober al labourse** 'you'll be a long time doing that work', **pell 'zo** 'a long time ago', **pell a zo / a vez da gerzhet** 'there's a long way (≈ time) to walk'. Finally, some useful time adverbs, including some phrases:

past	*present*	*future*
neuze	**bremañ**	**neuze**
then	now	then
gwechall	**en deizioù-mañ**	**en dazont**
formerly	these days	in the future
en derc'hent		**antronoz**
the day before		the next day
dec'h	**hiziv**	**(w)arc'hoazh**
yesterday	today	tomorrow
	ergentaou	
	recently, just now	
	fenoz, **henozh**	
	this evening	
er sizhun dremen(et)	**er sizhun-mañ**	**ar sizhun a zeu**
last week	this week	next week
er miz tremen(et)	**er miz-mañ**	**ar miz a zeu**
last month	this month	next month
(w)arlene	**hevlene**	**da vloaz**
last year	this year	next year
er bloaz tremen(et)	**er bloaz-mañ**	**er bloaz a zeu**
last year	this year	next year

You can say 'In the morning, afternoon, evening' and 'during the night' by using **diouzh**, thus: **diouzh ar mintin/beure**, **enderv(ezh)**, **abardaez**, **noz**. The first four are masculine. For 'yesterday', etc., you can place **dec'h**, etc., in front. Other prepositions are found, e.g., **En noz e vez graet an taoliou kaer** 'Great things get done at night.' Use **goude** for 'after', **e-pad** or **e-kerzh** for 'during'. And note the uses of **a-benn** and **a-barzh**:

A-benn ur pemzektez e vimp e Naoned.
We'll be in Naoned in a fortnight.

Graet e vo al labour a-barzh/a-benn dek eur.
The work will be done by ten o'clock.

Adalek/abaoe mean 'since' and **betek** covers 'until [when]'.
Many of these nouns are frequent with the **-vezh** ending emphasizing duration and, tacked on to that, the **-iad** ending indicating content, e.g., **un nozvezhiad karantez** 'a night of love'! In deciding on **-vezh** or not, imagine putting the verb 'to spend' in. If that goes,

use **-vezh**. Thus **Noz vat!** is just 'goodbye' in the evening, but **Nozvezh vat!** hopes you have a good night.

The days of the week, months, seasons, and years

First, the days of the week (note where capitals are used – and where not):

	as a name	every X / on Xs	on X / next-last X
Monday	**al Lun**	**d'al Lun**	**dilun**
Tuesday	**ar Meurzh**	**d'ar Meurzh**	**dimeurzh**
Wednesday	**ar Merc'her**	**d'ar Merc'her**	**dimerc'her**
Thursday	**ar Yaou**	**d'ar Yaou**	**diriaou**
Friday	**ar Gwener**	**d'ar Gwener**	**digwener**
Saturday	**ar Sadorn**	**d'ar Sadorn**	**disadorn**
Sunday	**ar Sul**	**d'ar Sul**	**disul**

Al Lun a zo kentañ deiz ar sizhun	Monday is the first day of the week
dilun a zeu	next Monday
diriaou tremenet/diwezhañ	last Thursday
dimeurzh vintin/beure	on Tuesday morning

And here are the months:

January	**(miz) Genver**	July	**(miz) Gou(h)ere**
February	**(miz) C'hwevrer**	August	**(miz) Eost**
March	**(miz) Meurzh**	September	**(miz) Gwengolo**
April	**(miz) Ebrel**	October	**(miz) Here**
May	**(miz) Mae**	November	**(miz) Du**
June	**(miz) Even**	December	**(miz) Kerzu**

'June' may be found as **(miz) Mezheven**. The combinations with **miz** 'month' may be seen as 'possessive' constructions, hence no definite article before **miz**. To say 'when' use **e** 'in', **goude** 'after', **a-raok** 'before', **a-benn**, **abaoe/adalek** 'from, since', **betek** 'until'.

The pattern for the date is: **d'** for 'on', lenite **p-** and **t-**, and use the ordinal for the '1st' of the month only (**ar c'hentañ**; '21st' and '31st' = **(d') an unan warn-ugent, (d') an unan ha tregont**). There are alternatives for 'first': **an unan/ar c'hentañ/an deiz kentañ**, and note the final examples below:

What's the date today?	On what date will we be in Roazhon?
Ar bet eus ar miz emaomp hiziv?	**d'ar bet eus ar miz e vimp e Roazhon?**
(d') ar c'hentañ a viz Ebrel	**(d') an daou a viz Genver**
(d') an dri a viz C'hwevrer	**(d') ar bevar a viz Meurzh**

d'ar Yaou 21 a viz Even 'Thursday 21st June' or **digwener d'an 2 a viz Du** 'Friday 2nd November'

Here are the seasons:

spring	**an nevezamzer**	autumn	**an diskaramzer**
summer	**an hañv**	winter	**ar goañv**

And here's how you name a year; for 'in what year' use **er**:

ar/er bloaz mil nav c'hant c'hwec'h ha pevar-ugent	(in) 1996
ar/er bloaz mil nav c'hant pevar warn-ugent	(in)1924
ar/er bloaz daou vil daou	(in) 2002

Exercise 5

Write out and say out loud the following dates:

13.12.2002	3.1.1978	27.3.1996	12.6.1354
17.10.1965	31.2.1984	1.9.2000	21.5.1999
6.11.1789	23.4.1666	30.8.1995	5.9.1200

Important times of the year

'Merry Christmas!' is **Nedeleg Laouen!** 'Father Christmas' is **Tad-kozh an Nedeleg** (though you may hear **an Tad-Nedeleg**).The Xmas tree is **ar wezenn Nedeleg** and the manger **ar c'hraou Nedeleg** (**kraou**, m., 'cowshed', 'stable'). You can work out **ar Mabig Jezuz**, **ar Werc'hez Vari** (think lenition), and **Sant Jozeb** – and what about **an tri roue**?

The New Year is **ar bloaz nevez**. The 'Old Year' is **ar bloaz kozh**. Send your greetings in, say, the form **Kas a ran deoc'h ma (gwellañ)** hetoù Nedeleg ha Bloav*ezh* Mat! 'I send you my (best) greetings of Christmas and Good New Year!' (you could insert **a**^{L} after **hetoù**) – don't worry about capital letters, as it seems to be a matter of personal choice. A splendid greeting is **Bloavezh mat, ti dilogod!** 'Happy New Year, and a house without mice!'

'January 1st', 'New Year's Day', is **an deiz kentañ ar bloaz** or **kala-Genver**. This is the period of **kalanna**, m. 'New Year's gift; "Christmas box"'. And if you want to reciprocate someone's good wishes: **Ha deoc'h kemend-all!** 'And to you too!'

'Epiphany' is **gouel ar rouanez**, with the brioche (the actual cake depends on the locality or even family) eaten that day being the **bara ar rouanez**.

'Easter' is **Pask** – 'Easter eggs' are **vioù Pask** (**vi**, m.). Holy Week provides abundant examples of spirantization: **sizhun Fask**, **Lun Fask** straight through to **Sul Fask**, but **goulioù Pask** 'Easter feasts'. Do note that **Yaou Bask** is 'Ascension Thursday' – 'Maundy Thursday' is **Yaou Gamblid**.

Your birthday is **deiz-ha-bloaz**, m., **deizioù-ha-bloaz**: **Deiz-ha-bloaz laouen!** 'Happy Birthday' (or **Bloavezh Mat!**), and one's saint's day, still widely celebrated in Breton families, is **gouel-bloaz**, m., **-ioù-bloaz**. Last, summer is an important time of the year in Brittany, so a crucial wish is **Hañvezh laouen!** 'Have a good summer!'

Numerals: ordinals

The key component is **-vet** (added to the cardinals), reflected in **ar petvet?** 'the how-manieth?'; the smallest component in a compound takes the ordinal form, thus **an daou c'hant c'hwec'hvet ha tri-ugent** 'the 266th'. A qualified noun comes immediately after the ordinal: **an daou c'hant c'hwec'hvet merc'h ha tri-ugent** 'the 266th girl'. Note 'fifth', 'ninth', and f. 'second', namely **pemp(v)et**, **navet**, **divet**. The first four ordinals are irregular:

1st: **kentañ** (but **unanvet** in compounds, i.e. above 20)
2nd: **eil** (and **eilvet**) (both genders), and **daouvet** (m.), **divet** (f.)
3rd: **trede** (both genders – differentiated by lenition), and **trivet** (m.), **teirvet** (f.)
4th: **pevare** (both genders – differentiated by lenition), and **pevarvet** (m.), **pedervet** (f.)

The ordinal may precede the noun it qualifies – if so neither it nor the qualified noun mutates (**kentañ** still becomes **c'hentañ** after the article). **Diwezhañ** 'last', behaves likewise. So:

ar c'hentañ arnodenn – an arnodenn gentañ
the first exam

kentañ arnodenn an deiz
the first exam of the day

ar pred eil diwezhañ – an eil pred diwezhañ
the last-but-one meal

Naming lessons, etc., is as in English: **kentel tri – an trede/teirvet kentel** 'lesson three – the third lesson' (note **kentel *tri***, though **kentel** is feminine).

Forming the past participle

Simply add **-et** to the radical, e.g. **debret** 'eaten'. It never changes, except when it functions as an adjective. It is used in compound verbal forms: the perfect, future perfect, pluperfect, past conditional, and the passive. Note **bet** for both **bezañ** and **kaout**, and **gouezet** for **gouzout**.

The passive

Just use **bezañ**, in whatever tense is appropriate, with the past participle, which never changes. Breton makes enormous use of passive expressions. Compare:

Ar merc'hed a gar ar baotred hag a ev dour.
The girls love the boys and drink water.

Ar merc'hed zo graet evit bout karet hag ar sistr evit bout evet.
Girls are made to be loved and cider to be drunk.
(from a song of Alan Stivell's)

Now note a very typical sentence, avoiding an active:

Kollet e oa gant he zad.
Her father spoilt her.

He zad en doa kollet anezhi would be fine, but it's less natural. A few more examples:

> **Ma vefe debret koan abretoc'h!**
> What if we ate dinner sooner?

> **Pelec'h e vo lakaet hemañ?**
> Where'll we put him?

> **Bez' ez eus roet traoù dezhañ.**
> He's been given things.

Torret em eus ma biz 'I've broken my finger' (**biz**, m.) is much more likely than **Torret eo** (**bet**) **ma biz ganin** – quite right too, unless you *meant* to break your finger.

Exercise 6

Recast the following sentences, using the passive:

> E.g. **Gwelet a reomp hor mab** gives **Gwelet eo hor mab ganeomp** 'Our son is seen by us.'

(a) Skoazellañ a ran ma c'hoar.
(b) Kavet he doa ar c'hreion hag ar stilo.
(c) Selaou a raio ac'hanomp.
(d) Souezhet o deus ac'hanoc'h.
(e) An den-se a stres ac'hanon.
(f) Kollet ec'h eus da alc'hwez.
(g) Evet hor boa al laezh-ribod.
(h) Saludiñ a rin o zud.
(i) Bemdez ec'h evan dour.

kreion, m.	pencil
stilo, m.	fountain pen
souezh/añ	to astonish
stres/añ	to stress
salud/iñ	to greet

The imperative

We took a first look at the imperative in Unit 3; remember that it expresses a command: **Kerzh war-raok!** 'Walk forward!', **Paouezit!** 'Stop!', **Lenn!** 'Read!', **Kousk!** 'Sleep!', **Na chomit ket da ruzañ!**

'Don't hang around!', **Paouez gant an trouz spontus-se!** 'Stop that infernal racket!' It starts off with the radical, which provides the second-person singular imperative. The second-person plural and the first-person plural forms are absolutely straightforward: the personal present-tense forms. So (the underlined forms of **mont** are restricted to the negative):

verbal noun	2PS	2PP	1PP	meaning
debriñ	**debr!**	**debrit!**	**debromp!**	to eat
reiñ	**ro!**	**roit!**	**roomp!**	to give
ober	**gra!** or **grez!**	**grit!**	**greomp!**	to do
dont	**deus!**	**deuit!** or **deut!**	**deuomp!**	to come
mont	**kae!**	<u>**eomp!**</u> or **deomp!**	<u>**it!**</u> or **kit!**	to go
bezañ	**bez!**	**bezit!**	**bezomp!**	to be
kaout	**az pez!**	**ho pet!**	**hor bezet!**	to have

The little word **enta**, **eta**, or just **'ta** is common after imperatives; it lends a certain insistence, somewhat like English 'just' or 'do'. For negation use **na**ᴸ **. . . ket!** (**na** will become **n'** before a vowel), e.g. **Na roit ket al levr d'ar plac'hig!** 'Don't give the book to the little girl!' But a common alternative is to use **arabat** with or without **eo** after it, e.g. **Arabat lenn levrioù seurt-se!** 'Don't read books of that sort!'

The particle ra *and the imperative*

Raᴸ helps convey a wish (at times rather abrupt). It is used with the future: **Ra zeuint!** 'May they come!' The *potential* is possible too: **Ra zeufe!** 'May he come!' It is also possible to use the verbal noun to express an imperative, e.g. **Kousket bremañ!** 'Sleep now!' And there can be paraphrases of the sort: **Me am bo peoc'h diganeoc'h!** 'Quiet!' (lit. 'I'll have peace "from" you' or 'I'll be given peace by you').

10 Bepred gant hon tamm tro war ar maez

Still on our visit to the countryside

In this unit you will learn:

- how to express opinions
- how to apologize and tell people not to worry
- how to say 'thank you'
- more about verbal particles, including those to do with reflexives, reciprocals ('each other'), and will have a recap on the present participle and introduction to the 'gerund'
- something about emphatic pronouns
- more on word-order
- something about coordinating conjunctions: 'and, but, or', and 'neither . . . , nor . . .', and about sentences with clauses joined by them
- a little about Breton literature and writing

Dialogue 1 ▣▣

Our friends are taking a trip around Brittany

SUZANNA: Hiziv emaomp o vont da ober un droiad war ar maez tro-dro da Garaez.

ALAN: Paour eo bet an dud du-hont, met Karaez a zeu da vezañ ur gêr leun a vuhez – 'ur gêr war ar maez', evel ma lavarer.

SUZANNA: Hag ur gêr e Kreiz-Breizh eo – en amzer da zont e vo ur skol-veur marteze.

ALAN:	Tro-dro da Garaez ez eus lec'hioù kaer ha plijus – An Uhelgoad, Kastell-Nevez ar Faou, Gourin, Rostrenenn, ha kêrioù bihan all.
SUZANNA:	Un tammig pelloc'h, er c'huzh-heol, emañ Brasparzh, Kastellin, Douarnenez, ha Kemper, hag e weler, en hanternoz, pa vezer en uhel er Menez-Are, kalz bourc'hioù bihan, Menez-C'homm, memes ar mor, marteze Brest ha Kraozon.
ALAN:	Aes e vefe mont betek ar mor – da Graozon, da skouer.
SUZANNA:	Evel-just, met ne vo ket se evit hiziv c'hoazh.
ALAN:	Piv 'oar? Marteze en em root da gousket er c'harr ha me . . .

Vocabulary

ober, **gra un droiad**	to take a trip	**Kreiz-Breizh**	Central Brittany
		war ar maez	in the countryside
tro-dro da	around	**leun**	full ('of' = **a**^{L})
evel ma lavarer	as they say, as is said	**amzer**, f.	future
		en uhel	high up
en em reiñ, **ro da**^{L}	to dedicate oneself to	**karr**, m.	car

Language and grammar

The present participle and introducing the gerund

The present participle is created with **o**^{M} + v.n. To express two roughly simultaneous actions by the same 'actor' we have the gerund, created by the particle **en ur**^{L} + v.n.: **kanañ en ur gerzhet** 'to sing while walking', **labourat en ur ganañ** 'to work while singing'. Compare:

(a) **Gwelet em eus anezhañ o redek.**
I saw him running. (= I saw *him*, and *he* was running.)

(b) **Gwelet em eus anezhañ en ur redek.**
I saw him while *I* was running along.

In (a) we have two different actors, one sees and the other runs; in (b) it's the same one who both sees and runs. But do note 'I was at home with my father working' **Er gêr e oan gant ma zad o labourat** – same 'actor', but 'to be' and 'to work' are different.

Exercise 1 ▣

Translate the following sentences, choosing between **o** and **en ur**:

(a) I heard him singing.
(b) I laughed while reading.
(c) I was looking at the trees.
(d) I saw her running along the street.
(e) We found the key by looking for it in the drawers.

Reflexive and reciprocal verbs ('self' and 'each other')

Reflexive verbs are generally (i) transitive verbs whose direct object is identical with their subject: 'I wash [the child]' – 'I wash *myself*'; (ii) verbs with a *reciprocal* 'each other' nuance: 'they fight [each other]'; and (iii) other, always intransitive, verbs. Form a reflexive by placing **en em**^{L} in front of any form of the verb but an auxiliary. The particle **o**^{M} becomes **oc'h**.

Consider **en em wiskañ** 'to get dressed' (**gwiskañ** 'to dress (someone)'), **en em ziwiskañ** 'to get undressed' (**diwiskañ** to undress (someone)'), **en em walc'hiñ** 'to get washed' (**gwalc'hiñ** 'to wash (someone, something)'), **en em ober** (**ouzh**) 'to agree, acquiesce; to become used to' (**ober** 'to do'), **en em glevet** 'to come to an agreement', and **en em lakaat da** + v.n. 'to begin to, set oneself to' (**lakaat** 'to put'):

> **Ar vugale en em wisk / Ar vugale a zo oc'h en em wiskañ –
> Ar vugale n'en em wiskont ket / N'en em wisk ket ar vugale /
> Ar vugale n'emaint ket oc'h en em wiskañ – N'emañ ket ar
> vugale oc'h en em wiskañ**

all roughly equivalent to

> 'The children get dressed/are getting dressed – the children don't get dressed/aren't getting dressed'

> **En em wiskit buan!**
> Get dressed quickly!

An daou baotr o deus en em glevet dija.
The two boys have already come to an agreement.

Either **bezañ** or **kaout** may be the auxiliary with reflexive verbs –
it is a complex area, not to be explored here.

In reciprocals **en em**[L] may be reinforced by the addition of **an eil
egile** 'each other' (if females exclusively, then **an eil (h)eben**).
Taking the verb **karet** 'to love', 'to love each other' can be conveyed
as **ni en em gar** 'we love each other' or **ni en em gar an eil egile** 'we
love each other'. Remember that where the verb involves an auxiliary, **en em** does not come before the auxiliary – it precedes the
core verb, the one which gives the lexical meaning, e.g.:

En em welet a reomp.
We see one another.

En em zibabet o doa dec'h.
They sorted things out yesterday.

If the reflexive pronoun is indirect we use **an eil ... egile/heben**
(without **en em**), inserting between the two terms the preposition
introducing the indirect object. Taking **ober gaou ouzh unan
bennak** 'to do wrong to someone', we might have: **Ni a ra gaou an
eil ouzh egile** 'We do wrong to each other.' Note **Gaou a ra outañ
e-unan** 'He does himself wrong.'

Some of the verbs met above might seem simple intransitives:
en em zibab 'to sort things out, cope' (**dibab** 'to choose'), **en em
dennañ** 'to withdraw, be drawn' (**tenn/añ** 'to pull'), **en em reiñ da**[L]
'to devote oneself to, to start': **D'ar mor en em denn ar pesked** 'Fish
are drawn to the sea', i.e. 'money attracts money'. Very useful is **en
em blijout** 'to have a good time', e.g. **En em blijet ho poa e Pariz?**
'Did you enjoy yourselves in Paris?' Note too **en em c'houlenn** 'to
wonder', lit. 'to ask oneself' – **goulenn** 'to ask' is actually intransitive, constructed with **ouzh**, **digant**, or **gant**. Do note that Breton
uses non-reflexive verbs where other languages would favour reflexives. For instance: **Torret he deus he brec'h** 'She's broken *her* arm'
(or use the passive: **Torret eo bet he brec'h ganti**).

Exercise 2

The mutations have been left out of the following sentences. Insert
them!

(a) Er kêr e labouront.
(b) Da pelec'h ez eoc'h warc'hoazh?

(c) Emaon o mont da Kemper.
(d) Ne klevan ket ar bugale o c'hoarzhin.
(e) Kollet em eus ma tog.
(f) Hag evet en deus e banne gwin?
(g) Un alumenn-vioù e debrin gant plijadur bras.
(h) Brav eo dezhañ – en diwezh en deus kavet e bag.
(i) Piv eo ar kazetennerez war ar plasenn?
(j) En em klevet hoc'h eus, pe ket?
(k) En ur komz gant tud e deu an holl da bezañ laouen.

alumenn-vioù, f.	omelette
brav eo da[L]	to feel fine

Emphatic pronouns

Breton conveys these by joining the possessive adjective to the numeral **unan**, thus **va-unan** or **ma-unan**, **da-unan**, **e-unan**, **hec'h-unan**, **hon-unan**, **hoc'h-unan**, and **o-unan**. If emphasizing the subject, most common is to attach the pronoun to the conjugated verb form, e.g., **klask a ran-me** 'I look for . . .', **ne oan-me ket** 'I wasn't', **Ha dont a ray-hi?** 'Will she come?' We may emphasize the conjugated prepositions in this way: **evidon-me** 'for me', **ganit-te** 'with you'; but the third persons use the emphatics: **evitañ e-unan**, etc.

Where negative forms of verbs are involved we may in the third person have the insertion of **anezhañ**, etc., after the verb, e.g., **n'eo ket deuet anezhi c'hoazh** 'she hasn't come yet', **an ti ne oa ket echu mat anezhañ c'hoazh pa 'z ejont di da chom** 'the house was still not totally finished when they went to live there'. But **n'eo ket (hi) deuet c'hoazh** remains possible.

More on word order

Variations in word order in Breton have a lot to do with the 'message'. Put the 'message' first, and this means the different ways of conjugating verbs must be known. Essentially:

Bringing out the action:	**Debriñ a ra** or **Bez' e tebr.**
	He eats. (What does he do?)
Bringing out the subject:	**Eñ a zebr.**
	He eats. (Who eats?)

Bringing out the object: **Yod-kerc'h a zebr.**
He eats porridge.
(What does he eat?)

and bringing out something else:

Er sal-debriñ e tebr or **Da greisteiz e tebr** or
Gant plijadur e tebr.
He eats in the dining room/at midday/with pleasure.
(Where/When/How does he eat?)

If we then want to really emphasize any of those first elements, then
we may place **eo** after them:

Debriñ eo a ra, **Eñ eo a zebr**, **Yod-kerc'h eo a zebr**,
Er sal-debriñ eo e tebr
lit. It's eating he does/he who eats/porridge he eats/
in the dining room he eats

Even stronger is **an hini** (**eo a**), contracted as **'ni**, lit. 'the one who':

Ma zad 'ni (**eo**) (**a**) **gomze.**
It's as my father used to say. (note the retained lenition)

Gwenole (**an hini**) **eo en deus graet e soñj gwerzhañ ar
bilhedoù.**
It's Gwenole who decided to sell the tickets.

Skaotañ al listri (**an hini**) **eo a ran hep plijadur.**
Washing up is something I do without pleasure.

Bemdez (**an hini**) **eo e ra-hi krampouezh.**
It's every day she makes crêpes.

Buan 'ni (**e**) **rede dre ar parkeier.**
It's quickly he would run through the fields. (adverb)

Da Roazhon 'ni eo aet.
It's to Rennes she's gone. (prepositional phrase)

With adjectives and the verb **bezañ** the most common order is as
follows: **Klañv int** 'They are ill.' This goes for past participles too:
Kavet em eus an alc'hwez 'I've found the key.'

Be ready too for the common constructions where a word is
placed first (note the links between the 'subject' and the possessive):

Ma zad a oa daou garr *gantañ*.
My father, he had two cars.

(lit. 'My father was two cars with him') – you might expect **Gant ma zad e oa daou garr**.

> **Nolwenn a zo aet** *he* **mamm d'ar gêr da brenañ dilhad nevez.**
> Nolwenn's mother has gone to town to buy new clothes.
> (lit. Nolwenn has gone her mother . . .)

Expressing opinions

Useful phrases include **D'am soñj** and **D'am meno** 'In my opinion' – alternatively, **War va meno**. 'I think' may be **Me a soñj din**, or **Soñjal a ran**, followed by **e**[M] + verb. 'To have an opinion about, think of' is **soñjal eus**, not to be confused with **soñjal e** 'to be thinking of, have in one's thoughts': **Petra a soñjit eus an dra-se?** 'What do you think of that?' – **O soñjal e oan em c'hazh** 'I was thinking of my cat.'

Useful accompanying words and expressions include **marteze** 'perhaps', **emichañs** and **hep mar** 'probably', **hep mar ebet** and **sur (eo)** 'certainly', **n'ouzon ket** 'I don't know', and **en em c'houlenn a ran** 'I wonder'. The last two can be followed by indirect questions, beginning with **ha** (no effect on word order) or **hag-eñ** **e**[M] + verb, or the appropriate question word, e.g., **perak, pegoulz, penaos, . . . + e**[M] + verb.

Very common is **Kavout a ra din** 'It seems to me', often in the form **A gav din** or **Me a gav din** (or **(me) 'gav din**) – adapt this by changing **da**. The general opinion might be **War a lavarer** 'So people say.' We can end our opinion with such expressions; if we put them first, they may trigger **e**[M] + verb or, given a pause, they can stand apart and have no effect:

> **A gav din e vint amañ da seizh eur – Da seizh eur e vint amañ, a gav din.**
> They'll be here at seven, I reckon.

> **D'am soñj ez erruo Yann diwezhat – Diwezhat ez erruo Yann, d'am soñj.**
> I think Yann will arrive late.

Apologizing, and saying 'thank you'

'Sorry' is **Digarezit!** and **Iskuzit!** (or **Eskuzit!**), to which we can add **va** or **ma**: **Ma digarezit!** (alternatively follow it with **ac'hanon** 'me').

Many Bretons will say **Petra?**, particularly when asking for something to be repeated, or **N'em eus ket klevet** 'I didn't hear!' 'No matter' can be **N'eus forzh!**, **Ne vern!**, **Netra**, or **Mann ebet** '(It's) nothing.'

'Please!' is **Mar plij!**, to which we might add, for example, **ganeoc'h**: **Mar plij ganeoc'h!** 'Don't mention it!', might be **Netra 'bet!**, short for **Netra n'eo bet!**, or **Mann 'bet!** 'Not at all'.

'Thank you!' is **Mersi!** or stronger **Mersi bras!**, or, getting more common: **Trugarez!** (stronger as **Trugarez vras!**); there is even **Bennozh (Doue)!** 'God's blessing!' You can add **dit/deoc'h** to these. The verb is **trugareka/at**, thus: **Me ho trugareka**, **Ho trugarekaat (a ran)**, **Me a drugareka ac'hanoc'h**, or **Trugarekaat a ran ac'hanoc'h!**

Exercise 3

Change the following sentences by placing the underlined element(s) first – here's the answer to the first: **A gav din he deus bet notennoù mat er skol hiziv.** 'I think she had good marks at school today.'

(a) Notennoù mat he deus bet er skol hiziv, <u>a gav din</u>. (**notenn**, f. mark)
(b) Degas a raio <u>e bakadoù</u> d'ar gêr.
(c) Laouen e vezan atav <u>o vont da welet ma moereb</u>.
(d) Kalz pesked en deus <u>tapet</u> ar paotr.
(e) Skubañ a ri an ti <u>pa vint aet kuit</u>.
(f) Bleniañ a ran <u>ar c'harr</u> dija.
(g) Al labourer-douar a ya <u>gant e draktour</u> d'ar park.
(h) Kontañ <u>un istor</u> a rin. (**kont/añ** to recount, tell)
(i) Amañ emañ <u>ar vag</u>.
(j) Bemdez e prenan <u>avaloù</u>.
(k) Krampouezh a fard <u>mamm-gozh</u>.
(l) Trouz a zo <u>en ti</u>.

Dialogue 2

Look at people in the village square

SUZANNA: Piv eo an daou baotr-se a zo oc'h en em walc'hiñ er feunteun?
ALAN: N'ouzon ket, teñval eo. Bremañ emaint oc'h ober goap an eil eus egile. Sot eo ar baotred yaouank-se.

SUZANNA:	Sellit! Ar gwaz a zo o vont war o zu en ur vousc'hoarzhin a zo paotr-al-lizhiri.
ALAN:	E vibien int, hep mar.
SUZANNA:	Ya, sur eo. Lavarout a reer en deus teir merc'h ivez, pemp bugel en holl.
ALAN:	Trist eo, dre ma'z eo marvet e wreg daou vloaz 'zo. Ne zle ket bezañ aes ar vuhez evitañ.
SUZANNA:	Nann, ne zle ket, sur.
ALAN:	Memestra e vevont asambles hag e ya mat an traoù ganto-holl.
SUZANNA:	Petra a vez graet anezho-holl?
ALAN:	N'ouzon ket re. Ma digarezit.

Vocabulary

feunteun, f.	fountain	**teñval**	dark
sot	silly	**war-du**	towards
en holl	altogether, in all	**dre ma**^{M}	because, while
bev/añ	to live	**ganto-holl**	with them all

Conjunctions: joining things together – 'and', 'but', 'or', 'neither . . . nor . . .'

Start with **ha(g)** 'and', **na . . . na . . .** 'neither . . . nor . . .' (no muta-tion caused), and **pe**^{L} 'or', which can join nouns. Thus: **Yann ha Soaz** 'Yann and Soaz', **Na Pêr na Paol** 'Neither Pêr nor Paol', **ar plac'h pe ar paotr** 'the girl or the boy'. When joining clauses, **ha(g)** and **pe** tend to take their cue from the structure of the phrase which precedes them if the subject is shared:

> **E dad a savas hag a c'hoarzhas.**
> His father got up and laughed.

> **Graet en deus e soñj mont da Gemper da labourat ha da gimiadiñ diouzh e vreudeur.**
> He decided to go to Kemper to work and to say goodbye to his brothers (**kimiad/iñ diouzh**).

But with different subjects it can be as if you're starting the sentence again:

Ar vugale a rank mont d'ar skol pe ar mestr-skol a zeuy da gerc'hat anezho.
The children have to go to school or the schoolmaster will come for them (**mestr-skol**, m., **mistri-skol**).

Met, **mes**, and **hogen** 'but' are quite similar. Quite often you can just leave such words out:

Deuet eo en diwezh, ne fell ket din skoazellañ anezhañ.
He's arrived at last, [but] I don't want to help him.

If they are there, you can simply start again, something found also with **rak** 'for, since'. Thus:

Yann a oa azezet er sal-degemer, met Nolwenn a oa o labourat el liorzh.
Yann was sitting in the drawing room, but Nolwenn was working in the garden.

Amañ e vo Herve warc'hoazh, rak n'oar ket pelec'h e vo o chom e-pad an hañv.
Herve will be here tomorrow, because he doesn't know where he'll be living in the summer.

Another useful word for 'but' is **avat**, which never comes first in the sentence:

Gweltaz avat ne fell ket dezhañ ober un droiadig er c'hoad.
But Gweltaz doesn't want to go for a walk in the wood.

Exercise 4

Join the following sentences in appropriate ways (you may have to adapt them somewhat) – for the first we might suggest **Bez' e vez glav deiz ha noz, ha kalz avel a ra / hag e ra kalz avel**.

(a) Kalz avel a ra
        (ha)   Bez' e vez glav deiz ha noz

(b) Ne fell ket dezhañ ma skoazellañ
        (rak)   Ne c'hellan ket padout gantañ

(c) Ret eo din chom amañ un tammig
        (met)   E-pad teir eur on bet war-dro ar saout

(d) Ac'han da zimerc'her e vin er gêr
        (ha)   Gallout a rin diskuizhañ erfin

(e) Mervel a raio e vuoc'h
      (pe)   Magañ e vuoc'h a rank

(f) Labourat a rin hiziv el liorzh
      (rak)   Me a zougo ma dilhad kozh

(g) Ne oa den ebet aet da welout anezhañ
      (hogen) Brudet bras eo en e vro

(h) Berc'hed a skriv ul lizher
      (ha)   Kadoù a sell ouzh ar skinwel

(i) N'ouzon ket petra a zo er skinwel
      (met)   Sellout a rin outañ memestra

(j) N'int ket azezet
      (met)   Ouzh taol emaint

(k) Mont a reas diouzhtu d'e wele
      (ha)   Dont a reas d'ar gêr

deiz ha noz, **noz-deiz**	day and night
pad/out gant	to put up with
gouzañv	to suffer, endure
bezañ war-dro,	to be busy with,
ober war-dro	be occupied with
ac'han da^L	from now till
moc'h m. pl.	pigs
mag/añ	to feed
doug/en	to wear, carry
brudet bras	very famous
diouzhtu	immediately, straight away

Reading 🔊

Deskard

Kroget on da labourat d'ar bemzek a viz Here er bloavezh naontek kant pemzek. Ne oan nemet unnek vloaz hanter, da lavarout e oan yaouank-tre. En abeg da betra on bet kaset da labourat ken abred? Abalamour da betra ez on bet kemeret ivez en ur voullerezh, ken yaouank ha ken bihan, da zeskiñ va micher?

Da gentañ, ur bloaz a oa dija ma rae ar brezel pevarzek e reuz. Gwazed Breizh evel e lec'h all a oa bet galvet d'an arme evit mont da zifenn gwirioù Bro-C'hall a-enep Bro-Alamagn. Ya, taget e oa bet hor bro, ur vro sevenet, difennourez ar frankiz, merc'h henañ an iliz, gwarezourez an intañvez hag an emzivad, diwallerez ar broioù bihan ha me 'oar-me; se a lennemp war ar c'helaouennoù, se a oa bet lavaret deomp er skol hag en iliz e-barzh ar gador-brezeg, setu ma oa gwir, ne c'halle ket bezañ er mod-all. Taget gant ur vro ouez, kriz, digernez, garv, ur vro a zouge holl bec'hedoù ar bed, ur vro he doa laeret deomp an Elzas hag al Loren, e oa ret da Vro-C'hall en em zifenn.

(Herve Herri, *Evel-se e oamp*,
Brest: Al Liamm, 1982, pp. 9–10)

en abeg da[L]	on account of (here 'why?')	**moul(l)erezh**, f.	publisher's, printer's
ober, gra e reuz	to ravage, wreak its destruction	**da gentañ**	first of all, at first
		arme, f.	army
a-enep	against	**difenn**	to defend
difennourez, f.	defender	**gwir**, m.	right
frankiz, f.	freedom	**tag/añ**	to attack, trap, devour
gwarezourez, f.	protector	**henañ**	eldest
intañv, m.	widower	**intañvez**, f.	widow
diwallerez, f.	protector, guardian	**emzivad**, m.	orphan
		ha me 'oar-me	and so on
kador-brezeg	pulpit	**kelaouenn**, f.	newspaper
gouez	savage, rabid	**er mod-all**	otherwise
digernez	pitiless, hard	**kriz**	cruel, rough, raw
pec'hed, m.	sin	**garv**	rough, cruel
		laer/ezh	to steal

Exercise 5

Translate the Reading into English.

Breton literature and writing

Concentrating on the modern period, the biggest event is the codification of the language on the basis of the dialect of Leon in the early nineteenth century by Le Gonidec. Later that century we have the wonderful work of folklorists, e.g. Théodore Hersart de La Villemarqué (Kervarker) and his *Barzhaz Breizh*, and François-Marie Luzel, among much else. Yann-Bêr Kalloc'h, dead in the trenches of the First World War, wrote in Gwenedeg and is one of the two greatest Breton poets – we end our recordings with a poem

by him. Much is owed to the figure of Roparz Hemon, who created the magazine *Gwalarn* and wrote an enormous number of works. Other writers include Youenn Drezen, Maodez Glanndour, Jarl Priel, and Jakez Riou, Ronan Huon, Fañch Elies, Pêr Denez, Per-Jakez Helias, Francis Favereau, Reun ar C'halan, Youenn Gwernig, Alan Botrel, Lan Tangi, Annaig Renault, Goulc'han Kervella, Naig Rozmor and Gwendal Denez. And we must mention the other supreme poet, Añjela Duval – see Unit 15.

11 Pell diouzh tousmac'h kêr – Dreist!

**'Far from the madding crowd'
– Wonderful!**

In this unit you will learn:

- about warning people
- more about the present participle
- about negation
- how to express conditions, with some reference to the future and the 'subjunctive'
- some health-related terms

Dialogue 1 🔲

Far from the madding crowd

HERVE: Morse n'em boa gwelet ar maezioù ken kaer! Ur wezh e oan deuet ma-unan gant ma marc'h-houarn . . . met glav a oa bet a-hed ma baleadenn.

NOLWENN: Gwir eo int kaer hiziv! Plijus eo bezañ asambles o pourmen evel-se. Met bezañ e-unan-penn n'eo ket displijus kennebeut.

HERVE: Koulskoude e kavan plijusoc'h pa vezomp ni hon-daou! Digarez da gaout plijadur asambles . . .

NOLWENN: . . . Pell diouzh tousmac'h kêr! Neketa?

HERVE: Gwir eo! Met n'eo ket lavaret e teuin da vevañ war ar maez, ken pell diouzh pep tra e c'hell bezañ!

Vocabulary

marc'h-houarn, m.	bicycle	**baleadenn**, f.	walk
displijus	unpleasant	**kennebeut**	either (with a negative)
digarez, m.	excuse, pretext	**plijadur**, f.	pleasure
n'eo ket lavaret	that's not to say	**tousmac'h**, m.	bustle, tumult, confusion

Language and grammar

Warnings

If we want to draw someone's attention to a problem, to tell them to be careful, we use **Diwallit!** or **Diwall!** 'To pay attention' can be **teurel**, **taol evezh (ouzh)** and **ober**, **gra van (ouzh)**. And if we want to let someone know about something, we might 'send a message', e.g., **kas keloù**, or 'announce' something, **kemenn**, or 'let someone know', **reiñ**, **ro da unan bennak da c'houzout**. To a careless person we might say: **Ret e vez diwall** 'You should watch out.'

More on the present participle

Remember that the present participle, o^M + v.n. becomes **oc'h** before **en em** and a verbal noun beginning in a vowel; before an object pronoun it becomes **ouzh**. Thus: **o tont** 'coming', **oc'h en em c'houlenn** 'wondering', **oc'h evañ** 'drinking', and **ouzh ma gwelet** (or, of course, **o welet ac'hanon**) 'seeing me'. The progressive construction is available in every 'tense' and person. But the present participle can also be used with **setu** 'look at': **Setu ar baotred o tistreiñ en diwezh** 'Here are the boys returning at last.' And it may stand in for a past tense, e.g., **ha hi o sellet ouzh ar c'hi** 'and she looked at the dog' or 'and there she [was] looking at the dog'. It also occurs in constructions of the kind 'to hear someone coming', e.g., **me a glev ar merc'hed o kanañ** 'I hear the girls singing', **gwelet a ra-hi ar c'harr oc'h erruout** 'she sees the car arriving', **sellet a reont ouzh ar velo o chom a-sav** 'they watch the cycle stopping'. Most important, it is also used to describe what is causing a feeling affecting the subject, of the kind 'I am ashamed sitting here doing nothing' **mezh am eus oc'h azezañ amañ hep ober mann**. Use it, then, with expressions such as **skuizhañ** 'to get tired', **kaout poan** 'to be in pain', 'feel regret', **kaout plijadur** 'to have pleasure', **tremen e amzer** 'to waste one's time', **dispign e arc'hant** 'to spend one's money', **bezañ nec'het** 'to be worried', **bezañ spontet** 'to be terrified':

Exercise 1

Give the present participles of the following verbs:

dont, mousc'hoarzhin, en em wiskañ, dougen, kavout, prenañ, gwerzhañ, klask, mont, debriñ, sevel, lammat, redek, chom, c'hoari, tremen, kemer, degemer

Dialogue 2 ▣

Country life, in the eyes of a town-dweller

NOLWENN: Sell aze, gwelet em eus un tropellad saout o tremen. Da belec'h emaint o vont evel-se?

HERVE: Pebezh goulenn ouzh ur paourkaezh paotr eus kêr eveldon! N'ouzon dare, d'ar gêr moarvat . . . da sellet ouzh ar c'heleier en tele!

NOLWENN: N'eus forzh petra! Emaout o vont da ober goap ac'hanon adarre. Met peogwir out paotr fin, lavar din petra 'm eus gwelet en ur dremen e-biou ar park zo du-hont?

HERVE: N'on ket evit lavaret dit, kalon-me. Ha neuze, petra ac'h eus gwelet en ur dremen e-biou ar park?

NOLWENN: Ul leue o tenañ e vamm. Hemañ a oa koantik, me lavar dit, ha n'eo ket evel al leue zo ac'hanout!

HERVE: Ha piv da ober goap en taol-mañ?

Vocabulary

tropellad, m.	herd, flock (followed by the name of the animals)	**saout**	cattle
		pebezh	what a + n.
		goulenn, m.	question
n'ouzon dare	I don't know at all	**eus kêr**	from the city
en tele	on TV	**keloù**, m.	item of news
		adarre	again

peogwir (e^M)	since, because	**fin**	fine, subtle, crafty
e-biou	past (also **hebiou**)	**n'eus forzh**	you just come out
leue, m.	calf ('softy')	**petra**	with anything
ten/añ	to suckle		(lit. 'no matter
			what')

Your health

This is not about **Yec'hed mat!**, too much of which leads to **an derzhienn logod** 'the shakes' (lit. 'mice fever'), but about being ill or enduring pains of one sort or another.

The doctor is **ar medisin** or **ar mezeg** – neither word seems to have a feminine form. As for a dentist, that's **dantour**, m. and **dantourez**, f. The chemist is the **apotiker**, m. It's to him or her we will take our 'prescription', say **fichenn** or **paperenn**, both feminine. The thermometer is the **gwrezverker**, m. (to see if you have a **terzhienn**, f. 'fever' or the **grip**, m. 'flu') and need the ambulance, the **klañvgarr**, m. 'Ill' is **klañv** (an ill person might be **un den klañv**), and if we are ill *with* something, then Breton uses **gant**.

Medicine, in the sense of a remedy, might be **ur bilulenn** 'a pill' (**pilulenn**, f., also **pellennig**, f.) or **ul louzoù**, **ur remed**, m.

For pains use **kaout poan** 'to be in pain': **Poan 'm eus em c'hein** 'I have a backache', etc., and **kaout poan-benn**, **poan-gof**, **poan-dent** 'to have a headache, a stomachache, toothache'. We can replace **poan**, f. with **droug**, m. For parts of the body we can point or say **em brec'h** 'in my arm', **em gar** 'in my leg', **em gouzoug** 'in my neck', **em lagad** 'in my eye', **em skouarn** 'in my ear', **em skoaz** 'in my shoulder', **em zroad** 'in my foot' (**troad**). **Siferniet on** is 'I have a cold', and if we've burnt ourselves, say, for example, **devet/losket em eus** (**ma dorn**) 'I've burnt my hand.'

'To be seasick', which may well happen, is **kaout droug-mor**. And if we want (= *need*) to be sick, the verb is **bomis/at** and we **kaout c'hoant bomisat**. To cough and to sneeze are **pas(a)at** and **streviañ** or **strevial**, **strev**. A heart attack is **un taol-gwad** or **ur waskadenn-galon** (**bet em eus** 'I've had', **bet en deus** 'he's had', **bet he deus** 'she's had'). An allergy is **alerji**, f. (you might just

use **droug**, m.) and 'he's allergic to' might be **N'eo ket evit padout X** 'he can't endure X'. 'To suffer, endure' is also **gouzañv**.

Exercise 2 ▣

Here's an extract from Roparz Hemon's book *Ur Breizhad oc'h adkavout Breizh* (*A Breton Rediscovering Brittany*). We've removed the mutations (from the vocabulary too). See if you can insert them and then translate the passage.

Meur a den a goulenn c'hoazh, o gwelout ar pezh hon eus graet evit ar brezhoneg e 'Gwalarn', penaos e gellimp kas da penn an erv hon eus boulc'het. Aon a zo ganto na befemp war un hent dall, hag o gwastañ en aner hor buhez. Sellit, emezo, ouzh an islonk a zo etrezoc'h hag ar pobl. Ken don ha ken ledan eo ma n'eus den en e skiant mat na befe spontet gantañ. Gwell eo ganeoc'h distreiñ ho daoulagad dioutañ, o lavarout e mennit labourat evit an tud desket hepken, ar re a zo diouzh ho tu d'an islonk. Ha setu: aze emaoc'h, ur bagadig tud o deus addesket o yezh, barrekoc'h d'he lenn ha d'he skrivañ eget nikun, – ha divarrek d'ober ganti pa tostait ouzh ar kouerien, divarrek zoken d'ober ganti en ho darempredoù pemdeziek, ha betek en ho divizoù kenetrezoc'h.

meur aᴸ	several (plus a singular count noun)	**ar pezh (a)**	that which
		kas da penn	to achieve, complete
erv, m.	furrow	**boulc'h/añ**	to begin, broach
dall	blind (here a 'dead end')	**gwast/añ**	to waste
		en aner	in vain
islonk, m.	chasm, gulf	**pobl, -où**	people
don	deep	**ledan**	broad, wide
skiant,-où	sense, reason, science (here: 'in his right mind')	**spont/añ**	to astonish, terrify
		menn/out	to want
		bagadig, m.	little group
		addesk/iñ	to relearn
barrek	capable	**divarrek**	incapable, unable
ober, gra gant	to use	**tosta/at (ouzh/da)**	to approach
kouer, m.	peasant	**zoken**	even
darempred, m.	affairs, relations	**pemdeziek**	daily
diviz, m.	conversation, story, plan	**kenetre-**	between, common to

Exercise 3 ▣▣

Reorder the following sentences, starting with the underlined element – we give you the first: **D'ar gêr e tistro Yann** 'Yann returns home.'

(a) Yann a zistro <u>d'ar gêr</u>.
(b) Er preti e <u>tremenan</u> an amzer gant Katell.
(c) D'an ostaleri <u>ez aimp</u> da chopinata.
(d) Legumaj a brenin <u>warc'hoazh</u>.
(e) Gant ma mignoned eo e <u>vin</u>.
(f) Ur banne laezh <u>o deus evet</u>.
(g) Me a <u>yelo</u> da c'hoari foot-ball.
(h) Ur skol a weler <u>du-hont</u>.
(i) Pa vo prest koan <u>e vo galvet ar vugale</u>.

Dialogue 3 ▣▣

Oh for a drink!

NOLWENN: Ha neuze, kariad, plijout a ra dit kreiz ar vourc'h?
HERVE: Ya, ya, met poent eo dimp kavout peadra da derriñ hon sec'hed. Ken tomm eo hiziv! Sell aze, du-hont, ur feunteun . . .
NOLWENN: Met sell 'ta ouzh an iliz kaer, gant he zour hag he c'hizelladurioù fin. Tap 'ta da venveg foto mar plij. C'hoant 'm eus dont en-dro gant fotoioù eus an eil re hag ar re all . . . ha c'hoant 'm eus dont en-dro d'ar gêr gant fotoioù da ziskouez d'hon mignoned.
HERVE: Ma, evel a gari. Met lavar din petore lodenn eus an iliz a vo tapet gant ma benveg? An tour hag an nordal, an eil hag egile? Pe unan hepken?
NOLWENN: Din eo ingal. Met an div zelwenn, du-hont, o sellet an eil ouzh heben. Ar reoù-se am eus c'hoant pakañ ez penveg! An div zelwenn zo un tammig eveldomp-ni, kollet int o-div e-kreiz ur vourc'h n'anavezomp tamm!
HERVE: Kollet? Ni? Petra a welan dirakomp ma n'eo ket un ostaleri gant un teras prest da reiñ ar gwellañ degemer dimp!

160

160

Vocabulary

kreiz, m.	middle, centre	**peadra**, m.	something, the
terriñ, torr	to break, slake,		wherewithal
	assuage, satisfy	**sec'hed**, m.	thirst
kizelladur, m.	sculpture	**benveg**, m.	instrument, machine
eus an eil re			(**benveg foto**
hag ar re all	of each one		'camera')
foto, m.	photo	**evel a gari**	as you please
petore	which	**lodenn**, f.	part
dor-dal, f.	main doorway	**hepken**	only
din eo ingal	that's all the	**delwenn**, f.	statue
	same to me	**pak/añ**	to get, pack,
koll	to lose		wrap up
ne^L + v. + **tamm**	not at all	**teras**, m.	terrace
degemer, m.	reception, welcome	(**Degemer mat**	'Welcome to
		e Breizh!	Brittany!')

Dialogue 4

Looking for somewhere to sit down

NOLWENN: Me 'gav din omp degouezhet dirak an ti-kêr. Ne welez ket anezhañ en tu all d'ar blasenn, a-dal d'an iliz?

HERVE: Eo, gwelet em eus anezhañ. Klevet em eus lavaret ne oa ket ken bras ar blasenn gwezhall. Lod o deus lavaret din eo bet diblaset ar vered a oa tro-dro d'an iliz. Ha bremañ ez eus gwez da reiñ skeud dimp pa vez tomm berv an amzer!

NOLWENN: Ma, gwir eo? N'em boa ket gwelet. Sell aze pelloc'h, dindan ar gwez, un alez boulloù. Moarvat eo bet savet evit ar re gozh. Ha mont a raimp da welet anezho pa vint o c'hoari?

HERVE: Ya, mar kerez. Ha peogwir ez eus bankoù dirak e c'hellimp sellet outo en ur evañ ur bannac'h fresk.

NOLWENN: Ober an eil hag egile, sede un dra a blij dit, sur!

HERVE: Ya, hag arc'hoazh, gant ma vi fur ez aimp d'an aod.

NOLWENN: Ho kariad, trugarez. Gouzout a ouzout a-walc'h e plij an aod din . . . ha dit! Reizh eo karet ar memes traoù an eil hag egile rak ni en em gar, neketa?

Vocabulary

a-dal da[L]	opposite	**lod**	some (people)
diblas(/**añ**)	to remove, move elsewhere	**bered**, f.	cemetery
		skeud, m.	shade, shadow
tomm berv	boiling hot	**alez**, f.	alley, garden path
boull, m.	bowl (as in a game of bowls)		
		mar kerez	if you like
sede	that's	**bank**, m.	bench, form
reizh	good, regular, correct, fair	**gant ma**[M]	provided

Forming the conditional mood, using it, and expressing conditions

To obtain its impersonal form, just add **-fe** to the radical for Conditional I. This conditional is said to have a *potential* sense – in our mind what we are describing must be realizable. There is also a form, Conditional II, where **-je** is added; this is a more *unreal*, remote conditional – there is a sense of improbability. The **ober** and synthetic conjugations are as follows, using 'I would like', etc.:

> **karout a rafen, a rafes, a rafe, a rafemp, a rafec'h, a rafent**
>
> **karout a rajen, a rajes, a raje, a rajemp, a rajec'h, a rajent**
>
> **a garfen, a garfes, a garfe, a garfemp, a garfec'h, a garfent**
>
> **a garjen, a garjes, a garje, a garjemp, a garjec'h, a garjent**

> **Ul levr a garfen prenañ er Fnac.**
> I'd like to buy a book at the Fnac (a large book/media store).

> **Amañ e tremenfent o vakañsoù gant plijadur.**
> They'd spend their holidays here with pleasure.

Do note, however, that we use the form in **-je-** even for the potential every time a subordinate clause with a conditional is linked to a main clause with the verb in the past:

> **Me (a) grede e karje ma mignon mont da vale.**
> I believed that my friend would like to go walking.
> (**me grede** is in the past)

Lavaret en deus din e roje arc'hant dezhañ mar kavje anezhañ.
He told me that, if he found him, he'd give him some money.
(**en deus** here counts as past)

Ne greden ket e rae glav.
I didn't believe it was raining.

but

Ne greden ket e raje glav.
I didn't believe it would rain.

In 'if . . ., then . . .' sentences, i.e. when expressing conditions, it can be useful to consider whether the condition is potential or unreal: the potential (Conditional I) is linked to the notion of present or future ('perhaps it'll happen, perhaps it won't, only time will allow me to see if it does'), while the unreal (Conditional II) is linked to the past ('we can't go back in time, so we can't speculate on what would have been, what would have been if'). Consider:

Ma vefen pinvidik e prenfen ur c'harr nevez.
If I were rich, I'd buy a new car.

C'hoant em befe mont d'an aod.
I'd like to go to the seaside.

Mar gwelfen anezhañ e komzfen gantañ.
If I saw him, I'd speak to him.

Ma 'm bije arc'hant e rojen dezhañ.
If I had some money, I'd give him some.

Ma 'm bije gouvezet ne vijen ket deuet.
If I'd known, I wouldn't have come.

Note the following pair, both translating as 'If I had some money, I'd buy that immediately':

Ma'm bije arc'hant e prenfen an dra-se diouzhtu.
Ma'm befe arc'hant e prenfen an dra-se diouzhtu.

In the first I don't have any money; in the second I may well have some.

The essential points are: (1) **-fe-** forms are used for potential situations; (2) **-je-** forms are used for unreal situations; (3) in practice there is often confusion between the two.

A quite different, but practical, point is that the **-je-** conditional of **bezañ** is the standard form in some optative expressions, e.g., **poent e vije** + v.n. 'it would be time to . . .', **mat e vije** + v.n. 'it'd be good to . . .', and **ret e vije** + v.n. 'it really would be necessary to . . .'.

Note the following examples with **-fe-**: an opinion is expressed, but there's a doubt:

Aon am eus ne lavarfes ket ar wirionez.
I'm afraid you're not telling the truth.

Ne gredan ket em befe gounezet.
I don't believe I've won.

Exercise 4

Create sentences with Conditional I using the following elements:

(a) mont da welet Catatonic / ni.
(b) prenañ shampooing / me
(c) er preti-se mat debriñ / hi
(d) ober war-dro ar prenadennoù / Soazig
(e) gwelout 'Aotrou ar gwalennoù' / eñ
(f) seurfiñ mat / te
(g) bep pegeit mont da vBerlin / c'hwi
(h) skrivañ war ar voger / int

> **shampooing**, m.   shampoo (also **champoeñ**, m.)
> **seurf/iñ**   to surf

Note regarding **vBerlin** that in spelling a mutation may often be prefixed to a word, leaving the original consonant intact – this may affect, for example, foreign names and family names.

Now create sentences with Conditional I or Conditional II (it's subjective, so feel free) – for the first we might suggest **Gwelloc'h e vije bevañ war ar maez** 'It'd be better to live in the countryside.'

(i)   gwelloc'h / bezañ / bevañ war ar maez
(j)   mat / bezañ / ma / chom / e kêr
(k)   ne . . . ket / krediñ / gallout / debriñ chips
(l)   ober nebeutoc'h a drouz / deskiñ muioc'h / c'hwi
(m) sikour ho mignoned / dont a-benn en e labour / eñ
(n) bezañ pinvidik / ma / un ti koant prenañ / hi
(o) skuizh bezañ / ma / labourat mat / ni
(p) disoñjal pep tra / ma / chom er gêr / int

12 Kavet an ti a-benn ar fin

We finally find the house

In this unit you will:

- review adjectives and adverbs
- review pronouns and indefinites
- look at sentences with relative or adjectival clauses
- consider the weather
- encounter a few interjections

Dialogue 1 🔲

Going to see the Kervellas

SUZANNA:	Gouzout a rit pelec'h emaint o chom?
ALAN:	En ti a welit du-hont, en draonienn, a soñj din.
SUZANNA:	Goulennit gant ar vaouez a zo o prenañ patatez.
ALAN:	N'eo ket patatez a bren-hi, met karotez! (*D'ar vaouez*) Lavarit din, mar plij, piv a zo o chom en ti-hont en draonienn?
AR VAOUEZ:	Ar re gKervella eo a zo o chom ahont. Ar re-se a anavezan abaoe pell-amzer: tad, mamm, tad-kozh, mamm-gozh, hag an daou vugel, mab ha merc'h.
ALAN:	Trugarez vras, Itron. Met pelec'h emañ an hent da vont d'an ti, neuze?
AR VAOUEZ:	Ret e vo deoc'h mont gant an hent a ziskenn betek ar stêr. Eno, a-dal d'an ti-post, ez eus ur pontig. Treuzit ar pontig-se hag it war-eeun d'an ti. Marteze e vo ret seniñ ouzh ar gloued ha gortoz.
ALAN:	Trugarez, mat eo. Deomp!

Vocabulary

traonienn, f.	valley	**abaoe**	since
pell-amzer	a long time	**pontig**, m.	little bridge
seniñ, **son**	to ring	**kloued**, f.	gate

Language and grammar

A review of adjectives and adverbs – building on Unit 7

Let's start with a review table (see below for translations):

simple	*diminu-tive*	*'as X as'* **ken . . . ha(g)**	*compara-tive*	*superla-tive*	*'how/ what a!'*
bras	brazik	bras (kement ha)	brasoc'h	(ar) brasañ	brasat
pizh	pizhik	pizh	pishoc'h	(ar) pishañ	pishat
gleb	glebik	gleb	glepoc'h	(ar) glepañ	glepat
mat	madik	(ken)koulz ha	gwell(oc'h)	(ar) gwellañ	gwellat
drouk fall	drougik fallik	ken gwazh ha	gwashoc'h gwazh	(ar) gwashañ	gwashat
hir pell	hirik pellik	keit ha (ken hir pell ha)	hiroc'h pelloc'h	(an) hirañ (ar) pellañ	hirat pellat
meur a, kalz (a)	kalzik	kement ha	muioc'h (a)	(ar) muiañ	–
kent	–	kerkent	kentoc'h	(ar) c'hentañ	–
diwezh	–	–	–	(an) diwezhañ	diwezhat

We have 'big, precise, wet, good, bad, long/far'. The last are **meur a** 'several', **kalz** 'much, many', **kent** 'before, as soon as, rather/ sooner, (the) first', and **diwezh** 'end, (the) last'.

Meur a is used only before countable nouns in the singular, e.g., **meur a aval** 'several/many apples', while **kalz** occurs either before a non-count singular, e.g., **kalz bara** 'much bread', or before plurals, e.g., **kalz avaloù** 'many apples' (preferred may be **kalz a^L**).

Two quantity expressions are nicely combined in the proverb **Ober kalz a deil gant nebeut a blouz** 'Make much manure with little straw' (**teil**, m. 'manure', **plouz**, 'straw'), i.e. to exaggerate one's achievements. We can also use **kalz** with comparatives, e.g., **kalz buanoc'h** 'much more quickly'; the opposite is **un tammig**, e.g., **un tammig brasoc'h** 'a bit bigger'. Another useful word here is **leizh**, which we find as, for example, **e-leizh a dud** and **tud a-leizh** 'lots of people'. There's also **mui** 'more', e.g. **Mui a win a zispigner er pardonioù eget a goar** 'More wine than wax is used in pardons' (casting aspersions on the religious component of pardons; **koar**, m. 'wax', thus 'candles'). 'Than' is **eget** or **evit**.

Remember that adjectives and adverbs (even comparatives) may have diminutives: **koantik** 'pretty', **hiroc'hik** 'a bit longer', **bremaik** (from **bremañ**) 'shortly'; for superlatives we have, for example, **gwellaikañ ma c'hell e kas e labour en-dro** 'He does his work the best he can.'

Exercise 1

Give answers to the following questions, using the following patterns:

Mona a zo brasoc'h eget/evit Pêr.
Herve n'eo ket ken fur ha Berc'hed.

Katell eo ar yaouankañ.
Al levr-mañ eo an hini marc'hadmatañ.

The difference between the bottom two may be that the first answers **piv?** 'who?' and the second **peseurt X?** 'which X?', but there is little difference. But in the plural **re^L** is obligatory.

(a) Piv a zo koshoc'h, Gweltaz pe Bêr?
(b) Piv a zo furoc'h, Erwan pe Gatell?
(c) Piv a zo hegaratoc'h, Kadoù pe Verc'hed?
(d) Piv a zo skuishoc'h, ar mestr-skol pe ar poliser?
(e) Ha Pêr a zo ken speredek ha Divi?

(f) Ha Goulc'han a zo ken sot ha Paol?
(g) Hag ar c'hazh a red ken buan hag ar c'hi?
(h) Piv eo ar c'hoshañ, Pêr pe Yannig?
(i) Piv eo ar baourañ, Katell pe Nolwenn?
(j) Piv eo ar brudetañ, Nelson Mandela pe Zinédine Zidane?
(k) Piv eo ar plijetañ, Soazig pe Fañch?
(l) Peseurt roched eo an hini naetañ, an hini glas pe an hini ruz?
(m) Peseurt loen eo an hini dañjerusañ, al leon pe an tigr?
(n) Peseurt kêr eo an hini gaerañ, Pariz pe London?

talvoudus	useful
didalvoud	useless
kevredigezh, f.	society
plijet	pleased
dudius	interesting
loen, m.	animal
leon, m.	lion
tigr, m.	tiger

Exercise 2

Use the patterns **Yann a zeu da vezañ sotoc'h-sotañ** and **War goshaat ez a Nolwenn** to create sentences from the following elements. Imagine questions and answers:

E.g. **Kozh eo? – N'eo ket, met war goshaat ez a** and **Yen eo ar gambr-kousket? – Ya, yen eo, ha yenoc'h-yenañ e teu da vezañ.**

(a) oadet, Nolwenn
(b) ker, ar vuhez
(c) paour, Divi
(d) klañv, ar c'honikl
(e) fur, an den kozh
(f) mezv, ar yaouankizoù
(g) pouezus, an arc'hant
(h) yen, ar pred
(i) Yac'h, ma c'hoarig
(j) trist, Mammig

dont, deu-/da- da vezañ	to become
buhez, f.	life
konikl, m.	rabbit
yaouankizoù, pl.	young people
pouezus	important (often **a-bouez**)

A few more words on pronouns and indefinites

Hini and **re**, which we have met, are absolutely crucial little words. There are also the question words **pehini?** and **pere?** 'Which one(s)?', and if we wish to refer to 'Paol's', we have **hini Paol** (m. sing.), **hini Baol** (f. sing.), or **re(où) Baol** (pl.). And **an hini a^L** means 'he who': **An hini a vale eeun a gav atav ledan e hent** 'He who walks straight always finds his way broad.'

Note **lies den**, **lies a dud**, and **lies hini** 'several, numerous people', **nebeut** (a^L) 'little, few', **re nebeut** (a^L) 'too little', **un nebeud gwez/levrioù** 'a few trees/books' (without **a**).

'Each, every' are conveyed in several ways. First is **pep**: **pep tra** 'everything'; 'everybody' may be **pep den** or **pep hini**, e.g., **E-lec'h ma vez tre ha lanv e c'hell pep hini lakaat e anv** 'Where the sea rises and falls anyone can put his name', i.e. no one will know it was you! If you want to have 'each' in the distributive sense, then use **pep a^L**, e.g., **Prenet hon eus dezho pep a berenn azv** 'We bought them a ripe pear each' (**azv** 'ripe'). 'Each' can also be conveyed by **kement**, though it tends to need a clause accompanying it: **E kement kêr e viot o chom** 'In every town you'll live', **Kement den a zeu dre amañ** 'Every person who comes by here.' And 'all this/that' is **kement-mañ**, **kement-se**, which leads to . . .

For 'all' we can start off with the word **holl**^{L} (don't pronounce the **h**), thus **an holl** 'everyone', **an holl dud** 'all the people', **an holl draoù** 'all the things', **an holl vara** 'all the bread', **an holl volennad sistr** 'the whole bowlful of cider'. It can be tacked on to an adjective or participle, e.g., **gwenn-holl** 'completely white'. It may be used on its own – compare **Deut int holl – Deut eo an holl** 'They've all come – All of them have come.' And we may tack it on to a pronoun: **c'hwi-holl** 'all of you'. We come across **tout** a great deal in the spoken language, e.g., **tout an dud** 'everyone'. Another possibility is **a-bezh**, lit. 'of [a] piece', (from **pezh**, m., **ioù** 'piece') after a noun, e.g., **ar blasenn a-bezh** 'the whole square'; or we can use the structure **e(n)** + poss. + **pezh**, thus **an ti en e bezh** but **ar blasenn en he fezh**.

Follow a plural noun by **a zo** or **'zo** (or just **zo**) to convey 'certain, some', e.g., **tud 'zo** 'some/certain people'.

Very important is **bennak(et)** (it never mutates), used with a noun preceded by the indefinite article – in the case of a collective or non-count, mass noun, insert **tamm** or **banne** after the indefinite article: **un den bennak** 'someone', **un dra bennak** 'something', **un tamm bara bennak** 'a piece of bread or so', **ur banne kafe bennak** 'a drop of coffee or so'. **Unan bennak** is 'someone' and **ur re bennak** refers to a couple or a group (**ur re**^{L} means 'a pair of', e.g., **ur re votoù** 'a pair of shoes'). It can be used after a numeral phrase to convey 'approximately', e.g., **ur pevar c'hant merc'h bennak** 'some 400 girls'.

Finally, it can be tacked on to a question word, giving the meaning '-ever', e.g., **Piv bennak a zeuy, e vin laouen d'e welet** 'Whoever comes, I'll be glad to see him', **Pelec'h bennak e c'hellont bezañ bremañ?** 'Wherever can they be now?' Note the verbal particles there – nothing surprising. But do note **petra bennak ma**^{M} 'although': **Petra bennak ma vint en hon ti warc'hoazh, e vin-me e kêr o labourat** 'Although they'll be at our place tomorrow, I'll be in town working.'

And note **un dra bennak a nevez** 'something new' – similarly **Petra (a) nevez? – Netra (a) nevez** 'What's new?' – 'Nothing'.

The little word **all** means 'other'. We place it after the noun, adjective, or pronoun: **an den all** 'the other person', **ar bugel fur all** 'the other well-behaved child', **unan all** 'another one', **ar re all** 'the others'. Together with negation 'other, else' can be conveyed by **ken**: **nikun ken** 'no one else', **n'em eus ken c'hoant nemet . . .** 'I have no other desire than . . .'

This brings us to 'only'. On its own this can be **hepken**, and constructed with a verb we might have **ne**^{L} + v. + (**ken**) **nemet** 'nothing but' as above, but with a noun we typically use the preposition **nemet** in a personal form, e.g., **ar respont nemetañ** 'the only answer' (m.) and **ar gudenn nemeti** 'the only problem' (f.).

Coming to 'such', we have **seurt** 'sort', which surfaces in various guises, e.g., **seurt bugale** 'such children', **ur seurt ti**, **un ti seurt-se** 'a house like that', more literally **un ti eus ar seurt**, **un ti a seurt-se** 'a house of that sort' – **seurt-se** can be used on its own, meaning 'like that'.

And 'same' is **hevelep** or **memes**: **an hevelep den – ar memes den** 'the same person', e.g., **An hevelep maouez eo hag an hini am boa gwelet dec'h e kêr** 'It's the same woman I saw yesterday in town' (note **ha(g)** for 'as'). If you want to say 'the same one(s)', then use **hini**: **an hevelep/memes hini**, **an hevelep/memes re**.

Dialogue 2 🔊

Looking for someone and making plans

SUZANNA: Ar paotr azezet ouzh an daol-se zo o skrivañ ul lizher d'e dud. Anavezout a ran anezhañ.
ALAN: Bez' eo unan hag a c'hellfe skoazellañ ac'hanomp, a gav din.
SUZANNA: Ya, sur eo, dre m'en em gav an ti m'emañ o chom ennañ nepell diouzh an ti-kêr.
ALAN: Pedomp anezhañ da evañ ur banne ganeomp eta.
SUZANNA: (*D'ar paotr*) Iskuzit, Fañch a vez graet ac'hanoc'h, neketa? Anavezout a ran ho tad. Ur banne gwin pe bier a evfec'h ganeomp?
AR PAOTR: Ya, Fañch a vez graet ac'hanon, Fañch Lagadeg. Anavezout a ran ac'hanoc'h ivez – Yannig Denez, neketa? Ma, gant plijadur eo ec'h evin ur banne ganeoc'h.
ALAN: Lavarit din, Fañch, ar plac'h a oac'h o kaozeal ganti un eur zo a zeuy d'hor gwelet fenoz. Deuit c'hwi ivez.
AR PAOTR: Ya 'vat, dont a rin gant plijadur. Met ne vo ket ar plac'h-se en ho ti a-raok nav eur – d'ar c'hlañvdi eo aet da gerc'hat he mamm.

Vocabulary

ped/iñ   to ask, invite
fenoz   tonight

Review of relative clauses

In structures such as 'I said *that* he would arrive tomorrow' (subordinate, but not relative, clauses), *that* is conveyed by **e**M (often **ez** or **ec'h** before a vowel) or by nothing before **kaout** and often **bezañ** – the negative is just **ne**L ... **ket**, as appropriate:

Lavaret em eus dezhañ e rank dont d'hon ti warc'hoazh.
I told him [that] he must come to our place tomorrow.

English 'who' and 'which' (which sometimes appear as 'that' or nothing) have no equivalent in Breton other than **a**L (negative **na**L ... **ket**, as appropriate) – these are relative clauses:

Setu al lunedoù am boa kollet dec'h.
Here are the spectacles I lost yesterday.

Is there a relative there? Whether a relative is present or not will often be clear from the context, thus: **Ar gwaz a zo o pourmen a-hed an aod a zo pesketaer** can only mean 'The man *who* is walking along the shore is a fisherman.' Where ambiguity concerns the presence of a direct object, this can (but doesn't have to) be dealt with by using the object pronoun – **anezhañ** makes it clear the dog is the subject in the following example:

Ar bleiz a lazhas va c'hi anezhañ a boueze tost da bevar-ugent lur.
The wolf which my dog killed [it] weighed almost eighty pounds.

Something similar is done for indirect objects – it's just like the English stranded prepositions, but with the object pronoun present:

Piv eo ar plac'h-se a zañsas ho mab ganti?
Who's that girl [whom] your son danced with [her]?

It's possible in such structures to replace **a**^{L} with **e**^{M}, thus giving **e tañsas** in the preceding example. If there is a sense of time or place, **e**^{M} may be replaced by **ma**^{M}. Thus:

Ar park m'emaon o labourat [ennañ].
The field [that/which] I'm working in [it].

So far the words to which 'who/which' referred were definite. When indefinite, it's possible to use **hag a**:

Setu un den hag a oar petra emañ oc'h ober.
There's a man knows what he's doing.

Finally, **(ar) pezh a** means 'that which' and **an hini a** 'the person who(m)' as in the proverb **Ali ha holen a roer d'an hini a c'houlenn** 'Advice and salt are given to him who asks.'

Exercise 3

Link the following pairs of sentences:

E.g. **Yann a wel ar gwaz** and **Prenañ a ra ar gwaz ur gazetenn** become **Yann a wel ar gwaz a bren ur gazetenn** 'Yann sees the man who buys a paper.'

(a) A vaouez a ya tre.   Ar vaouez a zo ma mamm.
(b) Ar paotr a serr an nor.   Ar paotr a zo o chom e Roazhon.
(c) Prenet em eus al levr.   Plijus eo al levr.
(d) Kollet en deus ar baner.   Er baner e oa patatez.
(e) Pelec'h emañ ar botoù?   Gwisket em boa ar botoù dec'h.

The weather

The Bretons speak readily about the weather, doubtless not only because it's quite changeable, but also because it's been a crucial element of life, on the land and at sea. The sky, where much of the weather happens, is **oabl**, m. ('heaven' is **neñv**, m.).

We can start with **Brav eo an amzer hiziv** 'The weather's fine today', **Fall eo an amzer hiziv** 'The weather's bad today', **Sed aze un amzer vat!** 'There's fine weather for you!' And someone would respond, if they agreed, with **Eo, brav/fall eo**, or if they didn't, with **N'eo ket, fall/brav eo**, or with **Ya, me a gred!** 'Yes, indeed! (lit. 'Yes, I believe!')' or **Ne bado ket** 'It won't last.' Useful adjectives here include the following:

tomm	hot	**kaer**	beautiful
seder	calm and very pleasant	**dous**	damp
soubl	gentle and damp	**kreñv**	strong
fresk	cool	**amjestr**	unstable
brizh	variable but generally pleasant	**gadal**	changeable
		lous	unpleasant
fall	bad	**divalav**	very bad
yen	cold	**put**	dry and cold
sklas	very cold	**brein**	rotten

We can use such adjectives either in the first pattern given above, or immediately after **amzer**, which behaves as if feminine so far as mutations are concerned – needless to say, we can also say, for example, **Tomm eo an heol** 'The sun's hot.' A nice, or at least very typical, example here is **amzer gaoc'h** 'dreadful weather' (using the very common noun **kaoc'h**, m.).

The structure with **amzer** is **Amzer fresk a ra**, **Amzer c'hadal a zo**, **Amzer divalav a vez** – look at the verbs: the difference between the first two is difficult to define. At least, note that **ober** is used in reference to the weather.

This can be extended to various verbs and nouns. Let's have some more weather terms:

noziñ	to be(come) night
abardaeziñ	to be(come) evening
reviñ	to freeze, be freezing
latariñ	to be misty
brumenniñ	to be misty/foggy
mogidell, f.	mist, fog
skorniñ/skornañ	to freeze
aveliñ/avelañ	to be windy
avel, f.	wind
goulaouiñ	to become light, to shine
digoumoulañ	to become clear
sevel/sav	to lift, become clear
sederaat	to become really pleasant
teñvalaat	to become dark(er)
tevel/tav	to stop (e.g., of rain)
glav, m.	rain
erc'h, m.	snow
kazarc'h, m.	hail
brumenn	mist
luc'hed	lightning
lugachenn, f.	fine drizzle
kurun, m./f.	thunder
arnev, m.	storm
riell, m.	black ice
broutac'h, m.	sultry, close, stormy hot weather
heol, m.	sun

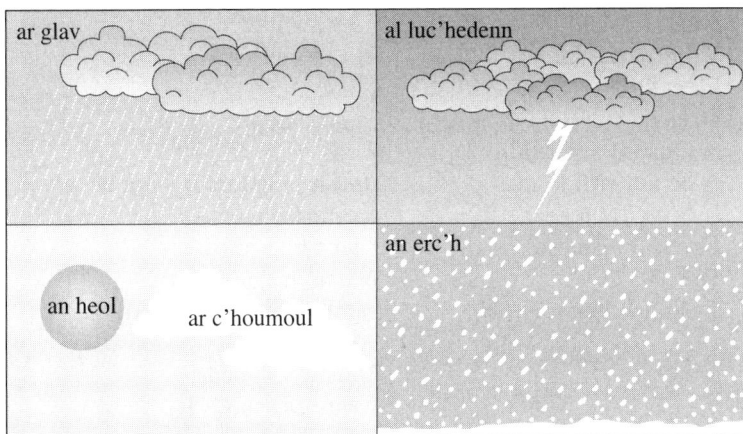

All the verbs can be constructed with **ober**: **skorniñ a ra**, **reviñ a ra**, **abardaeziñ a ra**. The same goes for many of the nouns, as we saw in the combinations with **amzer** above: **glav a ra**, **avel a ra**, **heol a ra**, **brumenn a ra**, **arnev a ra** – and **glav a zo**, **glav a vez** – **brumenn a zo**, **brumenn a vez**.

Look out for expressions using **bezañ** with a conjugated preposition in the feminine form, e.g., **glav a zo ganti** (a sense that rain is in the air), **noz eo anezhi** 'it's night'.

To ask about the weather: **Petra a ra an amzer?** or **Penaos eo an amzer?** Use the habitual if appropriate: **Penaos e vez an amzer e Breizh e miz Eost?** 'What's the weather like in Brittany in August?' And: **Petra a raio an amzer warc'hoazh?** 'What'll the weather be like tomorrow?' – **Penaos e oa an amzer dec'h?** 'What was the weather like yesterday?'

A few interjections

Always a difficult area in foreign languages, as it's so tempting to use them, especially the stronger ones, and so make a fool of oneself. There are books, and even a web-site, dedicated to them in Breton. Here and there we have met a few already, but here we'll give just a few relatively safe ones – but do remember to be careful. The word **gast**, f. 'prostitute' is in general to be avoided – don't be tempted just because you meet it in our final text in this unit.

Memestra! (or **Memes tra!**) Goodness!
(a note of frustration or irritation)

Gant ar vezh!	How awful!
Un druez!	How awful! What a pity!
Ur rukun!	Yuck!
Dreist!	Great!, Cool!
Ac'hanta! and **Ma!**	Well!
N'eo ket strikt! and **N'eo ket tener!**	Doesn't matter! It's not a catastrophe!
Fentus/Farsus eo!	That's hilarious!
Diwall!	Watch out! Careful!
Biskoazh kemend-all!	Incredible! Never heard the like!
Ma Doue!	Blimey! Oh dear! (lit. 'My God!')
Chaous! or **Kaoc'h ki!**	Crikey! Oh dear!

Exercise 4 🔲

Here are two short texts, taken from Kervella (1984, pp. 136–7). See if you can translate them.

(a) Tri devezh a zo emañ ar glav oc'h ober hep ehan. Betek pegeit e c'hell c'hoazh padout? – Ne ouzon ket avat. An amzer, gouzout a rit, ne sent ket ouzh an dud. A-benn disul koulskoude e rankan bezañ echu gant ar foenn, rak goude emañ ar boued chatal da c'hwennat. Teir sizhun a zo bremañ emeur war-dro ar foenn, diaes eo da sec'hañ er bloaz-mañ gant an amzer a ra. Hag ar mevel a zo klañv ha ne vez ket o labourat abaoe dilun. – Gant petra eo klañv? – Ne ouzon ket mat, droug kein dreist-holl en deus, ne ouzon ket kennebeut a-benn pegeit e c'hello adkregiñ gant e labour.

(b) Ac'han da viz Gwengolo e vo kalz tud war an aod e Breizh. Betek pegeit e chomit-c'hwi er vro? – Betek an deiz kentañ a viz Eost. – A-benn disul emañ pardon Santez Anna ar Palud. Bep Sul diwezhañ a viz Eost e vez ar pardon-se; abaoe an oad a zek vloaz ez an di bep bloaz. Abaoe pegeit n'oc'h-c'hwi ket bet? – Dek vloaz a zo bremañ n'on ket bet.

hep ehan	without stopping
sent/iñ ouzh	to obey
bezañ echu gant	be finished with
foenn, f.	hay
chatal	cattle
c'hwenn/at	to sort out
mevel, m.	servant
matezh, f.	female servant, maid
adkregiñ, adkrog	to start again
pardon, m.	pardon (important religious procession and festival)
bep Sul diwezhañ	every last Sunday

Reading 🔲

Glav a rae pa zegouezhjomp e Douarnenez, ha tost mare koan.

A Wened da borzh bras Kernev ez eus war-dro daou-ugent lev. Ur bourmenadenn evit Moutig. Met lavaret he doa din Anna Bodri p'edomp o loc'hañ kuit:

'Un arzour eveldout, ne gomprenan ket ne anavez ket gwelloc'h e vro wirion, Keltia gozh. N'eo nag e Pariz nag e Roma e kavi andonioù d'az awen. Spletusoc'h mil gwech a vo evidout un droiad e Kernev.'

N'oa ket laeret ar rebechig. Rak, klev, Iribe; ma red ar Vrezhoned dre ar bed-holl, dre o bro ne reont ket nemeur. N'oan bet biskoazh en tu-all d'an Oriant, ha c'hoazh! . . .

Chomet e oamp eta da jourdal a-hed an hent, en Henbont, e Kemperle, ha dreist-holl e Kemper.

Muioc'h c'hoazh eget bro-Wened, e kaven e oa maezioù Kernev baradoz an torgennoùigoù, baradoz ar gwez, baradoz an dour-red.

Dre-holl torgennoù, dre-holl foenneier, ha kezeg ha saout o peuriñ, war ribl ar stêrioù, e gwasked an haleg hag an elo. Ha koadadoù onn, ha derv, bezv, kistin, brugegoù ruz, ha douaroù lann, ha brulu, ha kelenn ha raden.

Dre-holl tiez gwenn ha tiez soul o tommheoliañ e peoc'h an hañv, ha tropelladoù ar vugale, ar yer, ar chas, hag ar moc'h bihan – respet dit! – o treuzañ an hent d'ar red, p'edos e ged an nebeutañ. 'Gisti bihan fall!' a skandale Anna Bodri en ur c'hoarzhin.

(Youenn Drezen, *An Dour en-dro d'an Inizi*, Brest: Al Liamm, 1970 (first edn 1932), pp. 31–2)

Vocabulary

mare, m.	time	**lev**, f.	league (approx. 4 km)
pourmenadenn, f.	walk, stroll	**loc'h/añ kuit**	to leave, set off
arzour, m.	artist	**gwirion**	true, real, veritable
andon, f.	source	**awen**, f.	inspiration (poetic)
spletus	profitable, useful	**troiad**, f.	trip, walk
laer/ezh	to steal	**rebech**, m.	reproach (also a verb)
jourd/al	to wander around, stroll, dawdle	**maezioù**, pl.	countryside
war ar maez	in the countryside	**baradoz**, m.	paradise
torgenn, f.	hill	**peur/iñ**	to graze
ribl, m.	bank, edge	**stêr**, f.	river
gwasked, m.	shade, shadow (also an adjective, 'shaded')	**haleg**	willows
		elo or **elv**	poplars
		derv	oaks
bezv	birch(es)	**kistin**	chestnuts
brugeg, f.	heather-covered	**lann**, f.	moor, heath

	land	**brulu**	foxgloves
kelenn	holly	**raden**	fern
soul	thatch, stubble	**peoc'h**, m.	peace (as an
tropell, m.	herd, mass		interjection,
yar, f.	chicken		**Peoc'h!** 'Quiet!')
respet, m.	respect	**treuz/añ**	to cross
bezañ e ged	to be expecting it	**skandal/at**	to scold, reproach;
			argue (noisily)

Exercise 5

Answer in English the following questions on the text:

(a) What was the weather like when they arrived in Douarnenez, and what time of day was it?
(b) Roughly how far is it from Gwened to Douarnenez?
(c) Why is Kernev better than Paris and Rome?
(d) What is particularly remarkable about Kernev?

13 Pesked, bigi ha traoù da brenañ

Fish, boats and things to buy

> **In this unit you will:**
>
> - review relative clauses
> - learn how to make suggestions
> - shop, argue, talk about fish and cooking them, and admire boats
> - learn a little about Breton and the computer

Dialogue 1 ▣▣

Messing about in boats – or just looking at them

GWENOLA: Ha mont a raimp da welet ar porzh-mor ur wezh bennak? C'hoant em befe mont da welet anezhañ a-dostoc'h!

GWENOLE: Ya, mont a raimp. Ma ne vo ket re vrav an amzer a-benn arc'hoazh da vont d'an aod da neuial ez aimp da dremen ar penn-devezh er porzh. Ha ma vefe pesked fresk e prenfen a-walc'h ur pezh braog da boazhat en holen glas!

GWENOLA: Gant ma vo! Evel-just ne welez bep tro nemet boued! Ha ma ne vefe nemet sardin, petra a rafes ganto! O foazhañ war an tan ha mogediñ an trowardroioù a-bezh?

GWENOLE: Goap adarre? M'am bije gouezet e vijemp bet o kemer vakañsoù er menezeier, e Bro-Skos!

GWENOLA: Ha ne vefes ket te oc'h ober goap ac'hanon? Ma, mont a raimp pe ne raimp ket? C'hoant am befe gouzout diouzhtu mar plij!

GWENOLE: Mat eo, peoc'h gant se, mont a raimp da welet ar porzh a-benn arc'hoazh ha pa vefe kaer an amzer da vont da lec'h all! Laouen out evel-se?

GWENOLA: Ya, laouen!

Vocabulary

porzh-mor, m.	sea port	**ur wezh bennak**	sometime
a-dostoc'h	closer to, from nearer	**a-benn arc'hoazh**	tomorrow (lit. 'by tomorrow', but may indicate just 'tomorrow')
neui/al	to swim		
penn-devezh, m.	half a day, half-day	**dibenn-sizhun**, m.	weekend
a-walc'h	willingly, with pleasure	**pezh**, m.	piece; also a preposed adjective with the sense 'big'
braog, m.	sea bass		
poazh/at	to cook		
holen, m.	salt	**glas**	blue, green, grey (here 'grey', referring to pure sea-salt)
gant ma vo!	so long as there is!		
bep tro	every time, always	**tan**, m.	fire
sardin	sardines	**moged/iñ**	to fill with smoke, smoke
trowardroioù, pl.	everywhere around, environs	**menez**, m.	mountain, hill
da lec'h all	somewhere else	**peoc'h gant se**	let's calm down, OK

Language and grammar

Making suggestions

Here are a few, including one from the first dialogue:

Ha mont a raimp . . . ?
Shall we go . . . ?

Ur banne gwin ho po?
Would you like some wine?

Ha fellout a ra deoc'h . . . ?
Do you want to . . . ?

Ha gweladenniñ a raimp . . .
Shall we visit . . . ?

**Ha klask a raimp kavout ar preti hor boa lennet diwar e
benn dec'h?**
Shall we try to find the restaurant we read about yesterday?

'What if' might be conveyed using a conditional in **-fe-** (**-je-** if really
hypothetical) after **ha ma**:

Ha ma'z afemp d'ar stal-gazetennoù da brenañ _Pariscope_?
Should we go to the paper shop to buy _Pariscope_?

Dialogue 2 ▩

Fish for supper

GWENOLA: Ha neuze kavet ec'h eus pesked da brenañ er
c'hoc'hu?

GWENOLE: Ya, kavet em eus braoged evel ma'm boa c'hoant
prenañ. Prenet em eus sardin ivez hag un tamm moru
sall war ar marc'had.

GWENOLA: Menam, menam! Sed aze peadra da ober chervad,
kariad! Met penaos out en soñj aozañ anezho 'ta?

GWENOLE: C'hoant ec'h eus gouzout? Ma, ar braoged am befe
c'hoant o foazhañ en holen glas, lakaet er forn tomm
ruz. Met diwall mat, holen glas Gwenrann a lakain,
an hini gwellañ eo!

GWENOLA: Ya, mat, met ar sardin? Ar reoù-se a oar leuskel flaer
pa vezont poazhet war an tan . . .

GWENOLE: Marteze a-walc'h, met soñj 'ta er blaz a vleunio ez
kenoù pa zebri anezho! Ne doufen ket ez eus
gwelloc'h meuz gant ur bannac'h gwin gwenn fresk!

GWENOLA: Gwin adarre! Met ar moru, petra eo ar pesked-se
c'hoazh?

GWENOLE: Ar moru a anavezez mat koulskoude! Petra, d'az soñj,
eo ar pesked a servijer dit pa zistroez eus ar pub e
Londrez? Ma n'eo ket 'cod fish' . . . ar moru eo ar
memes pesked.

GWENOLA: A? N'ouien ket 'vat. Met penaos e vo fardet ganit
eta?

GWENOLE: Ret eo lakaat ar moru da zisallañ da gentañ, un
nozvezh da vihanañ ha cheñch o dour ingal, bep pemp

eurvezh lakaomp. Met n'eo ket ret dit sevel eus da wele evit ober kement all! Ha goude e vo fardet ganin, grilhet brav, ha servijet gant avaloù-douar poazh tener . . . hag ur bannac'h . . .

GWENOLA: . . . gwin gwenn fresk, gouzout a ouzon!

© Jean-Michel Prima

Note: The prices might now read: 'Araignées/Kevnid-mor 4 €/Kg' 'Homards/Legistri 30 €/Kg'.

Vocabulary

koc'hu, m.	market hall	**moru**	cod
sall	salt(ed) (adj.)	**menam, menam!**	yum, yum!
chervad, m.	feast (**ober chervad** 'to have a feast')	**en soñj bezañ**	to think, intend
		aoz/añ	to arrange, prepare
tomm ruz	red-hot	**forn**, f.	oven
leuskel, laosk	to release	**diwall mat!**	Attention!
blaz, m.	smell (if f., a bad smell)	**flaer**, m.	stink, bad smell
		bleuniañ, bleugn/ bleuni	to flower
genoù, m.	mouth	**tou/iñ**	to swear
meuz, m.	dish, delicacy (also **meuz-boued**)	**pub**, m.	pub
		disall/añ	to take out the saltiness
da vihanañ	at least	**kement all**	all that, that
ingal	regularly	**aval-douar**, m.	potato
grilh/añ	to grill	**tener**	soft, tender
poazh	cooked		

More on subordinating conjunctions

We concentrate here on a very few of those which end in the particle **ma**[M] which, like **pa**, may become **ma'z** before a vowel. A few have **na**[L] instead of **ma**. The golden rule is: the verb immediately follows them. For effect you may break this rule. Here is a brief list:

e-lec'h ma	where
pa	when(ever)
dre ma	while
e-keit ma	while, as long as
abaoe ma	since
bep gwech ma	every time, whenever
goude ma	after, once
a-raok ma	before
kerkent ha ma	as soon as
ken ma/na, **betek ma**	until
a-boan ma	scarcely, hardly
dre ma, **abalamour ma**	because
o vezañ ma, **peogwir e**	because
evit ma	in order that, so that
gant aon na	for fear that, lest
e doare ma	so that
hep ma/na	without
daoust ma, **petra bennak ma**	although
ha pa, **zoken ma**	even if
ma, **mar**, **pa**	if
gant ma	provided
e ken kaz ma	in case

An alternative, where the conjunction begins with a preposition, is to replace **ma** with **da**. This gives two possibilities: **a-raok ma teuas** 'before he came' may become **a-raok dezhañ dont** or **araozon da zont**. A noun may replace the pronoun in this construction.

Exercise 1

The following examples and their meanings have been jumbled – get them back together!

If she wants to sell her field, you can buy it.
Laouen e vefen ma teufe.

I'll be pleased if he comes.
Laouen e vin mar deu.

If he went fishing, I'd go too.
Ma karfe dont d'hor gwelout, e vefe degemeret mat.

If I had been well, I would have been able to go too.
Ma ne gavit ket mat ar boued, arabat deoc'h debriñ.

I'd be pleased if he came.
Ma ne rafe ket kement a avel, ez afen da bourmen.

If it wasn't so windy. I'd go for a walk.
Ma ne skriv ket din, ez in d'e welout.

If she wanted to come and see us, she would be welcome.
Pa fello dezhi gwerzhañ he fark, e c'hellot e brenañ.

If he doesn't write to me, I'll go and see him.
Ma vijen bet yac'h, em bije gellet mont ivez.

If you don't like the food, don't eat it.
Ma'z afe da besketa, ez afen ivez.

Reading 1 📼

Here is a reading on the market hall, **ar c'hoc'hu**, and what you can find there. Some hints on doing your shopping in Breton too. **Amañ e c'hellomp reiñ deoc'h un nebeud titouroù war-bouez ar marc'had**:

Stalioù pesked zo gant pesked fresk evel rae, meilhi-ruz, sardin, braoged hag ivez pesked sall evel moru, harink. Boued mor a gaver ingal ivez evel: istr, rigadell, kregin sant-Jakez, grilhed-traezh, legistri, hag all.
   Stalioù kig a gaver ivez : kig bevin, kig leue, kig dañvad ha kig oan. Er memes stalioù e kaver ivez da brenañ: kilhevardon evel fourmaj-kig, silzig, felpennoù jambon ha, muioc'h-mui, avu druz houad graet er vro.
   Met stalioù legumaj an hini eo a gaver da gentañ. Muioc'h-mui e vez kinniget legumaj bio, hep re a broduioù chimik d'o lakaat da greskiñ. Legumaj a-bep seurt evel: karotez, pour, irvin, ognon, kignon, pirisilh, hag all.
   Frouezh kaer a c'heller prenañ ivez, anat: avaloù a bep seurt gouenn o tont eus ar vro, met ivez orañjez eus Spagn, bananez

eus Afrika. Frouezh sec'h zo ivez: rezin Malaga, fiez Korsika, kraoñ ar vro.

Ispisiri a gaver ivez: temzoù tramor, likorioù, alkool fin, gwin mat a bep blaz evit pep beg lipous.

Ur wezh ar sizhun e vez dalc'het ar marc'had e Breizh, hini Roazhon o vezañ an hini brasañ (dalc'het hemañ d'ar sadorn beure).

Vocabulary

un nebeud titouroù	a few pieces of information	**titour**, m.	piece of information
war-bouez	by means of, because of (here 'about')	**rae**, m.	skate
		meilh-ruz, m.	red mullet
		harink, m.	herring
rigadell, f.	clam	**grilh-traezh**, m. or **-draezh**, f.	Dublin Bay prawn
legestr, m.	lobster		
kig bevin	beef	**kig dañvad**	mutton
dañvad, m.	sheep	**kig oan**	lamb
oan, m.	lamb	**kilhevardon**, m.	*charcuterie*
fourmaj-kig, m.	pâté	**silzig**	sausages
avu druz houad	duck *foie gras*	**bio**	bio, organic
		produ, m.	product
chimik	chemical, non-organic	**irvin**	turnips
		pirisilh, m.	parsley
a bep seurt gouenn	of every sort/ species	**gouenn**, f.	race, species N.B. **ar** *ou*enn
rezin	grapes	**fiez**	figs
kraoñ	walnuts	**temz**, m.	spice
tramor	overseas, foreign	**likor**, m.	liqueur
beg, m.	mouth; beak; point, end	**lipous**	tasty, fine
		ur wezh ar sizhun	once a week
d'ar sadorn beure	on Saturday mornings		

Here are a few phrases you might use in the market hall:

Pegement eo ar c'hilo mar plij?
How much is a kilo, please?

Pegement e koust X?
How much does or do X cost? (or How much does *it* cost?)

Pegement eo X?
How much is or are X?

Pegement int?
How much are they?

Ur c'hilo avaloù-douar mar plij.
A kilo of potatoes, please.

Ul lur karotez mar plij.
A pound of carrots, please.

Daou c'hant gramm fourmaj-laezh mar plij.
200 grams of cheese, please.

Use **A-walc'h** or **Mat** to say 'That's enough.' You can use **Mat eo** to say you're happy with the weight offered, i.e. 'That's fine' or 'That'll do.' And note the following useful needs:

Ur felpennad jambon
A slice of ham

Teir felpennad jambon
Three slices of ham

Un dornad bigerniel
A handful of winkles

Ur penn ognon
An onion

Ur penn kignon
A head of garlic

Exercise 2

Join the pairs!

He said he would come. – He said he wouldn't come.

I found out my cousin never replies to the phone.

I think I'll have a shower first and then sit in front of the TV.

I know perfectly well you've found the boat.

A gav din e kemerin da gentañ ur strinkad-dour ha da-c'houde ec'h azezin dirak ar skinwel.

Gouezet em boa ne respont james ma c'heniterv ouzh ar pellgomz.

Gouzout a ouzon mat ec'h eus kavet ar vag.

Lavaret a reas e teuje – Lavaret a reas ne zeuje ket.

Exercise 3

Join the pairs – as usual, try to think about the structures as you do it.

I was talking with a girl who will be able to help me in my work.

I'm looking for the book you showed me yesterday.

There's the person I was waiting for in the post office.

The boy who was in the house wanted to go to bed.

The house we used to live in was built three years ago.

An ti ma oamp o chom ennañ a oa savet tri bloaz 'zo.

Ar paotr a oa en ti a felle dezhañ mont d'e wele.

Emaon o klask al levr ho poa diskouezet din dec'h.

Kaozeal a raen gant ur verc'h hag a c'hello ma sikour em labour.

Setu an den a oan o c'hortoz anezhañ er post.

The negative relative

Replace the relative **a** or **hag a** with **na**^{L} **. . . ket** to get the negative:

E.g. **Kaozeal a raen gant ur verc'h na c'hello ket ma sikour em labour.**
I chatted to a girl who won't be able to help me in my work.

Exercise 4

Join the following phrases as suggested:

(a) mont a reomp d'ar gêr / a-raok ma / an heol a yafe da guzh
(b) deskiñ a ran ar gentel / evit ma / gellout a rin diskuizhañ
(c) savet en deus un ti / e-lec'h ma / ur gourmarc'had a oa
(d) ober a rin al labour / gant ma / dont a ri a-benn warc'hoazh
(e) skrivañ a rez al lizher / evel ma / goulennet en deus ganit
(f) mont a ra da Roazhon / bep gwech ma / koll a ra e vontr
(g) debriñ a ran chorizo / o vezañ ma / kavout a ran mat boued Bro-Spagn

(h) loc'hañ kuit a ran / peogwir e / kaz am eus ouzh ar biniawoù

> **mont**, **a da guzh**   to set (sun)
> **naer**, m.   snake

Indirect questions ('if / whether')

This is the 'if' which can be replaced by 'whether'. Let's take Breton for 'I don't know if the weather will be fine tomorrow':

(a) **N'ouzon ket ha brav e vo an amzer a-benn arc'hoazh.**
(b) **N'ouzon ket hag an amzer a vo brav a-benn arc'hoazh.**
(c) **N'ouzon ket hag a-benn arc'hoazh e vo brav an amzer.**

The order of words in the subordinate clause modifies the focus of the question. In (a) we focus on **brav**, in (b) on **an amzer**, and in (c) on **a-benn arc'hoazh**. In other words: the subordinate clause retains its autonomy (as when it's direct!) – it remains free to adapt its 'message'. However, we haven't finished, as there's another construction to give you, one which places the verb first (as in most subordinate clauses). It involves **hag-eñ**:

(d) **N'ouzon ket hag-eñ e vo brav an amzer a-benn arc'hoazh.**

The translation is the same – but here the verb must follow **hag-eñ**. No flexibility! 'Or not' may often be tacked on at the end – use **pe get**. For negative indirect questions, just negate the verb:

> **Goulennet em boa diganti ha ne felle ket dezhi dont.**
> I asked her if she didn't want to come.

or

> **Goulennet em boa diganti hag-eñ ne felle ket dezhi dont.**

Note that there is a tendency to use **ma, mar(d)** instead of **ha, hag-eñ** in indirect questions. 'Incorrect' it may be, but it is widely used by the youngest speakers (at first it was essentially a feature of central Brittany). So:

> **N'ouzon ket mard eo aet ma gwreg d'ar gêr.**
> I don't know if my wife has gone home.

> **N'ouzon ket hag-eñ eo aet ma gwreg d'ar gêr.**

Exercise 5

Precede the following phrases with forms such as **en em c'houlenn a ran** 'I wonder', **n'ouzon ket** 'I don't know':

(a) dont a raio dilun
(b) brav eo an amzer
(c) dispar eo bet ar pezh-c'hoari
(d) pegoulz e teuin d'hon ti
(e) degas a raio e c'hoarielloù

(f) labourat a ra re
(g) respont a raint er pellgomz
(h) deskiñ a rez da gentel
(i) pe liv e vo ar stalafioù
(j) kousket a raio en e gambr

Exercise 6

Just one more exercise joining sentences – here use a word for 'because':

(a) Echu eo e labour.
(b) C'hoant o deus da zeskiñ brezhoneg.
(c) Trist eo ar verc'h.
(d) Evañ a rin ur banne bier.
(e) Diwezhat e oac'h.

Mont a ra d'ar gêr.
Ne baouezint ket da studiañ.

Kollet he deus he mamm.
Sec'hed am eus c'hoazh.
Tizh n'hoc'h eus ket kaset.

Dialogue 3

The land of trawlermen

GWENOLA: N'em bije ket soñjet e oa ken mat ar braoged poazhet en holen glas!

GWENOLE: Pa lavaren dit. O c'hig zo eus ar finañ. Un druez eo e vefent ken ker! Gouzout a ouzout a-walc'h eo bet Breizh bro ar besketourien. Gwezhall ez aent da voruta pell, betek an Douar-Nevez. Bremañ e vez distrujet ar bagoù pesketa. Breizh zo deuet da vezañ bro an douristed . . .

GWENOLA: Marteze, met ma ne vefe ket eus an douristed e vefe diaesoc'h an traoù c'hoazh! Gant ma vint dalc'het e chomo brav an aod hag ar monumantoù.

GWENOLE: Ya, gwir eo, un doare da chom bev eo ivez. Met siwazh ma sellez mat e weli ne chom ket mui kalz a dud e kreiz ar vro. Didud e teu da vezañ.

GWENOLA: O kariad, arabat koll kalon evel-se. Ha ma tistrofemp war ar porzh da welet ar bagoù-dre-lien, en taol-mañ?

GWENOLE: Mat eo din, deomp 'ta.

Vocabulary

eus ar finañ	of the finest, best	**truez**, f.	pity
moru(e)ta	to fish for cod	**Douar-Nevez**,	Newfoundland,
distruj/añ	to destroy	m.	*Terre-Neuve*
bag, f. **pesketa**	fishing boat	**diaes**	difficult
monumant, m.	monument	**siwazh**	alas
kreiz ar vro	centre, heart of	**didud**	depopulated,
	the country		without people
koll kalon	to lose heart		

Reading 2 🎧

A passage from Pêr Denez's novel *Glas evel daoulagad c'hlas na oant ket ma re* (*Blue like Blue Eyes which Weren't My Own*) – two good bits of grammar in the title itself. A Breton 'Lady Macbeth' with a passion for roses wreaks vengeance on her unfaithful husband and . . .

D'an diskar-amzer oamp bet dimezet, ma gwaz ha me, en un devezh yen hag avelek a viz Here. N'helle ket, ma gwaz, n'helle ket bezañ disoñjet . . . Zoken ma oa aet da glask ar peoc'h er bed all . . . Ha me sot a-walc'h da gas dezhañ Kristina . . . da vezañ evurus o-daou . . . Kristina ken sklaer he daoulagad c'hlas, ken karantezus he divorzhed . . . N'hellen ket lezel anezho evel-se, ha me chom er-maez, er yenijenn hag er maro, pa oant int e tommder an douar hag e buhez ar mor, e-kreiz ur sklerijenn na c'helle ket mont da get . . . N'helle ket ma gwaz bezañ disoñjet an devezh-se, an nozvezh-se a viz Here ma oamp bet an eil d'egile – a-raok ma me ve deut Kristina ebet. Me 'zo sur e soñje c'hoazh, a-wechoù, daoust da Gristina, en evurusted a oa bet hon hini . . . Me oa o vont dezhañ . . . d'en em ginnig dezhañ . . . adarre . . . karantezus . . . da gemer ma flas en e gichen . . . dindanañ . . . digor . . . asantus . . . degemerus . . .
    Ne gredan ket e vin bet morse evurusoc'h eget er vunutenn-mañ bremañ, gwisket ganin ma sae gaerañ, ur gwir sae eured, pa veskan, er picherad Blue Lagoon, aozet aketus, lakaet ganin skornennoù e-barzh memes, ar veskennadig trenkenn sianidrek a roio dezhañ blaz dic'hortoz an alamandez c'hwerv

... blaz ar vuhez adkavet – da badout da viken ha da viken. Ne gredan ket e vin bet morse evurusoc'h eget er vunutenn-mañ bremañ, pa yan, ar picherad en un dorn, e werenn-strink en dorn all, ar werenn he doa digoret da Gristina dor ar baradoz, pa yan, gwrez em c'halon daoust d'an avel yen, d'en em astenn ouzh troad ar bochadoù roz lintrus, flamm ha didrec'hus o buhez, e-lec'h ma evin, Izold he blev du, an died-hud a zegaso din an evurusted.

'Ma c'harantez, digor din da zivrec'h ... digor din da zivrec'h tomm ha kreñv ... 'maon o vont dit ... 'maon o vont ...'

Exercise 7

Try to translate the reading.

evurus	happy (sometimes **eürus**)
morzhed, f.	thigh
yeni(j)enn	cold(ness)
tommder, m.	heat, hotness
maro, m. (also **marv**)	death
sklerijenn, f.	light, enlightenment
mont, **a da get**	to disappear
evurusted, f.	happiness
kinnig	to offer
adarre	again
plas, m.	place
mesk/añ	to mix
picherad, m.	pitcher, jug (+ contents)
aketus	carefully
skornenn, f.	ice-cube
meskennadig, f.	little mixture
trenkenn, f.	acid
sianidrek	cyanide
dic'hortoz	unexpected
alamandez	almonds
c'hwerv	bitter
da viken	for ever
gwerenn-strink, f.	crystal glass
paradoz, f.	paradise (also **baradoz**)
gwrez, f.	ardour, heat
en em astenn	to lie down, stretch oneself out

ouzh troad	at the foot of
bochad, m.	clump (here)
roz lintrus	bright pink, vivid pink
roz	roses
flamm	flaming
didrec'hus	invincible
Izold he blev du	Iseult with her black hair (a common construction)
died, f.	drink
hud, m.	magic

Breton and the computer

This book has been written on a computer, in Breton **urzhiataer**, m., derived from **urzh** 'order' and its verb **urzhiata** 'to put in order' – also **kompoder**, m. – **jederez** is a pocket calculator. The **logodenn** 'mouse' was most useful. The files **fichennaouegoù** were kept on a **pladenn galet** 'hard disk', with back-ups on **ur bladennig**. E-mails were frequent: **(e)mail**, m. or **postel**, m. The Internet is **ar genrouedad** (**kenrouedad**, f. – or just **rouedad**), filled with millions of sites (**ul lec'hienn**, f.) – you have only to **klikañ** on **liammoù** 'links', etc., to **klask**, and to **pellgargañ** 'to load (at a distance!)'. But look out for **viruz**, m.

The Internet has turned out to be a real lifeline for the lesser-used language communities – and e-mail may be even better in this respect. Rather than us giving you lots of addresses, try searching using a good search engine. You will be amazed.

14 A-raok pell e vo echu ar vakañsoù – poent mont da Roazhon

Soon the holiday will be over – time to go to Rennes

In this unit you will:

- familiarise yourself with a few useful expressions involving verbs
- meet some of the more common Breton prefixes
- review negation
- learn a little about the media and sport

Dialogue 1 ▯▯

Found a hotel at last!

SUZANNA: Sell 'ta! Ret-mat eo deomp klask un otel. Diwezhat eo.

ALAN: Ya, diwezhat eo. Deomp gant an hentig aze. Pelloc'h e weler gweturioù, beloioù, hag ur blasennig. Ret-mat e vefe kavout un dra bennak aze.

...

SUZANNA: Setu. Graet eo an afer. Bremañ en em lakain da skrivañ ul lizher d'am breur.

ALAN: Mat e vo ober kement-mañ, rak arc'hant hoc'h eus bet digantañ evit ar vakañsoù-mañ.

SUZANNA: Arabat din skrivañ re memestra. Diwezhat eo hag e karfen kas al lizher hiziv, a-raok deomp loc'hañ kuit d'ar gêr!

ALAN: Ya, poent-bras eo ober seurt traoù. Na ankounac'hait ket, mar plij, dleout a rit timbroù din. Me ivez a zo ret din kas kartennoù-post d'am zud ha da vignoned 'zo.

SUZANNA: Kemerit! N'em eus ket ken ezhomm anezho.

. . .

ALAN: Setu. Skuizh on gant ar c'hartennoù-post. Ne vo ket fall deomp klask un ti-debriñ. Naon ha sec'hed bras am eus, hag em eus c'hoant da zebriñ en un ti-debriñ a-feson. C'hoant am eus debriñ meskl!

Vocabulary

hentig, m.	little road	**afer**, f.	affair, business, deal
en em laka/at	to set to, begin		
da^L + v.n.	to, set about	**meskl**, sgt **-enn**	mussels
ankounac'ha/at	to forget		

Language and grammar

A few old and new expressions involving verbs

Good to know are **bezañ o paouez** + v.n., **bezañ o tont a** + v.n. 'to have just', **bezañ war-nes** + v.n. 'to be about to', and **ne ober nemet** + v.n. 'to do nothing but, only':

O paouez sevel emaon, dre ma oan-me skuizh-bras dec'h.
I've just got up, because I was really tired yesterday.

Sot e oa bet Martial, war-nes e chikanal e oa e vamm.
Martial had been silly, his mother was on the point of scolding him.

An douristed ne reont nemet dont war an enezenn a-hed an hañv, skuizh omp aet ganto.
The tourists do nothing but come to the island throughout summer, we're fed up with them.

Worth noting is how we say 'to have been *to* see . . .': **bezañ bet o welet**, i.e. **bezañ o**^M + v.n.:

Bet on o weladenniñ ma c'hoar a zo o chom e Pariz.
I've been to visit my sister, who lives in Paris.

Note too **dont a-benn da** + v.n. 'to manage to':

Deut on erfin a-benn da gavout ma deiziataer.
I've finally managed to find my diary.

'To become' is **dont da vezañ** + noun/adj. or **mont war** + v.n. in **-aat** 'to get X-er and X-er':

Dont a ra an holl da vezañ habask, a-benn ar fin.
Everyone becomes patient, in the end.

War vrasaat e ya niver an dud a fell dezho implijout brezhoneg en o buhez pemdeziek.
The number of people who want to use Breton in their daily life is getting bigger and bigger.

Bear in mind **kar/out** 'to want; to love': **Me a garfe chom er gêr** 'I'd like to stay at home' – it's useful in the pattern 'I'll do that if I want': **pa garin** or **mar karan** (change the ending as appropriate) and 'as long as I please': **keit ha ma karan**.

Exercise 1

Recast the following sentences using the verb given in brackets:

E.g. **Nijal a reont betek an aod** (**gellout**) becomes
      Ne c'hellont ket nijal betek an aod (make variations)

(a) D'an ti emaon o vont gant ar sac'h du.   (fellout)
(b) Mont a rez da brenañ legumaj.   (bezañ ret)
(c) Hennezh a gavo labour e kêr.   (bezañ o paouez)
(d) Kollet eo he c'hastelodenn ganti.   (bezañ darbet)
(e) Aet on kuit.   (gellout)
(f) Lakaat a rin ma bravañ dilhad.   (dleout)
(g) Skrivañ a reomp al lizher.   (dont a-benn)
(h) Servijout a ra ar plac'h ar c'hafe.   (plijout)
(i) Mont a reomp da welet ar match.   (bernout)
(j) Debriñ a rit krampouezh.   (ne ober nemet)
(k) Ma mab a brenas orañjez er marc'had.   (lakaat)

mont, a gant		to take
sac'h, m.		bag
kastelodenn, f.		pan
match, m.		match
match melldroad		football match
emgann, m.		combat, battle

Dialogue 2 🔲

They take a little walk in Roazhon

SUZANNA: Me a garfe mont da Virdi Breizh. Lavaret e vez ez eus kalz traoù kaer ennañ.

ALAN: Ha me a fell din ober ma zourist e kreiz-kêr. Deuet eo ganin ma luc'hskeudennerez nevez. C'hoant 'm eus da ziskouez Breizh hag ar gêr-mañ, Roazhon, d'am mignoned eus Bro-Saoz.

SUZANNA: En ho kartenn-bost da Vari hoc'h eus hetet dezhi vakañsoù mat en Amerika?

ALAN: Hetet 'm eus kement-mañ, eveljust. Hi an hini eo he deus lakaet ac'hanon da studiañ brezhoneg.

SUZANNA: Me a ray dezhi degas din ur profig kaer eus New York.

ALAN: Mat-kaer e vo pa vimp asambles e dibenn miz Eost.

SUZANNA: Ya sur. Gallout a raimp kaozeal diwar-benn hor vakañsoù.

ALAN: Ha me a ray krampouezh evit an holl.

Vocabulary

luc'hskeudennerez, f.	camera (stills)	**het/añ**	to wish
degas	to bring		

Exercise 2

Here are a few questions on the dialogue:

(a) Why would Suzanna like to go to the Museum of Brittany?
(b) What will Alan do during his walk in town?
(c) Who is going on holiday to America?
(d) Why did Alan start to study Breton?

Reading 🔲

An Teirvet Beaj – 23 a viz Mae 1541 – ?1542 – Ur veaj evit mann

Ne c'hell ket an teirvet beaj graet gant Jakez Karter d'ar C'hanada bezañ displeget war he hed rak n'eus deuet betek ennomp, siwazh! nemet un tamm eus an danevell a savas evit ar roue. Ar peurrest, da lavarout eo ar c'hreiz hag ar fin anezhi, a zo bet kollet.

N'eus forzh! Dudius eo an deroù dre ma tispleg Jakez Karter ennañ penaos e voe aozet ar veaj ha peseurt pal a voe merket dezhi. An tamm danevell-se ned a ket pelloc'h eget diwezh miz Gwengolo 1541, ha c'hoazh, ne chom nemet un droidigezh saoznek anezhañ. Dre skridoù all avat, ha dreist-holl dre un enklask bet graet er C'hanada, ec'h ouzomp dre vras pezh a c'hoarvezas ha petra a zeuas a-ziwar o beaj.

Kerkent ha miz Gwengolo 1538, e oa bet kinniget d'ar c'honestabl Montmorency, amiral-meur Frañs, kas du-hont 276 trevadennad – na mui na maez – ar re-mañ 'a-youl-vat ha barrek war an arzoù hag an ijinerezhioù', da lavarout eo mañsonerien, kilvizien, toerien, goved, gwinierien (ya!) hag orfebourien (zoken) a rankfe, ur wech erru en o bro nevez, bezañ gwarezet a-zoare.

Ar C'hallaoued a ranke ivez degas d'ar vroiz sklerijenn ar feiz. Ar roue a blije dezhañ disklêriañ e oa se dlead mab henañ an Iliz santel. An trevadenniñ a yae da abostoliezh.

Loeiz Andouard, *Jakez Karter: Moraer ha kavadenner brudet Kanada*, Lesneven: Mouladurioù Hor Yezh, 1984, pp. 115–16

teirvet	third	**mann**	nothing, zero
displeg/añ	explain	**war he hed**	in its entirety,
danevell, f.	story, account		fully
peurrest, m.	rest, remainder	**roue**, m.	king
dudius	interesting,	**fin**, f.	end
	entertaining	**pal**, m.	aim
ned a ket	doesn't go	**diwezh**, m.	end
troidigezh, f.	translation	**skrid**, m.	text
enklask, m.	inquiry,	**dre vras**	in general
	investigation	**a-ziwar**	from
kerkent ha	as soon as	**trevadennad**, m.	colonist
trevadenn, f.	colony	**trevadenn/iñ**	to colonize
na mui na maez	neither more	**a youl-vat**	of good will
	nor less	**youl**, f.	wish, desire
youl/iñ	to satisfy, wish	**barrek**	capable
arz, m.	art	**ijinerezh**, m.	invention, industry
da lavarout eo	that's to say	**mañsoner**, m.	stonemason
	(**d.l.e.** 'i.e.')	**kalvez**, m.	carpenter
toer, m.	roofer	**toenn**, f.	roof

gov, m.	smith, blacksmith	**gwinier**, m.	wine-grower
orfebour, m.	goldsmith	**a-zoare**	properly, well, appropriately
Gall, m.	Frenchman	**rank/out**	to have to
broad, m.	inhabitant, compatriot	**broad**, f.	nation
disklêriañ, disklêr	declare, explain	**sklêrijenn**, f.	light, enlightenment
mont, a da^L	to become	**dlead**, m.	duty (moral)
		abostoliezh, f.	apostolate, apostolic mission

Exercise 3

Answer the following questions on the Reading. Do it in English, but try it in Breton – the questions are cast in such a way that good use can be made of the actual text.

(a) Why can't Karter's third voyage be fully recounted?
(b) For whom was the account drawn up?
(c) Which parts of the account have been lost?
(d) What did Karter describe at the beginning of his account?
(e) What sort of colonists were sent to Canada?
(f) What would have to be done once they had arrived in their new land?
(g) What did the French have to impart to the indigenous peoples?
(h) Why was this the case?

A few prefixes

Here we give a few examples of common prefixes. Note that they often cause lenition.

ad- repetition:	**ad/ober** to modify, redo (**ober** to do)
dam- almost:	**dam/reizh** anomalous, **dam/heñvel** somewhat similar (**reizh** correct, regular, **heñvel** similar). Compare **direizh** irregular, **disheñvel** dissimilar.
de- towards:	**de/gas** to bring, **de/gemer** to receive, **de/dennañ** to attract (**kas** to take, send, **kemer** to take, **tennañ** to pull)

di(s)- separation; antonyms:	**dis/fiziañs** (f.) distrust, **di/varrek** incapable, unable (**fiziañs** trust, **barrek** able)
eil- second, re-:	**eil/ger** (m.) response (**ger** (m.) word)
em- reflexive, reciprocity:	**em/guzuliata** to have a meeting (lit. 'to consult one another')
etre- inter:	**etre/broadel** adj. international (**bro** country, **broad** nation; **-el** adj. suffix)
fe- this:	**feteiz** today, **fenoz** tonight (**deiz** (m.) day, **noz** (f.) night)
ken- mutuality, commonness:	**ken/werzh** (m. or f.) trade, commerce, **kem/pouez** (m.) equilibrium (**gwerzh** (f.) sale, price; **pouez** (m.) weight, importance; compare **a-bouez** important)
peur- completion:	**peur/heñvel** identical (i.e., perfectly similar; **heñvel** similar)
rak- anteriority:	**rak/varn** (f.) prejudice, **rak/weler** (m.) prophet (**barn** to judge, **gwelout** (rad. **gwel**) to see)

Negation reviewed

Summarizing, negation comes at the beginning of a sentence and is introduced by the particles **ne**[L] and **na**[L]. They generally co-occur with certain words, e.g. **ket** (the most widespread one: 'not'), but also **ken** 'no more', **morse** 'never' (as well as **biken** (future), **biskoazh** (past), and **kammed**), **netra** 'nothing' (also **seurt** and **banne**), etc. Here are a few more examples:

N'eo ket deuet. He hasn't come.
N'eus ken. There's no more.

Ne lavare netra. He said nothing.
Ne welan banne. I can't see anything.

Ne gomprenont seurt.
They can't understand a thing.

Remember that the pattern **n'eus ... ebet** is to be used when we wish to negate a unit, a count noun (never a plural, collective, dual, or mass noun): **N'eus den ebet** 'There's no one.' If we are dealing with a plural, a collective, or a non-count, we use **ne ... ket**, often with **a** before the object, e.g. **N'eus ket a vara** 'There's no bread.' We can say **Ne welan ket ur c'hazh**, where **kazh** is a count noun, but it means 'I don't see *one* cat' (i.e. I may see several).

Dealing with a quantity (collectives and mass nouns may come in too), we can insert a word such as **tamm** for solids and **banne**, **bannac'h** for liquids (including the wind and the air):

> **N'eus tamm kig ebet war an daol.**
> There's no meat on the table.

> **N'eus bannac'h avel ebet hiziv.**
> There's not a breath of wind today.

Remember that only a word or expression being emphasized can precede the negative. So in **Ma zud n'int ket deuet** 'My parents haven't come', **ma zud** is in apposition and so the mark of number is carried in the negated verb (**n'int ket** – not **n'eo ket**). Compare with **N'eo ket deuet ma zud** where **ma zud** is the subject and so itself carries the mark of number.

Exercise 4

Negate the following sentences:

(a) Kousket mat a ran.
(b) Torret eo ar c'harr kozh.
(c) Pell 'zo e savent bagoù koad.
(d) Me a oar fardañ soubenn.
(e) Dec'h da noz e oan o prenañ kignon.
(f) Me a zo mestr-skol.
(g) Teir eur emaon o c'hortoz.
(h) Yannig en deus prenet anezho din.
(i) Tud a zo el liorzh.
(j) Da evañ ur banne ez aimp diouzhtu.

Breton and the media

Consult the cuttings service of the **Ofis ar Brezhoneg** – details in the Grammar section. This has sections on media, education, minority languages, politics, and so on. The nearest thing to a newspaper is *Bremañ*, which is strongly to be recommended: <http://www.breman.org>.

Note such phrases as **er skinwel/en tele**, **er radio/er skingomz**, **Petra a zo e(n/r) ... fenoz?**, **Da bet eur e vo ar c'heleier?** We leave the meanings to you.

Breton sports

The Breton national sport **sport**, m. is wrestling, **gouren**, m. (also the verb) – the winner is the one who achieves the **lamm**, getting his opponent's two shoulder blades on the ground at the same time – the expression for 'he's won' (no longer just in wrestling) is **Aet eo ar maout gantañ**, lit. 'Gone is the sheep with him' (the traditional prize was a sheep). A wrestler, as expected, is **ur gourener**. There are various other traditional sports, which similarly take place most often at festivals, but the two most popular sports are cycling and football, and Bretons excel at both.

Dialogue 3

The importance of taking one's time!

TEREZA: Sell 'ta pet eur eo? Teir eur ha kard ha n'em eus ket bet amzer da echuiñ ma labour c'hoazh! Ret eo din hastañ ha buan!

DIVI: Bez sioul un tammig, memes tra, ha n'emaomp ket e vakañsoù? N'eo ket mat bevañ diwar ar prim evel-se. Ret eo kemer amzer!

TEREZA: Brav eo dit lavaret kement-mañ! Met hiziv e vo ret din bezañ diwar dizh, rak tailhet eo din ma amzer a-raok na serrfe pep tra. Traoù am eus da brenañ e kêr.

DIVI: Ha pa vo bet graet ar prenadennoù, petra a ri? Chom peoc'h un tammig?

TEREZA: Ya, marteze. Met al laezh zo da virviñ rak ur wastell am eus da ober. Ha ma Doue, frouezh sec'h zo da brenañ ivez.

DIVI: Ra vo soñj ganit eus pep tra! Rak 'm eus aon e rez an traoù re brim.

TEREZA: Mat! Met piv a vo laouen pa 'm bo fardet ar wastell? Piv a vo laouen ouzh he zañva? Ma n'eo ket te? Kariad me?

Here are a couple of questions about the importance of relaxing!: (a) Perak eo ret kemer amzer?; (b) Petra he deus Tereza da ober?

hast/añ	to hurry
diwar ar prim	on the go, at speed
prim	quick(ly)
diwar dizh	quick, rush
tizh, m.	haste
a-dizh	in a rush
tailh/añ	to cut, measure
chom peoc'h	to remain quiet
tañva	to taste

Dialogue 4 🔂

Looking after oneself; in other words: do some gardening, some DIY, or go in for sport

TEREZA: Kariad, lavar din pet vloaz eo hon amezeg kozh?

DIVI: Pevar-ugent. Pevar-ugent vloaz eo. Ha yac'h bepred!

TEREZA: Gwir eo! Souezhet on o welet pegen kreñv eo chomet c'hoazh. Dec'h em boa gwelet anezhañ oc'h heskennañ kefennoù da ober tan. Mont a rae hardizh ganti me lavar dit!

DIVI: Ya, hag en deiz all em boa gwelet anezhañ o vont war droad betek kreiz ar vourc'h. Pa oan en em gavet gantañ em boa kinniget dezhañ dont ganin er c'harr, met nac'het en doa: yac'husoc'h mont war droad, emezañ.

TEREZA: Marteze e vefe gwelloc'h dit ober kemend-all? Rak me gav din e sav muioc'h-mui kof ouzhit, kariad!

DIVI: Marteze a-walc'h, met piv en deus adlivet stalafoù an ti? Piv en deus dilouzaouet al liorzh? Lavar din 'ta?

TEREZA: O, paourkaezh . . . Met mat e vefe dit ober muioc'h a sport! Ha bremañ kas a ri ac'hanomp betek Roazhon? Prometet az poa din!

A couple of questions about the importance of being active!: (a) Pe oad eo amezeg kozh hor mignoned?; (b) Penaos eo tremenet e vuhez gantañ?

souezh/añ	to surprise, be surprised
heskenn/añ	to saw
kef, m.	tree trunk (here **kefenn**, f., refers to logs)
mont hardizh ganti	to go at something really seriously
war droad	on foot
kemend-all	likewise
kof, m.	belly, stomach
adliv/añ	to repaint
stalaf, m./f.	shutter
dilouzaou/iñ	to weed
promet/iñ	to promise

Six supplementary dialogues have been recorded. Dialogues 3 and 4 here are Dialogues 7 and 9 on the recording.

15 Kenavo ur wech all!

Until another time!

In this unit you will:

- see and hear lots more Breton
- learn a little about writing letters
- hear about making plans for coming back
- be encouraged to come to Brittany

Dialogue 1 🔊

Talking about the end of their holidays and planning next year's – or sooner!

SUZANNA: Plijus-kenañ eo bet hor vakañsoù e Breizh. Gwelet ez eus bet kalz traoù ganimp, e pep korn ar vro.

ALAN: Emañ ar wirionez ganeoc'h. Keuz am eus eo ret mont en-dro d'ar gêr dija. N'eus forzh. Echu ganti!

SUZANNA: Aze emañ! Biken n'in skuizh o vale bro e Breizh. Laouen-laouen on gant pep tra.

ALAN: Mont a ray un diwezhañ banne bier pe gwin ganeoc'h? Me zo un nebeud gwenneien ganin c'hoazh. Deomp d'an ostaleri e korn ar blasenn. Ra vo chopinataet ganeomp!

SUZANNA: Perak en em lazhañ gant al labour? Chomomp amañ. Trugarekaat a garfen an holl dud am eus kejet ganto e-pad an deizioù-mañ. Keuz am eus ne vimp ket amañ warc'hoazh.

ALAN: N'en em chalit ket! Er bloaz a zeu e vo Breizh c'hoazh amañ. Ne vo

cheñchet tra ebet. Ingal eo din. Rankout a reomp distreiñ d'ar gêr e Bro-Saoz. Ni ivez hon eus hor gwizioù-ni.

SUZANNA: Se zo hervez. Me a gav din ez eus tu da grouiñ gwizioù nevez.

ALAN: Biskoazh kemend-all! Gallout a reomp klask kompren pobloù all, sed aze evidon.

Vocabulary

raktres, m.	plan	**diwezhañ**	last
mont, a gant X	to like, have (a drink or something)	**un nebeud**	a few
		chopinata	to have a drink, a pint
en em lazh/añ	to kill oneself	**en em chal/añ**	to worry
kej/añ gant	to meet	**se a zepant**	that depends
biskoazh kemend-all	not at all, never	**pobl**, f.	people (= group); crowd
keuz kaout	to regret		

Reading 1 🔲

Here we have a recording of part of the beginning of a chapter, in a recent book on the Breton literary movement, and the short story by Anke Simon, on the cultural revival in Brittany after the Second World War. The extract deals with an issue which has often reared its head and reflects the damaging factional character of the Breton movement – *Pep hini en e gorn* 'Each person in his corner', i.e. doing his or her own thing.

2.1 An adsav goude ar brezel
2.1.1 Krouidigezh *Al Liamm*

Nebeut goude ar brezel, avat, e stagas meur a zen yaouank e lec'hioù disheñvel da grouiñ kelaouennoù lennegel nevez gant an dezv da genderc'hel gant hent *Gwalarn*. Evel-se e voe savet pep a gelaouenn gant Ronan Huon, Per ar Bihan ha Per Denez. E 1948 ez eas an teir c'helaouenn-se da gendeuziñ: ganet e voe *Al Liamm(-Tir na nÓg)* hag a zeu er-maez ingal hiziv c'hoazh.

adsav, m.	revival	**kenderc'hel**,	to continue
brezel, m.	war	**kendalc'h**	
nebeut goude	shortly after	**lennegel**	literary
stag/añ	to begin	**lennegezh**, f.	literature
	(**da**ᴸ 'to');	**dezv**, m. (also	thought, idea,
	'to attach'	**dezo**, m.)	intention
	(**ouzh** 'to')	**kendeuz/iñ**	to merge

Exercise 1

Summarize Reading 1. Try putting your summary into Breton. Then replace the simple past with the perfect tense.

Reading 2 🔲

Here's an adapted (but not normalized) extract from *Skedig*, Ebrel/mae 1999 regarding the radio station *Arvorig FM*, in Kommanna (taken from *Keleier Servij ar Brezhoneg*, Niv.30, Mae 1999, p. 62):

Loc'het omp!

Goude mizioù labour eo prest bremañ ti ha studio Arvorig FM, e Kommanna. Marteze ho peus bet tro da glevet an abadennoù a vez aozet er studio gant animatour ar radio, Tangi Simon, sikouret gant Jean-Luc Bergot, Vincent Bodenneg, David ar Gall, pe c'hoazh bugale skolaj Diwan. Ur rener hag un animatour all a vezo implijet dizale evit klokaat ar skipailh ha reiñ ul lañs nevez d'an traoù.

Abadennoù all a zo war ar stern c'hoazh, e Brest da skouer, gant ar gevredigezh Abadenn, ha tamm ha tamm e vezo klokaet programmoù ar radio. An holl re a vefe intereset da sevel abadennoù radio e brezhoneg, war forzh peseurt danvez, a c'hell mont e darempred gant:

Arvorig FM (02 98 78 02 14)

pe gant:

Abadenn (e Sked, 02 98 80 26 71)

Siwazh, betek hen ne vez ket klevet mat ar radio e pep lec'h hag abalamour d'an dra-se ez eus bet goulennet kaout div frekañsenn nevez, e Brest hag e Lannuon. Ma vez roet ur frekañsenn e Brest e vo moaien da glevet mat ar radio e Goueled Leon a-bezh.

Ar gevredigezh Abadenn, gant an holl re a fell dezho klevout muioc'h a vrezhoneg er radio e bro Vrest, a glasko pouezañ evit kaout ar frekañsenn-se.

Hep gortoz avat, evit lidañ digoradur ar benveg nevez-se evit sevenadur Breizh, e vezo ur pezh mell lid d'an nav ha d'an dek a viz Ebrel. Bodet e vo eno un toullad brav eus sonerien ha kanerien ar vro.

Deuit niverus evit enoriñ ho radio deoc'h holl!

Vocabulary

loc'het omp!	we're off!	**an tro kaout da**	to have the opportunity to
abadenn, f.	programme	**sikour**	to help
animatour, m.	presenter	**dizale**	without delay
rener, m.	director, boss	**skipailh**, m.	team
kloka/at	to complete	**bezañ war ar stern**	to be in preparation
reiñ, ro ul lañs nevez da[L]	to give a new impetus to	**programm**, m.	programme
kevredigezh, f.	society, association	**intereset**	interested
an holl re a[L]	all those who	**war forzh peseurt sujed**	on whatever subject
bezañ dedennet gant	to be interested in	**betek hen**	so far, up to now
mont, a e darempred gant	to get in touch with, enter into relations with	**frekañsenn**, f.	frequency
pouez/añ	to insist, do all they can	**goueled**, m.	bottom (here = deepest, essentially furthest west)
lid/añ	to celebrate		
digoradur, m.	opening		
bod/añ	to gather	**ur pezh mell lid**	a big ceremony
sonadeg, f.	concert	**toullad**, m.	mass, crowd
enor/iñ	to honour	**strollad**, m.	group

Dialogue 2 🔲

On the ferry, still chatting about Brittany

SUZANNA: E-pad ur pennadig c'hoazh e kuitaimp Breizh. Bras eo al lestr 'Brittany Ferries'.

ALAN: Pegen plijus e oa dont war-eeun da Vreizh eus Bro-Saoz. Pegeit emañ Breizh eus Bro-Saoz?

SUZANNA: N'ouzon ket resis, hogen eizh eur pe war-dro e vimp er mor.

ALAN: Sellit ouzh ar bigi e porzh Sant-Maloù! A-benn bloaz e vo treuzet ar mor ganeomp etre Plymouth ha Rosko, kement ha cheñch. Petra a soñjit?

SUZANNA: A-du ganeoc'h ez on. Me a blij din al lestr-mañ. An tu hor bo da 'safariñ' diwar-benn hon trivliadoù un tammig c'hoazh.

ALAN: E Roazhon 'm eus prenet *Bremañ* er stal-levrioù 'Coop Breizh'. Emaint o vont da gas din o listennoù levrioù ha pladennoù. Hep mar e koumanantin d'ur gazetenn pe d'ur gelaouenn. Tu zo ivez da zeskiñ brezhoneg dre lizher gant 'Skol OBER', hag en hañv e vefe ken mat all tremen ur sizhun pe ziv gant tud all o teskiñ ar yezh e Breizh. Hag ar skolioù-meur, Roazhon ha Brest. Hor skoazellet o deus kalz tud ar skol-veur e Roazhon. Sur on e vefe evel-se e Brest ivez.

SUZANNA: Me a blij din kement ar sonerezh am eus klevet hag an danevelloù am eus kroget da lenn. Emaon o paouez kompren ez eus ur sevenadur pindivik-bras tro-dro deomp. Labouret e vo ganeomp er gêr, met ne vimp biken pell diouzh Breizh.

ALAN: Tud 'zo eus Japon o deus desket brezhoneg hag a zo o chom e Breizh. Kavet e vez e dammig buhez gant pep den.

SUZANNA: Ha ken mat eo komz yezhoù all – n'eo ket diaes, tamm ebet.

ALAN: Aze emañ! Splann! Ha beaj vat deomp d'ar gêr, ha beaj vat deomp en-dro er bloaz a zeu!

Vocabulary

pennadig, m.	brief moment	**e-tal**	near; on the point
lestr, m.	ship		of, in danger of
ez-resis	precisely	**pe war-dro**	or about, roughly
kement ha	as well to	**a-du gant**	to agree with
an tu kaout	to have the	**bezañ**	
da^L	opportunity to	**safar/iñ**	to chat (possibly
trivliad, m.	excitement,		noisily)
	emotion	**koumanant/iñ**	to subscribe to
dre lizher	by correspondence	**da**^{L}	
splann!	fantastic!		

Exercise 2 and a note on letters

Look up a Breton Internet site. And take a look at these two e-mail messages (the non-native even lets you see one with his Breton!). Note that **C'hwial a reomp an eil egile**, or **Komz/Skrivañ a reomp an eil d'egile dre c'hwi** (for **te** it's **te/al** and **komz dre te**). If you want to say how you address someone, you can vary the expression **Mont a ran dezhañ dre c'hwi/te**. Note the lenition (some consider it optional) after the first names – not even males escape here! More formal would be **Aotrou ker** 'Dear Sir' and **Itron ger** 'Dear Madam', or **Keneil ker** 'Dear Colleague (male)', **Keneilez ker** (female), with respective plurals **Keneiled ker** and **Keneilezed ker**. We might close a letter with **Degemerit va gwellañ hetoù** 'Receive my best wishes' or more formal **Degemerit va gwellañ gourc'hemennoù** 'Receive my best regards.' Less formal can be **A wir galon** or simply **Kenavo!**

Ian ger,

Trugarez evit ho taou lizher. Me ivez e labouran war ma lodenn. Chom a ra traoù da beurlipat c'hoazh ha d'am soñj e vo ret adwelet hon daou labour kement hag unvaniñ traoù zo. Evit respont d'ho koulenn: mat eo ar frazenn gentañ ho poa meneget 'Yann n'emañ ket o pourmen a-hed an aod'. Tremen a rin dre ar Skol-veur bemdez betek an 13 eus ar miz-mañ.

A wir galon,

Herve

Herve ger,

Trugarez vras! Iskis eo. D'am soñj e oa mat ar frazenn, met em levrioù ne oa ket a skouerioù! E yezhadur Favereau em eus gwelet 'Yann n'eo ket o pourmen . . .', evit ur rannyezh.

Tost graet eo an eil kentel (hag ar pevare, eveljust), hep komz diwar-benn an testennoù hag an divizoù en eizh kentel. Mat-mat eo gallout labourat en diwezh.

Me a vo er gêr a-hed ar miz. E miz Eost e vimp e Breizh, dreist-holl war Enez-Vriad; diwezhatoc'h e vimp ma gwreg ha me er Stadoù Unanet evit ar wech kentañ. Ober a rin eus ma gwellañ da skrivañ ma c'hentelioù e miz Gouere!

A wir galon ganeoc'h

Ian

If you write a letter, on the envelope use **d'an Ao. . . .** 'Mr' and **d'an Itron . . .** 'Mrs'.

Vocabulary

lodenn, f.	part, share
peurlip/at	put final touches to
adwel/et	to see again, take another look at, review
kement ha(g)	as well as
unvan/iñ	to unite, bring together
meneg/iñ	to mention
tremen dre	to drop in at
iskis	strange
frazenn, f.	phrase, sentence
yezhadur, m.	grammar
rannyezh, f.	dialect

Reading 3 📼

Brittany frequently falls victim to oil spillages. Here is an extract from an article from *Bremañ*, Niv.224, miz Mae 2000, p.17, on the then most recent spillage:

Eoul-maen war an aodoù adarre

Bep an amzer e vez merzet boulloùigoù eoul-maen war traezhennoù Breizh hag ar Vendée. Evel e fin miz Ebrel eus Sant-Nazer da Blañvour. Traezhenn ar Baol a oa bet difennet d'an dud zoken. Ar boulloùigoù-se a c'hellfe dont eus an Erika met ivez eus bigi all a denn gounid eus saotradur ar mor evit diskargañ o stradoù.

   Kaer o do ar strollegezhioù lec'hel lavaret eo naet pep tra a-raok an hañv . . .

Vocabulary

eoul-maen, m.	oil
merz/out	to notice
traezhenn, f.	beach
tenn/añ	to extract, pull
gounid, m.	gain, profit
saotradur, m.	pollution, soiling, stain
saotr/añ	to pollute, stain
diskarg/añ	to unload, flush out
strad, m.	bottom, hold
kaer kaout	to X in vain
strollegezh, m.	community
lec'hel	local
naet	clean

Reading 4 ▣▣

Here is a poem by one of the greatest Breton poets, Añjela Duval.

Pegen plijus

Divizout e yezh ar Vretoned!
Ha bout gouest da gomz gant pep hini
   Diwar-benn pep tra
Gant gerioù kozh ha gerioù nevez
Holl tarzhet eus ijin ar Ouenn
Ar gerioù kozh-se rimiet ha flouret
   Ha dalc'het divergl.

Tremenet den na oar – nemet Doue –
Dre bet ha pet rummad
Evel tonket d'ur beurbadelezh
Hag ar gerioù arnevez leun a fouge

Ganto stirlink metal skañv
Metal flamm-flimmin nevez-c'hoveliet
   Muiañ-karet ar yaouankiz desket!

Plijus an traoù kozh. Plijus an traoù nevez
   Pegen plijus o implijañ
O tivizout etre mignoned seven
P'emañ ar gaoz war gement a sell
Ouzh hor Bro. Ouzh hor Broiz.

Truez 'm eus ouzhoc'h. Yaouankizoù
Bet nac'het ouzhoc'h Glad ho Kouenn.

12/8/76
(Añjela Duval, *Traoñ an Dour*, Brest:
Al Liamm, 1982, p.104)

Vocabulary

gouest	capable, able	**tarzh/añ**	to explode, appear
ijin, m.	skill, ingeniousness	**gouenn**, f.	racc, species
		rimiañ, **rim**	to rub
flour/añ	to caress	**divergl**	not rusty
rummad, m.	generation	**tonk/añ**	to doom,
peurbadelezh, f.	eternity		predestine
arnevez	modern	**fouge**, m.	pride, vanity
stirlink, m.	clink	**metal**, m.	metal
skañv	light	**flamm-flimmin**	brand new
goveli/añ, **goveli**	to forge	**muiañ-karet**	favourite
seven	polite, civilized	**nac'h**	to refuse
glad, m.	territory, country; kingdom; fortune		

We have focused on KLT and a standard version of Breton – we feel this is a sound starting point. Once with speakers your Breton will adapt itself, but your knowledge of the standard will be a precious asset as the range of situations in which Breton is used expands.

We end with another poem, in Gwenedeg: Yann-Bêr Kalloc'h's *Ho-péet truhé dohein!* Another great Breton poet, born in Groix (Enez-Groe) in 1888 and killed in action in 1917 – a loyal Frenchman, but first and above all a Breton.

Ho pezet truez doc'hin!

Mar goulennan diskuizh a pand eo ret kerzhet,
Ho pezet truez doc'hin;
Ha mard a din ha kouezhiñ e lec'hid er pec'hed,
Ho pezet truez doc'hin.

Mar gwana ma c'halon ha mar kollan ma nerzh
Ho pezet truez doc'hin,
Mar kavan re galet mont bepred àr Ho lerc'h,
Ho pezet truez doc'hin.

Mard a din ha dinac'h pigniñ àr ma c'halvar,
Ho pezet truez doc'hin;
Mard a d'am eneñv 'n em veuziñ en arvar,
Ho pezet truez doc'hin.

Mar a din ha reiñ ma mallozh d'am faourantez,
Ho pezet truez doc'hin.
Mard a din, o man Doue, nac'hiñ Ho karantez,
Ho pezet truez doc'hin.

(Yann-Bêr Kalloc'h, *àr an daoulin*)

A very rough translation: 'Have pity on me! / If I ask to rest when it is necessary to walk, / Have pity on me; / If it comes to me to fall in the mud of sin, / Have pity on me. / If my heart weakens and if I lose my strength / Have pity on me, / If I find it too hard to go constantly after you, / Have pity on me. / If it comes to me that I am powerless to climb to my Calvary, Have pity on me; / If it comes to my poor soul to drown in doubt, Have pity on me. / If it comes to me to give my curse to my poverty, / Have pity on me. / If it comes to me, o my God, to deny your love, / Have pity on me.'

Grammar section

This is a brief summary of Breton grammar. See individual units for more detailed explanations.

Articles

Breton has indefinite and definite articles, **un** and **an** respectively. The articles change according to what follows, thus: **ul/al** before **l-**, **un/an** before **n**, **d**, **t**, **h** (whether **h** is heard or not) and vowels (but not *w*- and *y*-sounds), and **ur/ar** otherwise. They do not change for gender or for number. Lenition in following f.sing. and m.hum.pl. nouns (with some exceptions). See Unit 1.

Nouns

Two genders (m., f.) and essentially two numbers (sing, pl.). To singulars one might add singulatives (to emphasize one item of something which is more often plural or collective, e.g, fruits, vegetables, trees) and mass/non-count nouns (e.g., **bara** 'bread', i.e. things you don't normally count); to plurals proper one might add collectives, generalizing plurals, and duals. In appropriate constructions verbs referring to these two groups will take a 3PS or a 3PP form respectively. The plural is formed by endings, internal change plus endings, and internal change only; there are a few suppletives (singular and plural from different words). The singulative is formed from collectives/non-counts by the addition of **-enn** – the singulative is feminine.

See Units 1 (basics), 3 (plural), 5 (singulatives, mass/non-counts, collectives, generalized plurals, duals), 7 (noun suffixes), 9 (time periods).

Possession

See Unit 4 for a concise presentation.

Adjectives and adverbs

Attributive adjectives almost always follow the noun and are invariable, in that they do not have grammatical endings. However, they undergo lenition, within certain constraints, after f.sing. and m.hum.pl. nouns: all lenitable consonants, normally including **d-**, lenite after appropriate nouns ending in **-l**, **-m**, **-n**, **-r**, vocalic **-v**, or a vowel; otherwise only **b-**, **d-**, **g-**, **gw-**, **m-** lenite: **an dimezell gaer** but **ar verc'h kaer** 'the beautiful girl', **ar gelennerien gaer** 'the handsome teachers' but **ar wazed kaer** 'the fine-looking men'.

They form comparatives and superlatives via the suffixes **-oc'h** and **-añ** respectively, and may form an exclamative, via the suffix **-at**. Provection occurs before these suffixes and may be reflected in the spelling: **gleb** – **glepoc'h** – **glepañ** 'wet', etc. **Eget** and especially **evit** convey 'than'. The superlative may be placed before the noun it qualifies, in which case there is as a rule no mutation: **ar berrañ kentel** 'the shortest lesson' (**kentel** is f.sing.). If placed after the noun, mutation is as normal: **ar gentel verrañ**. An *equative* ('as ... as ...') is rendered by **ken** + adjective + **ha** ... : **ken speredek ha Soazig** 'as intelligent as Soazig'.

Adverbs like 'quickly' may be identical with the adjective, though prefixes creating adverbs are available.

See Units 3, 6, 7, 12. For time and place see Units 1, 2, 5, 6, 7, 9, 13.

Pronouns

There are three sing. and three pl. persons in the verb, as well as an indefinite or non-person form. Most object pronouns are identical with the possessives or with 'conjugated' forms of the preposition **a**[L] 'of'. Thus:

	Strong	*Proclitics*	*Enclitics*	*'A' form*	*endings*
1PS	**me**	**am**[S], **em**[S], **ma**[S]/**va**[S]	**-me**	**ac'hanon**	**-n**
2PS	**te**	**az**[P], **ez**[P], **da**[L]	**-te**	**ac'hanout**	**-z**, **-s**, **-t**
3PSm.	**eñ**	**e**[L]	**-eñ**	**anezhañ**	–
3PSf.	**hi**	**he**[S], **hec'h**	**-hi**	**anezhi**	–

1PP	ni	hon/hor/hol	-ni	ac'hanomp	-mp
2PP	c'hwi	ho^P, hoc'h	-c'hwi/hu	ac'hanoc'h	-t, -c'h
3PP	int	o^S	-i(nt)	anezho, anezhe	-nt
Nonpers. (an nen)	–		–	–	-r, -d

Strong: subject pronoun and notably after imperatives.
Proclitics: as direct object pronoun after subject pronoun and before verb form, before imperative, and before participles. Note that **hon/hor/hol** may vary like the articles (or just use **hon**), but causes no mutations (**k-** after **hor** always becomes **c'h-**). Also a form **hen** (optionally **her/hel**) 'it', used if 'it' is relatively non-specific or general.
Enclitics: attached to synthetic verb form and, except in the third person, to conjugated prepositions. In conjugated prepositions the third-person forms are followed instead by **hec'h-unan** 'herself', etc. General 'it' may be **an dra-se**.
'A' form: the direct object pronoun in most situations – it can't come first.
Endings: as in verbs and conjugated prepositions, with 'zero' reflecting the present tense.
Demonstratives take the forms 'the X-here' = 'this N', etc., e.g., **ar wezenn-mañ** 'this tree', **ar wezenn vras-se** 'that big tree', **an tiig koant-hont** 'that pretty little house over there'. Adjectives after the demonstratives lenite irrespective of gender, e.g., **hemañ vras** 'this big "man"', but with the normal restrictions on lenition of adjectives; thus compare **houmañ gaer** 'this beautiful woman' with **hounnezh kaer** 'that beautiful woman'.
  See Units 1, 2, 4, 5, 6, 8, 10, 12 for the above.

Numerals

Numerals are followed by nouns in the singular, the noun in a compound numeral coming immediately after the smallest component. The system, for 1–200, is mainly vigesimal. 'One' coincides with the indefinite article before a noun, thus **un/ur/ul**, and causes lenition as for that article. **Daou/div** 'two' causes lenition, and **tri/teir**, **pevar/peder**, **nav** 'three, four, nine' normally cause the spirant mutation, but may cause lenition.
  See Units 3, 6, 9.

Prepositions

Prepositions on the whole come before the noun they govern and have special, 'conjugated', forms when they govern personal pronouns. Some prepositions are themselves followed by prepositions when they govern personal pronouns, and others, compounds, may insert a possessive between their components. If they cause mutations, prepositions (mainly several of the simple and most frequent ones) cause lenition. The personal endings to some extent look like the neutral present of **bezañ**: **on** (or **-in**), **out** (or **-it**), – (**-añ** and **-i**), **omp** (or **-imp**), **oc'h**, – (**-o** or **-e**).

See Units 1, 2, 8.

Conjunctions

Breton has coordinating, contrasting, and separating conjunctions, and subordinating conjunctions.

See Units 5, 10, 11, 12, 13, 15.

Verbs

Setting aside, to some extent, **bezañ** and **kaout**, the regular and irregular verbs share one system. The various manifestations the verb takes are, for the affirmative, as follows:

1 Impersonal: subject pronoun or subject noun phrase + verb radical (present) or radical + suffix (tense, mood). The radical or radical + suffix is invariable. Traditionally, this emphasizes the subject.
2 Personal: the synthetic paradigm, used when a direct object, indirect object, prepositional phrase, adverb, or other clause precedes and the subject is not separately expressed. Emphasis is on what precedes the verb.
3 Periphrastic: Infinitive + full synthetic paradigm of **ober**. Any emphasis is on the action indicated by the verb.
4 **Bez' e**[M] + full synthetic paradigm (unless subject separately expressed). Emphasis roughly as for the periphrastic.

Negation requires the full synthetic paradigm enclosed in **ne**[L] **...ket** 'not' or other appropriate negator. If a third-person subject is expressed and follows, the verb is always third-person singular; if the third-person 'subject' precedes, then the verb is singular or plural as appropriate.

What's ET short for?

Because he's got ~~short~~ little
legs .

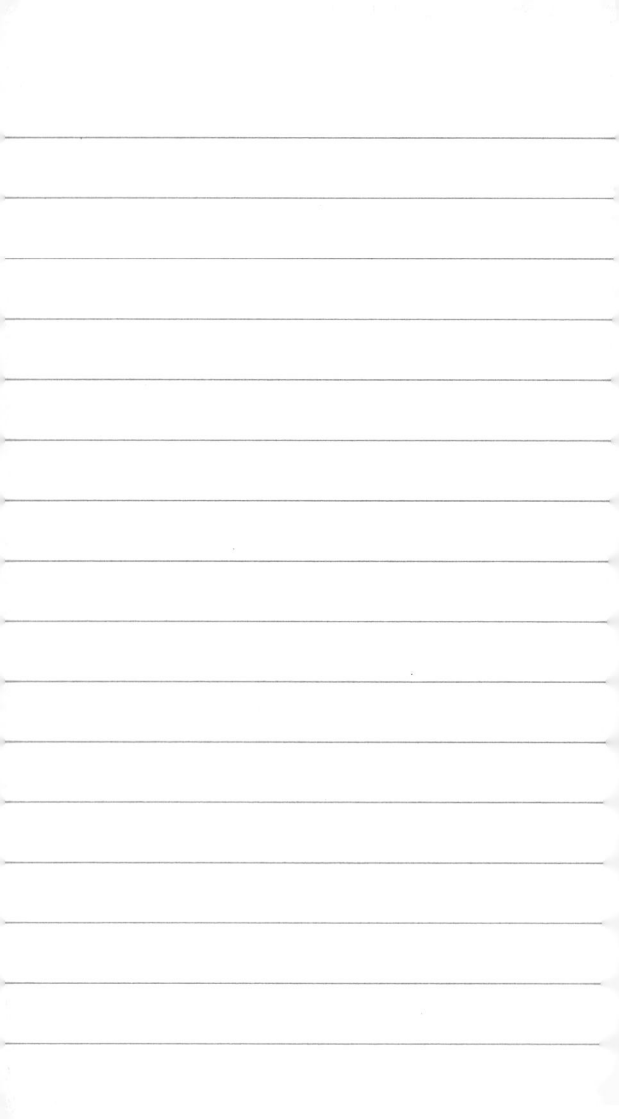

The verbal particles are basically the first two below; we add other important elements preceding a verb:

a^L: when the subject or direct object precedes;

e^M: when the indirect object, prepositional phrase, adverb, or other clause precedes (before vowels **e** may become **ec'h**, or more commonly **ez**, or, for example, cause the insertion of **y**);

o^M: to form the present participle (**oc'h** before a vowel; **ouzh** before an object pronoun);

en ur^L: to form the gerund, essentially to convey a second action performed by the subject of the main verb;

en em^L: to form a reflexive/reciprocal verb;

ne^L: the negative particle replacing both **a** and **e**, except in the sense 'who/which X not';

na^L: the negative particle used in negative imperatives and in the sense 'who/which X not';

ma^M: indirect relatives and compound subordinating conjunctions, 'if';

ha: interrogative (no effect on word order).

Here is a table illustrating important forms of verbs:

dictionary form	radical	synthetic	impersonal	periphrastic
lenn read	**lenn**	. . . **lennan** . . .	**me a lenn** . . .	**lenn a ran** . . .
hadañ sow	**had**	. . . **hadez** . . .	**te a had** . . .	**hadañ a rez** . . .

The past participle is formed by suffixing **-et** to the radical, e.g., **lennet**, **hadet**. The imperative is the radical on its own for the 2PS, and the radical plus **-omp** and **-it** for the 1PP and 2PP.

The impersonal forms, for the simple tenses and moods, are as follows – the verb form never changes: **me a lenn / lenno / lenne / lennas / lennfe / lennje** 'I read, will read, read (imperfect), read (aorist), would read (cond. I), would read (cond. II)'.

The synthetic forms are as follows (for the conditionals simply insert **-f-** or **-j-** between the radical and the ending of the imperfect) – we give regular **lenn**, add the forms of **ober** to help you with the periphrastic, and we restrict ourselves to standard forms:

present	future	imperfect	aorist
lennan	**lennin**	**lennen**	**lennis**
lennez	**lenni**	**lennes**	**lennjout**
lenn	**lenno**	**lenne**	**lennas**
lennomp	**lennimp**	**lennemp**	**lennjomp**
lennit	**lennot**	**lennec'h**	**lennjoc'h**
lennont	**lennint**	**lennent**	**lennjont**
lenner	**lennor**	**lenned**	**lennjod**

present	future	imperfect	aorist
ran	**rin**	**raen**	**ris**
rez	**ri**	**raes**	**rejout**
ra	**raio/ray**	**rae**	**reas**
reomp	**raimp**	**raemp**	**rejomp**
rit	**reot**	**raec'h**	**rejoc'h**
reont	**raint**	**raent**	**rejont**
reer	**reor**	**raed**	**rejod**

For the negative third person, we have:

internal subject	preposed 'subject'	postposed subject
Ne wel ket	**Ar mab ne wel ket**	**Ne wel ket ar mab**
He doesn't see	The son doesn't see	The son doesn't see
Ne welont ket	**Ar vibien ne welont ket**	**Ne wel ket ar vibien**
They don't see	The sons don't see	The sons don't see

For negation see Units 2, 6, 11.

Bezañ and **kaout** are used with the past participle of verbs to convey the compound tenses, e.g. **graet em eus** 'I have done', **aet on** 'I have gone'. The verb **bezañ** is particularly complex in the present:

diction-ary	radical	imper-sonal	habi-tual	punc-tual	per-sonal	indefinite
bezañ/	**bez**	**(a) zo**	**bezan**	**emaon**	**on**	—
bout		**(a) zo**	**bezez**	**emaout**	**out**	—
		(a) zo	**bez**	**emañ**	**eo**	**eus**
		(a) zo	**bezomp**	**emaomp**	**omp**	—
		(a) zo	**bezit**	**emaoc'h**	**oc'h**	—
		(a) zo	**bezont**	**emaint**	**int**	**(eus)**
		((a) zo)	**bezer**	**emeur**	**eur**	—

The habitual is a perfectly regular verb (present and imperfect only; there are future forms, but they seem to be undifferentiated from the neutral future), and most often appears with **v-**. The punctual refers to a specific time and place, and is also available for use with the present participle to convey the progressive aspect, e.g. **emaon o tont** 'I'm coming'. Unless negated, it is *never* preceded by the subject (here it is replaced by (**a**) **zo**). In L. we also have imperfect punctual **edon**, **edos**, **edo, edomp**, **edoc'h**, **edont**, **edod**.

The synthetic is used in constructions such as 'I am sick', 'I am a student', e.g. **klañv on** 'I am sick', as opposed to **me a zo klañv**, where there is a certain emphasis on 'I', e.g., 'And as for me, I'm . . .' If its subject is indefinite, e.g. a noun accompanied by the indefinite article or no article, or qualified by a numeral or other quantifier, then the form to be recommended is (**ez**) **eus**: **el liorzh ez eus ur c'hazh** / **tri den** / **meur a vugel** 'In the garden there is a cat/three men/several children', unless the subject precedes, when (**a**) **zo** is to be used: **Ur c'hazh** / **tri den** / **meur a vugel a zo el liorzh**.

In the other tenses, almost everywhere less rich in forms, the impersonal and personal are used to cover everything. Note the habitual though, something very important to make full and proper use of in the present and the imperfect. Here are the standard forms (most often, the forms with **b-** have **v-** instead):

future	*imperfect*	*aorist*	*conditional I*	*conditional II*
bin	**oan**	**boen**	**be(fe)n**	**bijen**
bi	**oas**	**boes**	**be(fe)s**	**bijes**
bo	**oa**	**boe**	**be(fe)**	**bije**
bimp	**oamp**	**boemp**	**be(fe)mp**	**bijemp**
biot	**oac'h**	**boec'h**	**be(fe)c'h**	**bijec'h**
bint	**oant**	**boent**	**be(fe)nt**	**bijent**
bior	**oad**	**boed**	**be(fe)d**	**bijed**

The four mutations

ᴸ   *Lenition* (the softening mutation). By far the most common, found after the article, in noun-adjective groups, in compounds, after the particle **a**, after the possessives **da**, **e**, and after many common prepositions. Essentially, voiceless consonants become voiced, voiced consonants become voiced fricatives – not all of these are reflected in the spelling.

^S The *spirant mutation*: after the possessives **ma/va** (and their form after **da** 'to', **e** 'in', and the particle **e**^M), **he**, **o**, and (giving way to lenition) the numerals **tri/teir**, **pevar/peder**, **nav**. Applies to **p**, **t**, **k**, which become voiced fricatives, though two of them are written as if voiceless: **f**, **z**, **c'h**.

^P *Provection* (the reinforcing mutation): after the possessive and object pronoun **ho** and the forms **az/ez** of the possessive **da**; also within the comparative, superlative, and equative forms of adjectives and in verb formation. Applies to **b**, **d**, **g**, **gw**, which become **p**, **t**, **k**, **kw**. That is, voiced become voiceless.

^M The *mixed mutation*: after the particles **e**, **o**, **ma**. Applies to **b**, **m**, **g**, **gw** (lenition) and **d** (provection).

See Units 1 (L), 2 (M), 3 (L), 4 (P, S), 6 (recap), 14 (recap and some special cases).

Useful publications and addresses

The list is restricted to books we referred to most often in writing the course.

General

Gaucher, Jakez (1998) *La Bretagne de A à Z*, Spézet: COOP Breizh.
Ménard, Martial (1999) *Petit Guide d'Initiation au Breton*, Plougastell-Daoulaz: An Here.

Grammars

Kervella, Frañsez (1947–76) *Yezhadur bras ar brezhoneg*, Plougastell-Daoulaz: Al Liamm.
Trépos, Pierre (1980) *Grammaire bretonne*, Rennes: Ouest-France.

Dictionaries and lists of useful words and expressions

Hemon, Roparz and Ronan Huon (1997) *Nouveau dictionnaire breton-français français-breton*, Plougastell-Daoulaz: Al Liamm/ An Here.

Kergoat, Lukian, *et al.* (1998) *Proverbes Bretons*, Spézet: COOP Breizh.

Kervella, Divi (2000) *Le breton de poche*. Chennevières-sur-Marne: Assimil.

Ménard, Martial (1997) *Expressions populaires bretonnes*, Spézet; COOP Breizh.

Course books

Davalan, Nikolaz (2000–1) *Brezhoneg. Méthode de breton. Hentenn Oulpan 1–2–3*. Roazhon: Skol an Emsav.

Denez, Per (1972-) *Brezhoneg . . . Buan Hag Aes*, Paris: Omnivox. (English by R Delaporte, Cork 1977)

Kerrain, Mark (1997) *Ni a gomz brezhoneg!*, Sant-Brieg: TES.

Kervella, Frañsez (1984) Méthode nouvelle de breton. Hent nevez d'ar brezhoneg, Rennes: Ouest-France.

Periodical publications and organizations

Consult the Diary produced each year by *Skol an Emsav*, 8 straed Hoche, 35000 Roazhon or Gaucher 1998. Much will be found there; the following list will guide you in a web-search: *Al Lanv, Al Liamm, Bremañ, Brud Nevez, Hor Yezh, Mouladurioù Hor Yezh, Ofis ar Brezhoneg, Preder, Sav-heol, Skol Vreizh, Skrid*.

For information concerning the *Skol OBER* correspondence courses, contact: rue du Muguet, 22300 Lannuon.

For publications try the following in a web-search: *Gwalarn, Coop Breizh, Kornog, Diffusion Breizh, Ar Bed Keltiek, Brittany Shops*.

Internet

Type in 'Brittany' or 'Breton' to a search engine. The universities in Roazhon and Brest are: uhb.fr and univ-brest.fr

Key to exercises

Unit 1

Exercise 4

an alvokad, an apotikerez, ar c'h/kazetenner, ar g/keginerez, ar c'h/kelenner, ar c'h/kemener, ar g/kenwerzherez, ar c'h/kiger, ar g/klañvdiourez, al labourer-douar, ar martolod, ar medisin, an noter, ar perc'henn, ar b/pesketaerez, ar poliser, ar renerez, ar sekretourez, ar skolaerez, ar skrivagner, ar soudard, ar stalierez.

Exercise 5

oc'h, on, ar bed, mat.

Exercise 6

Demat deoc'h, penaos emañ ar bed ? / Mat-tre ha ganeoc'h ? / Mat, Alan on ha c'hwi ? / Jakez on, breur Elen.

Exercise 7

(a) Bihan eo Herve. (b) Bras eo tad Herri. (c) N'eo ket bras Nora ha n'eo ket bras Jakez; bihan int. (d) Bras eo ma c'hoar ha bras on-me ivez: bras omp.

Exercise 8

(a) Pelec'h emañ da dad? (b) Pe liv eo karr da dad? (c) Petra eo liv karr da dad? (d) Petra eo anv da dad?

Unit 2

Exercise 2

(a) Emaomp o sellet ouzh TV Breizh (b) Emañ Yannig o vont da Gemper (c) Emaon o prenañ timbroù en ti-post (d) Pelec'h emaoc'h o chom? (e) Hi a zo oc'h evañ ur banne en ostaleri (f) Emaint o labourat e kêr

Exercise 3

o reiñ, o skrivañ, o tont, o vale, o lenn, oc'h evañ, o kousket, o c'hoari, o c'hortoz, o prenañ, o werzhañ

Exercise 4

a–d, b–e, c–c, d–b, e–f, f–a, (g) Amañ emaon (h) Er gêr emañ(-hi) (i) En ti-krampouezh emaout (j) En ostaleri emaint (k) Aze emañ (l) Er gegin emaon

Exercise 5

(a) kazetenner, kazetennerez, kazetennerien, kazetennerezed, ar c'hazetenner, ar gazetennerez, ar gazetennerien, ar c'hazetennerezed – same for (b) and (e); (c) labourer, labourerez, labourerien, labourerezed (d) livour, livourez, livourien, livourezed (f) toer, toerez, toerien, toerezed, an toer, an doerez, an doerien, an toerezed (g) politiker, politikerez, politikerien, politikerezed, ar politiker, ar bolitikerez, ar bolitikerien, ar politikerezed (h) gwerzher, gwerzherez, gwerzherien, gwerzherezed, ar gwerzher, ar werzherez, ar werzherien, ar gwerzherezed (i) baleer, baleerez, baleerien, baleerezed, ar baleer, ar valeerez, ar valeerien, ar baleerezed (j) farser, farserez, farserien, farserezed

Exercise 7

gwel, selaou, klask, kerzh, diskuizh, pign, diskenn, kouezh, tro, diskouezo, displego, pedo, ali (the *i* here is a vowel), koll, prest, krog, serr, azez, kaoze, gortoz, echu, pesketa, gwella, c'hoarvez, dihun, sav. Don't forget lenition: me a wel, te a selaou, eñ a glask, hi a gerzh, ni a ziskuizh, c'hwi a bign, int a ziskenn, and randomly hi a gouezh, ni a dro, int a ziskouez, me a zispleg, te a bed, eñ a ali, hi a goll, ni a brest, c'hwi a grog, int a serr, me a azez, eñ a gaoze, hi a c'hortoz, ni a echu, c'hwi a besketa, int a wella, an dra-se a c'hoarvez, Gwenola a zihun, ar baotred a sav.

Unit 3

Exercise 1

ro, roomp, roit; red, redomp, redit; sav, savomp, savit; kendalc'h, kendalc'homp, kendalc'hit; skriv, skrivomp, skrivit; deus, deuomp, deuit; bale, baleomp, baleit; distro, distroomp, distroit; lenn, lennomp, lennit; dastum, dastumomp, dastumit; debr, debromp, debrit; ev, evomp, evit; kousk, kouskomp, kouskit; selaou, selaouomp, selaouit; c'hoari, c'hoariomp, c'hoarit; kemer, kemeromp, kemerit; kas, kasomp, kasit; degas, degasomp, degasit; gortoz, gortozomp, gortozit

Exercise 2

hanter-kant euro, ugent euro, eizh euro, un euro, c'hwec'h euro, daou euro, kant euro, pemp euro.

Exercise 3

un eur eo, kreisteiz/kreiznoz eo, seizh eur eo, nav eur eo, teir eur eo, pemp eur eo, unnek eur eo, peder eur eo, dek eur eo, c'hwec'h eur eo.

Exercise 4

Dek vloaz, tregont vloaz, hanter-kant vloaz, pevar-ugent vloaz, pemzek vloaz, triwec'h vloaz, seizh vloaz, pevar bloaz on.

Exercise 5

ar gentel, an daol, ar c'helennerezed, al leue, al levrioù, an tadoù, ar c'hazh, ar stal, ar baotred, ar c'helenner, ar c'harr, ar c'hirri, an ti, an tiez

Exercise 6

(a) ar paotr mat, ar verc'h vat, an ti mat, ar stal vat, an ostaleri vat (b) ur gador gozh, un nijerez kozh, ul levr kozh, ur vag kozh, ur vourc'h kozh (c) stalioù brav, tadoù brav, kelennerezed brav, kazetennerien vrav, merc'hed brav

Unit 4

Exercise 2

(a) a zo (b) ez eus (c) n'eus ket (d) a zo (e) a zo (f) ez eus (g) ez eus (h) ez eus (i) a zo (j) n'eus ket

Exercise 3

(a) vont (b) ra (c) ya (d) ober (e) ya (f) ra (g) vont (h) ra (i) ya (j) vont

Exercise 4

Examples covering the changes: ma (or va) mamm, da vamm, e vamm, he mamm, hor (or hon), ho mamm, o mamm; ma (or va) zad, da dad, e dad, he zad, hon tad, ho tad, o zad; ma (or va) gwreg, da wreg, e wreg, ho kwreg; ma (or va) c'henderv, da genderv, e genderv, he c'henderv, hor c'henderv (or hon kenderv), ho kenderv, o c'henderv; ma (or va) breur, da vreur, e vreur, he breur, hor (or hon) breur, ho preur, o breur

Exercise 5

(a) he deus (b) ac'h eus (c) o deus (d) hon eus (e) am eus (f) n'em eus ket (g) n'o deus ket (h) hoc'h eus (i) en deus (j) n'em eus ket

Exercise 6

(a) en deus (b) he deus (c) en deus (d) am eus (e) o deus (f) hoc'h eus (g) en deus (h) am eus (and other possibilities)

Exercise 7

(for illustration): tog Nolwenn, klañvdi Roazhon, kazetenn ar paotr, karr e vamm

Exercise 8

(a) ne vin ket (b) geo (c) nann (d) geo (e) ya (f) n'eo ket (g) n'eus ket (h) n'emaon ket (i) ya (j) ya

Unit 5

Exercise 1

(a) Bara a vez alies da brenañ (b) Bemdez e vezan o c'hortoz ma breur (c) Labour a veze da ober en amzer dremenet (d) Petra a vez war an daol en ho ti? (e) Oc'h ober trouz e veze-hi alies (f) Bemdez e vezan er gêr (g) Er stal-gazetennoù e vezec'h a-wechoù o lenn (h) War ar blasenn e vez tri c'hi bep mintin (i) Ne vez ket arc'hant ganin (j) Ar voest a vez da serriñ bep noz (k) Em malizenn e vezan alies o klask ur gravatenn (l) Gwall-blijet ne vez ket gant e vignoned

Exercise 2

(a) Krampouezh a zebrimp hiziv (b) Kemener e vo Herve (c) En otel e vint dija (d) Plijus e vo ar vakañsoù (e) Me a yelo da Bariz (f) Yannig a zebro ar c'hig (g) War ar gador e welot al levr (h) N'em bo ket amzer da selaou (i) Tud a vo amañ

Exercise 3

(a) Mont a reont da welet o zud (b) Ober a ran ma labour-skol goude ar skol (c) Mont a ran d'ar sinema gant Nora (d) Debriñ a ran bara gant kaotigell er gegin (e) Deskiñ a rin ma c'hentel vrezhoneg (f) Selaou a ra Tadig ar match er radio (g) C'hoari a reont mell-droad er skinwel (h) Sevel a rin mintin mat arc'hoazh (i) Mont a ran da bourmen (j) Gwerzhañ a ra-hi kazetennoù bemdez.

Exercise 4

(a) a welan (b) a brenomp (c) ne gavan ket (d) a werzh(-hi)
(e) n'oc'h ket (f) a fardan (g) a welont (h) ne c'houlennomp netra
(i) a gompren(-hi) (j) e c'harm

Exercise 5

(a) koust ar fourmaj ker (b) e ra e labour (c) e walc'h e zaouarn
bemdez (d) e kas ar paotrig bemdez d'ar skol (e) e ya (ez a) d'ar
gêr bremañ (f) ———— (g) An den a gav mat ar boued a azez er
c'hafe bemdez (h) N'anavezan ket ar vaouez a vale war an aod alies
(i) Gwelet a ran ar bugel na laka ket e votoù (j) Breizhiz eo an dud
a zo o chom en ti-se (k) Mont a ra kuit ar vugale peogwir ez an tre
en ti (l) C'hoarzhin a ra ar verc'h pa ra e vreur sotonioù (m) N'emañ
ket ar gwir ganti peogwir emañ ar gaou ganti (n) Ar brezhoneg a
zo aes peogwir e studiomp kalz (o) Laouen omp p'emañ hon tad-
kaer en ti

Exercise 6

(a) Gwerzhañ a ran kazetennoù bremañ (b) Un aval a gavan er
saloñs (c) Ouzh taol ez an (d) Debriñ a ran koan (e) Da Wenola e
kasan ul lizher (f) Mont a ran d'am gwele (g) Brezhoneg a zesk er
skol (h) Gwin am eus da evañ am eus gwin (i) Dont a rin da gomz
gant Mammig (j) Ar c'harr a barkomp er straed-se

Unit 6

Exercise 1

(a) Mont a ran (b) Evañ a reont (c) C'hoari a reont (d) Labourat
a reomp (e) C'hoarzhin a rez (f) Gouzout a ra (g) Gwelet a reomp
(h) Lakaat a ran (i) Klevet a ra (j) Debriñ a rit

Exercise 2

(a) ez an (b) a evont (c) e c'hoariont (d) e labouromp (e) Bez' e
c'hoarzhez (f) ———— (g) Hon mamm a welomp o tont (h) Amann
a lakaan war e damm bara or War e damm bara e lakaan amann
(i) Ar vartoloded a glev o kanañ (j) a zebrit

Exercise 3

(a) Pariz (b) ostaleri (c) kador (d) krampouezh (e) pellgomz (f) paper (g) marc'h (h) pesk (i) gwelout (j) amañ; (b) ar / an / al / ar g- (c) ar v- / ar / ar / ar g- (d) ar / ar c'h- / an / ar (e) an / ar v- / an / ar/ar b- (f) ar / ar g- / ar / al (g) ar c'h- / ar / ar / ar c'h- (h) al / ar c'h- / ar c'h- / ar

Exercise 4

(a) Emañ Herve ha Anna o vont da Vontroulez gant Mammig evit gouel Nedeleg. N'emañ ket Tadig ganto. Chomet eo hemañ er gêr d'ober boued d'al loened. Mamm-gozh a ra boued da Dad-kozh ha da Dadig. Yen eo an amzer. (b) Setu kêr Vontroulez gant he ruioù strizh hag he ziez uhel. Tud a zo dre-holl. Mont a ra an dud d'ar marc'had. Pakadoù a zo gant an holl. Madigoù, c'hoarielloù ha boued a zo e-barzh ar pakadoù. War vord ar ru ez eus un den o kanañ: 'Nedeleg laouen d'an holl!'

Exercise 5

(a) a zebr or a zo o tebriñ (b) a zo (c) a ra (d) Emañ (e) welont (f) glev (g) emañ (h) eo (i) a zo o vont (j) e werzh

Exercise 6

nav eur hanter, tremen unnek eur, war-dro teir eur, da ziv eur ha kard rik, a-raok kreizteiz/kreiznoz, da seizh eur hanter noz, da c'hwec'h eur mintin, a-raok un eur, goude peder eur, tost da c'hwec'h eur

Exercise 7

(a) an dañvad du (b) ur plac'h vat (c) ar gelennerez speredek (d) div wezenn gaer (e) nav c'hador aes (f) an douristed c'hall (g) ar voest c'houllo (h) an tadoù (-) kozh (i) ur werenn dorret (j) an ti koant

Exercise 8

(a) Da Lesneven emaon/emaomp o vont (b) Gant Nora hag Erwan e tremenint ar vakañsoù (c) Da bemp eur ha kard ez erruimp c

Naoned (d) Er bloaz naontek kant c'hwec'h ha pevar-ugent e oa ganet (e) Abalamour ma fell d'am c'hoar skrivañ ul lizher (f) Eus Sant-Maloù on/omp (g) Gant den ebet ne studiin/studiimp brezhoneg (h) Daou zen warn-ugent a vo amañ warc'hoazh (i) Nann, n'eo ket prest, prest e vo diwezhatoc'h, emichañs (j) Eo, dont a rin/raimp d'an eured, eveljust (k) Biken n'in/n'aimp skuizh gant al labour-mañ

Exercise 9

Many were collectives. Patatezenn, tomatezenn, karotezenn, ognonenn, kignenenn, letuzenn ('lettuce'), irvinenn-ruz ('radish'), pourenn ('leek'), favenn-c'hlas ('green bean'), aval, perenn, orañjezenn, pechezenn, abrikezenn, prunenn ('plum'), sivienn ('strawberry'), flamboezenn ('raspberry'), bananezenn, kabell-touseg ('mushroom'), fourmaj (pl. = sorts), kig (pl. = sorts), ha pesk ('fish'), krank ('crab'), mesklenn ('mussel'), grilh ('crayfish'), grilh-traezh/grilh-draezh (m. and f., 'Dublin Bay prawn'), chifretezenn ('shrimp'), legestr ('lobster').

Exercise 10

Sample answers (a) Bep sizhun e vez marc'had e Landreger (b) Tud eus pep lec'h a ya d'ar marc'had (c) Patatez, tomatez, karotez, hag all a vez kavet er marc'had (d) Dilhad ha pladennoù a vez gwerzhet (e) Abalamour ma vez ur gouel etrekeltiek en Oriant.

Unit 7

Exercise 1

(a) Ur stal-levrioù eo. (b) Ul levr da lavaret dimp pelec'h ez eus ostalerioù mat er vro-mañ. (c) Ret e vo goulenn gant paotr ar stal. (d) Ya, gouzout a ray sur.

Exercise 2

(a) Dont d'ar marc'had evel-se; ennañ emañ ar vuhez a blij kement dezhañ. (b) Ognon ha kignon o deus da brenañ. (c) Ya, ker int. (d) Boued mor freskoc'h a vo kavet en aod.

Exercise 3

(a) Abalamour d'an avel en deus poan o kerzhet. (b) N'en deus ket; naon en deus. (c) Ur vag a wel er pelloù. (d) Da seizh eur rik e klozont.

Exercise 4

(we use both *evit* and *eget*): (a) New York a zo brasoc'h evit Pariz. (b) An Nil a zo kalz hiroc'h eget al Liger. (c) An deiz a zo teñvaloc'h eget an noz. (d) Pinvidikoc'h eo Chirac evit Madonna. (e) Kalz buanoc'h e ya ur C'hlio eget ur Ferrari. (f) Granada n'eo ket tommoc'h eget Helsinki. (g) Stravinski a oa koshoc'h evit Methuselah. (h) Tristoc'h eo bet Izold eget Tristan. (i) Kemper a zo bravoc'h evit Pempoull. (Don't take us too seriously!) (j) Enez-Vriad n'eo ket bravoc'h eget Manchester. (k) Frañsez a zo brasoc'h egedout. (l) Berc'hed a zo kaeroc'h evidon. (m) Eñ a zo lousoc'h egedoc'h. (n) Hi a zo koshoc'h evidomp. (o) Int a zo sotoc'h egedomp. (p) Ni a zo diwezhatoc'h evito. (q) Yannig a zo furoc'h egetañ. (r) Gwenola a zo koantoc'h eviti. (s) Herve a zo yaouankoc'h egedout. (t) Chwi a zo kreñvoc'h egeto.

Exercise 5

(a) Hi a fell dezhi distreiñ d'ar gêr. (b) Hir e kavan ar veaj. (c) Pêr ne blij ket dezhañ studiañ. (d) Hiziv e rankont chom er gêr. (e) Ma loeroù n'hellan ket lakaat anezho. (f) Fellout a ra din prenañ ur vantell gaer. (g) He sae ruz a rank-hi gwerzhañ. (h) Din ne blij ket ar brozhioù-se. (i) Brezhoneg a c'hellan skrivañ buan. (j) Du-mañ e rankit dont diouzhtu.

Exercise 6

(a) Al levrioù-se n'eo ket ret deomp gwerzhañ anezho. (b) Ur sac'h-kein hoc'h eus ezhomm da brenañ. (c) War-dro he c'hoar e tle-hi ober. (d) Hiziv em eus kalz traoù d'ober. (e) Ma breur ez in da gerc'hat a-benn arc'hoazh. (f) Din ne blij ket ar gwez-se. (g) Ni a blijfe deomp ober un dro e Montroulez. (h) D'ar voest-noz n'out ket evit mont? (i) Ar pennad-se a c'hallin lenn fenoz.

Unit 8

Exercise 1

(a) reas, (b) lakaas, (c) oan, (d) e oa, (e) Debret en deus, (f) oa, (g) a vleniec'h, (h) Deut int, (i) (a) zo, (j) skubis, (k) wiskes, (l) en deus paouezet, (m) e oamp, (n) e oant deut, (o) N'hon eus paeet netra

Exercise 2

(a) outi, (b) ennañ, (c) gantañ, (d) dezho, (e) evitañ, (f) warn(ezh)i, (g) enno, (h) dindanañ, (i) enno, (j) dezhañ, a-dreñv dezhi, (l) hepto, (m) en-dro dezho, (n) davedon, (o) diganimp or diganeomp, (p) war e lerc'h, (q) evelto, (r) paneveti, (s) etrezo, (t) a-zioc'htañ, (u) ganit, (v) egedoc'h, (w) war-du ennañ, (x) diwar e benn

Exercise 3

'Serrit an dorioù hag ar prenestroù,' emezañ, 'hag arabat da zen kuitaat ar sal.'

Komz a ra evel un den kustum da vezañ sentet outañ. An holl a dav. Chom a reont difiñv, nemet Fedor, a ya da serriñ an dorioù hag ar prenestroù, evel ma'z eo bet gourc'hemennet.

'An den yaouank-mañ,' eme Demostenes o tiskouez Youenn, 'a zo o paouez lavarout ez eus bet klasket lazhañ unan bennak.'

'E-barzh va zi?' eme Vado.

Exercise 4

(a) E Bulien e oan o chom gwechall. (b) Ugent vloaz 'zo e oan ganet. (c) Gant ar skolioù *Diwan*. (d) Ret dezho komz galleg el labour pemdeziek.

Unit 9

Exercise 1

(a) Yes (b) the cathedral (c) the first time he came (d) a **gwastell amann**, i.e a 'butter galette' (e) their neighbours (f) they talk about the weather

Exercise 2

(a) Kit a-zehou ha neuze war-eeun betek ar c'hroazhent; eno kit a-gleiz, treuzit ar ru hag ar porzh n'emañ ket pell. (b) Just a-raok erruout er porzh, kit a-gleiz – war blasenn ar Martray, war an tu dehou, emañ an ti-krampouezh – war ar blasenn ez eus stalioù a bep seurt. (c) en tu all d'ar gar emañ (d) just a-raok ar porzh emañ, er c'hroazhent-tro (e) kalz ostalerioù a zo – kit d'ar porzh (f) war hent Sant-Brieg emañ, kit a-zehou hag er c'hroazhent kit adarre a-zehou. Dirak ar gar emaomp: evit Abati Boporzh troit a-zehou; er c'hentañ kroazhent kit rag-eeun. Evit Logivi kit d'ar porzh, neuze war-eeun; en eil kroazhent-tro kemerit an hent da vont da Logivi – an hent da vont da Enez-Vriad a zo merket ivez. Evit mont da Landreger kit a-gleiz, neuze betek ar c'hroazhent, kit a-zehou, neuze a-gleiz – merket eo. En norzh da Bempoull emañ Logivi hag Enez-Vriad; er su emañ Sant-Brieg; er c'huzh-heol emañ Landreger hag er sav-heol emañ Abati Boporzh.

Exercise 3

(a) an antiques shop (b) to bring along his cheque book (c) to look at clothes (d) pullovers in beautiful colours made in Ushant

Exercise 4

(a) Dec'h/Warc'hoazh e labouren/labourin kalz (b) Dec'h/Warc'hoazh e oan/vin o vont d'ar c'hoariva (c) Dec'h/Warc'hoazh em boa/em bo ma c'hentelioù da zeskiñ (d) Diskouez a raen/rin deoc'h ma c'haier dec'h/warc'hoazh (e) Er gêr e oa/vo al levrioù dec'h/warc'hoazh (f) Pêr a glaske/glasko prenañ ur c'harr dec'h/warc'hoazh (g) Dec'h/Warc'hoazh e peden/pedin Mari d'hon ti (h) Dec'h/Warc'hoazh e werzhen/werzhin ma fesked er marc'had (i) Avaloù a zebren/zebrin dec'h/warc'hoazh (j) Lammat a rae/raio dec'h/warc'hoazh ar merc'hed yaouank

Exercise 5

an drizek a viz Kerzu, er bloaz daou vil daou; an dri a viz Genver, er bloaz mil nav c'hant triwec'h ha tri-ugent; ar seizh warn-ugent a viz Meurzh, er bloaz mil nav c'hant c'hwec'h ha pevar-ugent; an daouzek a viz Even, er bloaz mil tri c'hant pevar hag hanter-kant; ar seitek a viz Here, er bloaz mil nav c'hant pemp ha tri-ugent; an unan ha tregont a viz C'hwevrer, er bloaz mil nav c'hant pevar ha pevar-ugent; ar c'hentañ a viz Gouere, er bloaz daou vil; an unan warn-ugent a viz Mae, er bloaz mil nav c'hant naontek ha pevar-ugent; ar c'hwec'h a viz Du, er bloaz mil c'hwec'h kant c'hwec'h ha tri-ugent; an dregont a viz Eost, er bloaz mil nav c'hant pemzek ha pevar-ugent; ar bemp a viz Gouere, er bloaz mil daou c'hant. (Just prepose *d'* to obtain 'on'.)

Exercise 6

(a) Skoazellet eo ma c'hoar ganin. (b) Kavet e oa bet ar c'hreion hag ar stilo ganti. (c) Selaouet e vimp gantañ. (d) Souezhet oc'h bet ganto. (e) Streset on gant an den-se. (f) Kollet eo bet da alc'hwezh ganit. (g) Evet eo bet al laezh-ribod ganimp. (h) Saludet e vo o zud ganin. (i) Bemdez e vez evet dow ganin.

Unit 10

Exercise 1

(a) Klevet em eus anezhañ o kanañ. (b) C'hoarzhet em eus en ur lenn. (c) O sellout e oan ouzh ar gwez. (d) Gwelet em eus anezhi o redek a-hed ar straed. (e) Kavet hon eus an alch'wez en ur klask anezhañ en tiretennoù.

Exercise 2

(a) Er gêr e labouront. (b) Da belec'h ez eoc'h warc'hoazh? (c) Emaon o vont da Gemper. (d) Ne glevan ket ar vugale o c'hoarzhin. (e) Kollet em eus ma zog. (f) Hag evet en deus e vanne gwin? (g) Un alumenn-vioù e tebrin gant plijadur vras. (h) Brav eo dezhañ – en diwezh en deus kavet e vag. (i) Piv eo ar gazetennerez war ar blasenn? (j) En em glevet hoc'h eus, pe get? (k) En ur gomz gant tud e teu an holl da vezañ laouen.

Exercise 3

(a) A gav din (or Kavout a ra din) he deus bet ... (b) E bakadoù
a zegaso ... (c) O vont da welet ma moereb e vezan ... (d) Tapet
en deus ar paotr kalz pesked. (e) Pa vint aet kuit e skubin an ti. (f)
Ar c'harr a vlenian dija. (g) Gant e draktour e ya al labourer-douar.
... (h) Un istor a gontin. (i) Ar vag a zo amañ. (j) Avaloù a brenan
bemdez. (k) Mamm-gozh a fard krampouezh. (l) En ti ez eus trouz.

Exercise 4

(suggestions): (a) Bez' e vez glav deiz ha noz, ha kalz avel a ra / hag
e ra kalz avel. (b) N'hallan ket padout gantañ, rak ne fell ket dezhañ
ma skoazellañ. (c) E-pad teir eur on bet war-dro ar saout, met ret
eo din chom amañ un tammig. (d) Ac'han da zimerc'her e vin er
gêr, hag e c'hallin, erfin, diskuizhañ. (e) Magañ e vuoc'h a rank, pe
e varvo. (f) Me a zougo ma dilhad kozh, rak labourat a rin hiziv el
liorzh. (g) Brudet bras eo en e vro, hogen ne oa den ebet aet da
welet anezhañ. (h) Berc'hed a skriv ul lizher ha Kadoù a sell ouzh
ar skinwel (girl's and boy's name respectively). (i) N'ouzon ket
petra a zo er skinwel, met sellet a rin outañ memestra. (j) Ouzh taol
emaint, met azezet n'int ket / met n'int ket azezet (the first gives a
balanced structure). (k) Dont a reas d'ar gêr hag ez eas diouzhtu
d'e wele / ha mont a reas ...

Reading

Apprentice. I began work on the 15th of October 1915. I was only
eleven and a half, that's to say I was very young. Why was I sent
off to work so early? For what reason was I also taken on in a
printer's, so young and so little, to learn my trade? First, it was a
year 1914 when the war was wreaking its destruction. The men of
Brittany as elsewhere had been called up into the army to go to
defend the rights of France against Germany. Yes, our country had
been attacked, a civilized country, defender of freedom, eldest
daughter of the Church, protectress of the widow and the orphan,
defender of the little countries and so on; that's what we read in
the newspapers, that's what we were told in school and the church
in the pulpit, and it was true, it couldn't be otherwise. Attacked by
a wild, cruel, pitiless, rough country, a country which bore all the
sins of the world, a country which had stolen Alsace and Lorraine
from us, it was necessary for France to defend itself.

(Herve Herri, That's How We Were, 1982, pp. 9–10)

235

Unit 11

Exercise 1

o tont, o vousc'hoarzhin, oc'h en em wiskañ, o tougen, o kavout, o prenañ, o werzhañ, o klask, o vont, o tebriñ, o sevel, o lammat, o redek, o chom, o c'hoari, o tremen, o kemer, o tegemer; en ur zont, en ur vousc'hoarzhin, en ur en em wiskañ, en ur zougen, en ur gavout, en ur brenañ, en ur werzhañ, en ur glask, en ur vont, en ur zebriñ, en ur sevel, en ur lammat, en ur redek, en ur c'hoari, en ur dremen, en ur gemer, en ur zegemer.

Exercise 2

Meur a zen a c'houlenn c'hoazh, o welout ar pezh hon eus graet evit ar brezhoneg e 'Gwalarn', penaos e c'hellimp kas da benn an erv hon eus boulc'het. Aon a zo ganto na vefemp war un hent dall, hag o wastañ en aner hor buhez. Sellit, emezo, ouzh an islonk a zo etrezoc'h hag ar bobl. Ken don ha ken ledan eo ma n'eus den en e skiant vat na vefe spontet gantañ. Gwell eo ganeoc'h distreiñ ho taoulagad dioutañ, o lavarout e vennit labourat evit an dud desket hepken, ar re a zo diouzh ho tu d'an islonk. Ha setu: aze emaoc'h, ur bagadig tud o deus addesket o yezh, barrekoc'h d'he lenn ha d'he skrivañ eget nikun, – ha divarrek d'ober ganti pa dostait ouzh ar gouerien, divarrek zoken d'ober ganti en ho tarempredoù pemdeziek, ha betek en ho tivizoù kenetrezoc'h.

Exercise 3

(a) D'ar gêr e tistro Yann. (b) Tremen a ran an amzer gant Katell er preti. (c) Mont a raimp d'an ostaleri da chopinata. (d) Warc'hoazh e prenin legumaj. (e) Bez'e vin gant ma mignoned. (f) Evet o deus ur banne laezh. (g) Mont a rin da c'hoari foot-ball. (h) Du-hont e weler ur skol. (i) Galvet e vo ar vugale pa vo prest koan.

Exercise 4

(a) Ni a yafe da welet Catatonic. (b) Me a brenfe shampooing. (c) Er preti-se e tebrfe-hi mat. (d) Soazig a rafe war-dro ar prenadennoù. (e) Eñ a welfe 'Aotrou ar gwalennoù'. (f) Seurfiñ a rafes mat. (g) Bep pegeit e yafec'h da vBerlin? (h) Int a skrivfe war ar voger. (i) Gwelloc'h e vije bevañ war ar maez. (j) Mat e vefe ma chomfemp e kêr. (k) Ne gredan ket e c'hellfes debriñ chips. (l) Ma rafec'h nebeutoc'h a drouz, e teskfec'h muioc'h. (m) Ma sikourfec'h ho mignoned, eñ a zeufe a-benn en e labour. (n) Ma vije pinvidik, e tebrje-hi un ti koant. (o) Ma ne vefemp ket skuizh, e labourfemp labourat mat. (p) Disoñjal a rafent pep tra, ma chomfent er gêr.

Unit 12

Exercise 1

(a) Pêr a zo koshoc'h eget/evit Gweltaz. (b) Katell a zo furoc'h eget/evit Erwan. (c) Berc'hed a zo hegaratoc'h eget/evit Kadoù. (d) Ar mestr-skol a zo skuishoc'h eget/evit ar poliser. (e) N'eo ket, Pêr n'eo ket ken speredek ha Divi or Divi a zo speredekoc'h eget/evit Divi or indeed Ya, Per a zo ... (f) N'eo ket, Goulc'han n'eo ket ken sot ha Paol ... (g) Ne ra ket, ar c'hazh ne red ket ken buan hag ar c'hi ... (h) Yann eo ar c'hoshañ. (i) Nolwenn eo ar baourañ. (j) Zinédine Zidane eo ar brudetañ. (k) Soazig eo ar blijetañ. (l) An hini glas eo an hini naetañ. (m) An tigr eo an dañjerusañ. (n) Pariz eo an hini gaerañ.

Exercise 2

Suggestions: (a) Oadetoc'h-oadetañ e teu Nolwenn da vezañ. (b) War geraat ez a ar vuhez. (c) Paouroc'h-paourañ e teu Divi da vezañ gant an oad. (d) Ar c'honikl a ya war glañvaat. (e) N'eo ket war furaat ez a an den kozh. (f) Yaouankizoù an deizioù-mañ a zeu da vezañ mezvoc'h-mezvañ. (g) Pouezusoc'h-pouezusañ e teu an arc'hant da vezañ. (h) War yenaat ez a ar pred. (i) War yac'haat ez a ma faour-kaezh c'hoarig. (j) Tristoc'h-tristañ e teu Mammig da vezañ.

Exercise 3

(a) Ar vaouez a ya tre a zo ma mamm. (b) Ar paotr a serr an nor a zo o chom e Roazhon. (c) Al levr am eus prenet a zo plijus. (d) Kollet en deus ar baner a oa patatez enni. (e) Pelec'h emañ ar botoù am boa gwisket dec'h?

Exercise 4

(a) It's been raining non-stop for three days. How long can it go on for? – I just don't know. The weather, you know, doesn't obey people. But by Sunday I have to have finished with the hay, because after that there's the cattle feed to be sorted out. It's been three weeks we've been busy with the hay; it's hard to dry it this year what with the weather. And the servant has been ill and not working since Monday. – What's wrong with him? – I don't really know, backache in particular, and I don't know at all when he'll be able to start his work again.

(b) From now to September there'll be lots of people by the seaside in Brittany. How long do you stay in the country? – Until August 1st. – On Sunday it's the pardon of Santez Anna ar Palud. That pardon takes place every last Sunday in August; I've been going to it every year since I was ten. How long is it since you've been? – It's ten years now since I've been.

Exercise 5

(a) it was raining; dinner (evening meal) time (b) 40 leagues (160 km) (c) it's closer to the sources of a Breton's inspiration; Bretons rarely (according to the character) wander in and get to know their country (d) a paradise of little valleys, trees, and running water

Unit 13

Exercise 1

If she wants to sell her field, you can buy it. – Pa fello dezhi gwerzhañ he fark, e c'hellot e brenañ. I'll be pleased if he comes. – Laouen e vin mar deu. If he went fishing, I'd go too. – Ma'z afe da besketa, ez afen ivez. If I had been well, I would have been able to go too. – Ma vijen bet yac'h, em bije gellet mont ivez. I'd be pleased if he came. – Laouen e vefen ma teufe. If it wasn't so windy, I'd go for a walk. – Ma ne rafe ket kement a avel, ez afen da bourmen. If she wanted to come and see us, she would be welcome. – Ma karfe dont d'hor gwelout, e vefe degemeret mat. If he doesn't write to me, I'll go and see him. – Ma ne skriv ket din, ez in de welout. If you don't like the food, don't eat it. – Ma ne gavit ket mat ar boued, arabat deoc'h debriñ.

Exercise 2

He said he would come / He said he wouldn't come. – Lavaret a reas e teuje / Lavaret a reas ne zeuje ket. I found out my cousin never replies to the phone. – Gouezet em boa ne respont james ma c'heniterv ouzh ar pellgomz. I think I'll have a shower first and then sit in front of the TV. – A gav din e kemerin da gentañ ur strinkad-dour ha da-c'houde ec'h azezin dirak ar skinwel. I know perfectly well you've found the boat. – Gouzout a ouzon mat ec'h eus kavet ar vag.

Exercise 3

I was talking with a girl who will be able to help me in my work. – Kaozeal a raen gant ur verc'h hag a c'hello ma sikour em labour. I'm looking for the book you showed me yesterday. – Emaon o klask al levr ho poa diskouezet din dec'h. There's the person I was waiting for in the post office. – Setu an den a oan o c'hortoz anezhañ er post. The boy who was in the house wanted to go to bed. – Ar paotr a oa en ti a felle dezhañ mont d'e wele. The house we used to live in was built three years ago. – An ti ma oamp o chom ennañ a oa savet tri bloaz 'zo.

Exercise 4

(a) Mont a reomp d'ar gêr a-raok ma'z afe an heol da guzh. (b) Deskiñ a ran ar gentel evit ma c'hellin diskuizhañ. (c) Savet en deus un ti e-lec'h ma oa ur gourmarc'had. (d) Ober a rin al labour gant ma teui a-benn warc'hoazh. (e) Skrivañ a rez al lizher evel m'en deus goulennet ganit. (f) Gwerzhañ a raio ar c'hazh dre ma fell dezhañ prenañ un naer. (g) Mont a ra da Roazhon bep gwech ma koll e vontr. (h) Debriñ a ran chorizo o vezañ ma kavan mat boued Bro-Spagn. (i) Loc'hañ kuit a ran peogwir em eus kaz ouzh ar bini-awoù.

Exercise 5

Suggestions: (a) En em c'houlenn a ran ha dont a raio dilun. (b) N'ouzon ket ha brav eo an amzer. (c) En em c'houlenn a ran hag-eñ eo bet dispar ar pezh-c'hoari. (d) N'ouzont ket pegoulz e teuin d'hon ti. (e) En em c'houlenn a ra-hi ha degas a raio e c'hoarielloù. (f) Goulenn a raimp diganti hag-eñ e labour re. (g) En em c'houlenn a ran ha respont a raint er pellgomz. (h) Me n'ouzon ket mat ha deskiñ a rez da gentel. (i) Goulennet en deus diganin pe liv e vo ar stalafioù. (j) N'oar ket ha kousket a raio en e gambr.

Exercise 6

(a) Mont a ra d'ar gêr dre ma'z eo echu al labour. (b) Ne baouezint ket da studiañ, rak c'hoant o deus da zeskiñ brezhoneg. (c) Trist eo ar verc'h, rak kollet he deus he mamm. (d) Evañ a rin ur banne bier dre ma'm eus sec'hed c'hoazh. (e) Diwezhat e oac'h, rak n'hoc'h eus ket kaset tizh. Word-order variation is possible after **rak**.

Exercise 7

'In autumn we had been married, my husband and I, on a cold and windy day in October. He couldn't, my husband, he couldn't have forgotten ... Even if he had gone to seek peace in the other world ... And with me stupid enough to send Kristina to him ... for the two of them to be happy ... Kristina with her blue eyes so bright, her thighs so loving ... I couldn't leave them like that, with me outside, in the cold and in death, while they were in the warmth of the earth and the life of the sea, amid a brightness which could not disappear ... My husband couldn't have forgotten that day, that night in October when we had been each other's – before any Kristina had come. I'm sure he still thought, sometimes, in spite of Kristina, of the happiness which had been ours ... I was going to him ... to offer myself to him ... again ... loving ... to take my place near him ... under him ... open ... assenting ... welcoming ...

I do not believe that I shall ever have been happier than in this moment now, wearing my most beautiful dress, a real wedding dress, mixing, in a jug of *Blue Lagoon*, carefully prepared, even with ice cubes, the mixture of cyanide which will give it the unexpected taste of bitter almonds ... the taste of life rediscovered – to last for ever and ever. I do not think that I shall ever have been happier than in this moment now, when I go, the jug in one hand, his crystal glass in the other, the glass which had opened for Kristina the door to paradise, when I go, warmth in my heart in spite of the cold wind, to stretch out at the foot of the shining roses, their life ardent and invincible, where I shall drink, like black-haired Iseult, the magic potion which will bring me happiness.

'My love, open your arms to me ... Open your warm, strong arms to me ... I'm coming to you ... I'm coming ...'

Unit 14

Exercise 1

Suggestions: (a) Me a fell din mont gant ar sac'h du. (b) Ret e vo dit mont da brenañ legumaj. (c) O paouez kavout labour e kêr emañ-hi. (d) Darbet eo bet dezhi koll he c'hastelodenn. (e) Gellet em eus mont kuit. (f) Dleout a ran lakaat ma gwellañ dilhad. (g) Deuet omp a-benn da skrivañ al lizher. (h) Ne blij ket d'ar plac'h servijout ar c'hafe. (i) Ne vern deomp mont da welet ar match. (j) Ne rit nemet debriñ krampouezh. (k) Lakaet em eus ma mab da brenañ orañjez er marc'had.

Exercise 2

(a) There are lots of beautiful things there. (b) He'll be taking photos to show his friends back home. (c) Mari. (d) Mari got him to study it.

Exercise 3

(a) Because not all the account he wrote has come down to us. (b) For the king. (c) The middle and the end. (d) He described how the journey was organized, and the aim it had. (e) Men of good will and competent in the arts and industry. (f) Contruction would need to be undertaken to protect them. (g) The enlightenment of the faith. (h) The king saw this is his duty as eldest son of the Church.

Exercise 4

Suggestions, as word order may vary: (a) Ne gouskan ket mat. (b) Ar c'harr kozh n'eo ket torret. (c) Pell 'zo ne savent ket bagoù koad. (d) N'ouzon ket ober soubenn. (e) Ne oan ket o prenañ kignon dec'h da noz. (f) N'on ket mestr-skol. (g) N'emaon ket o c'hortoz teir eur. (h) Yannig n'en deus ket prenet anezho din. (i) N'eus ket a dud el liorzh. (j) N'eomp ket da evañ ur banne diouzhtu.

Supplementary dialogues 3–10 – answers to the questions.

Dialogue 3: (a) N'ouzomp ket – Tereza a garfe chom trankil, Divi a lavar ne gav ket mat chom hep ober un dra bennak bemdez e-pad ar vakañsoù. (b) Ya 'vat. Ur blijadur eo eviti.

Dialogue 4: (a) O amezeien o deus pedet da zont (b) N'ouzont ket re vat petra a blij dezho, met prenet e vo gwin, chug-frouezh ha kilhevardon.

Dialogue 5: (a) Ya 'vat, plijus o deus kavet anezho (b) Diwar-benn an dra-mañ e komzont; marteze ez aint da bourmen, marteze e chomint er gêr.

Dialogue 7: (a) Peogwir emaint e vakañsoù – e-kerzh ar peurrest eus ar bloaz e vo, siwazh, ret bezañ diwar dizh; met dre-vras n'eo ket mat bezañ war dizh hepken. Labouret e vo gwelloc'h (b) Ur wastell he deus da fardañ – hag ez eus frouezh sec'h da brenañ ivez.

Dialogue 8: (a) Mat e oa; bet en deus amzer da ober ar pezh a felle dezhañ ober (b) Skuizh eo-hi – en he c'hador-vrec'h eo bet, o lenn ar c'hazetennoù.

Dialogue 9: (a) Pevar-ugent vloaz eo (b) Ober traoù a ra: Tereza he deus gwelet anezhañ oc'h heskennañ kefennoù da ober tan, ha Divi en deus gwelet anezhañ o vont e kêr war droad – ne felle ket dezhañ sevel e karr Divi.

Dialogue 10: (a) Kaer-tre en deus kavet Roazhon – plijet bras eo bet gant ar Breujoù (b) Taolennoù ha kizelladurioù a zo, hag ivez ur sal gouestlet da istor Breizh – displeget eo penaos eo bet savet Breizh hag eus pelec'h e teu an dud a zo o chom e Breizh hiziv an deiz.

Breton–English glossary

This glossary aims to give the majority of the words and phrases found in the units – the word or phrase listed will be found in the unit number given. We do strongly recommend you acquire a dictionary. We have diverged from standard practice in listing reflexive verbs under **E** (for **en em**).

A

a^L (1) — verbal particle
a^L (2) — of
a bep seurt (5) — of every sort
a bep seurt traoù (15) — all sorts of things
a bep seurt gouenn (13) — of every sort/species
a gav din (2) — it seems to me, I think
a youl-vat (14) — of good will
a zeu (9) — next (lit. 'which comes')
abadenn, f., **-où** (3) — affair, programme
abalamour da^L (7) — because of
abaoe (12) — since
a-benn (3) — by or for (time)
a-benn arc'hoazh (13) — tomorrow
a-benn ar fin (14) — in the end
a-benn nebeut (8) — in a short time
a-bezh (8) — whole, entire
a-boan ma (13) — scarcely

abostoliezh, f. (14) — apostolic mission
a-bouez (8) — important
abred (1) — soon, early
ac'hann da^L (10) — from now till
a-dal da^L (6) — opposite
a-daol-trumm (8) — all of a sudden
adarre (11) — again
adc'hanedigezh, f., **-ioù** (8) — renaissance
addres/añ (15) — to repair
adkempenn (15) — to restore
adkregiñ, adkrog (12) — to start again
adliv/añ (15) — to repaint
a-dostoc'h (13) — closer to
a-dreuz (9) — twisted, distorted
a-dreuz hag a-hed (1) — wildly
a-drugarez da^L (6) — thanks to
adsav, m. (15) — revival
adsevel, adsav (15) — to raise again, to rise again
adtap/out (15) — to get back

a-du (bezañ) gant (15) — to agree with

adwel/et (15) — to see again, review

a-enep (10) — against

aes (2) — easy, comfortable

afer, f., **-ioù** (14) — affair, business, deal

a-gleiz (9) — on/to the left

a-hed (11) — throughout

a-hed (2) — along

a-hend-all (7) — moreover

ahont (2) — there

akajou, m. (15) — mahogany

aketus (13) — carefully

alamandez, sgt **-enn** (13) — almonds

alc'hwez, m., **-ioù** (4) — key

a-led (15) — stretched out

alez, f., **-ioù** (11) — alley, garden path

ali, m., **-où** (15) — advice

alies (9) — often

all (3) — other

alumenn-vioù, f., **-où-vioù** (10) — omelette

alumetez, sgt **-enn** (4) — matches

alvokad, m., **-ed** (1) — lawyer

amañ (3) — here

amezeg, m., **amezeien** (3) — neighbour

ampart, adj. (5) — competent, skilled

amzer, f., **-(i)où** (2) — time, weather, season

amzer, f., **da zont** (10) — future

an devezh-pad (2) — the whole day long

an eil . . . egile (10) — each other, one another

an hini (2) — a form emphasizing what precedes it

an holl (6) — everyone

an holl re aᴸ (15) — all those who

an neb (2) — whoever, (s)he who

an nen (15) — one (person in general)

an tu (kaout) daᴸ (15) — to have the opportunity to

anat (2) — clear, distinct

anavez/out (4) — to know (people, places)

andon, f., **-ioù** (12) — source

animatour, m., **-ien** (15) — presenter

ankoù, m. (2) — death; ghost, skeleton

ankounac'ha/at (14) — to forget (also **ankoua/at**)

antronoz (8) — the following day

anv, m., **-ioù** (2) — name

anzav (15) — to confess

aotrou, m., **aotrounez** (10) — sir, Mr

aoz/añ (2) — to prepare, cook, arrange

apotiker, m., **-ien** (1) — chemist

ar pezh (aᴸ**)** (7) — that which, what

ar re (5) — the people, the ones

ar re all (8) — the others

ar reoù (9) — the ones

arabat + v.n. (3) — no need to, you mustn't

a-raok (2) — before (time)

arc'hant (north), **argant** (south), m. (4) — money

archerdi, m., **-où** (9) — gendarmerie

arc'hoazh (3) — tomorrow

arme, f., **-où** (10) — army

armel, f., **-ioù** (4) — wardrobe, cupboard

arrebeuri, pl. (15) — furniture

arsav, m., **-ioù** (15) — stop

arz, m., **-où** (14) — art

arzour, m., **-ien** (12) — artist

asambles (**gant**) (5) — together, along with

asied, m., **-où** (6) — plate

atant, m., **-où** (8) — farm

atav (4) — always

aval, m., **-où** (10) — apple

aval-douar, m., **-où-douar** (13) — potato

avat (2) — however, but

avel, m., **-ioù** (4) — wind

avius (9) — envious

avu druz houad (13) — duck *foie gras*

a-walc'h (8) — willingly; enough, quite

a-wechoù (8) — sometimes

awen, f. (12) — inspiration (poetic)

a-wezhioù (5) — sometimes

aze (3) — there (not too far away)

aze emañ an dalc'h (10) — there's the rub

a-zehou (9) — on/to the right

azez/añ (4) — to sit, sit down

a-ziavaez-bro (6) — from outside

a-zivout (15) — regarding

a-ziwar (14) — from

a-zoare (14) — properly, well, appropriately

B

babourzh, m. (13) — port

bac'h (13) — blimey, oh well

badez/iñ (10) — to baptize

bag, f., **bigi**, **bagoù** (4) — boat

bag-dre-lien, f., **bigi-dre-lien** (6) — sailing boat

bale (2) — to take a walk

bale bro (15) — to go walking/ rambling

bale ma fri furch (15) — to go rooting about

baleadenn, f., **-où** (11) — walk

bank, m., **-où** (11) — bench, form

banne, m., **-où** / **bannac'h** (2) — drop, something to drink

banniel, m., **-où** (13) — flag, banner, standard

bannlev, f., **-ioù** (2) — suburb

bar, m. (4) — bar

bara, m. — bread

baradoz, m., **-ioù** (12) — paradise

baraer, m., **-ien** (1) — baker

baraerdi, m., **-où** (2) — baker's

barrek (14) — capable

barrikenn, f., **-où** (10) — barrel

beaj, f., **-où** (7) — journey

bed, m., **-où** (1) — world, universe

beg, m., **-où** (6) — point, end; mouth, beak

beleg, m., **beleien** (6) — priest

bemdez (8) — every day

bennak (9) — some or other

benveg, m., **-où, binvioù, binviji** (11) — instrument, machine

bep a[L] (15) — each

bep bloaz (6) — every year

bep gwech/bep tro ma (13) — every time, whenever

bep mintin (6) — every morning

bep pegeit? (11) — how often?

bep sizhun (6) — every week

bep tro (13) — every time, always

bepred (5) — always

bered, f., **-où** (9) — cemetery

berr (2) — short

berrwel (13) — short-sighted

berv (10) — boiling

betek hen (15) — so far, up to now

beure, m., **-où** (3) — morning

bev/añ (10) — to live

bezañ/bout (1) — to be (in the north)

bezañ e ged (12) — to be expecting it

bezañ echu gant (12) — be finished with

bezañ moaien da[L] (15) — to be possible to

bezañ sot gant (6) — to be mad about

bezañ war ar stern (15) — to be in preparation

bezañ war-dro, ober war-dro (10) — to be busy with, be occupied with

bezhin, sgt **-enn** (6) — seaweed

bezv, sgt **-enn** (12) — birches

bier, m. (4) — beer

bihan (2) — small

bilhed, m., **-où** (14) — ticket

bili, sgt **-enn** (6) — pebbles

bio (13) — bio, organic

biskoazh kemend-all (6) — incredible

blaz, m. (13) — smell

bleniañ, blegn (8) — to drive

bleud, m., **-où** (9) — flour

bleuniañ, bleugn (13) — to flower

bleunienn, f., **-où, bleunioù** (2) — flower

blev, sgt **-enn**, f. (8) — hair

bloaz bennak a zo (15) — a year or so ago

boaz, m., **-ioù** (6) — habit, custom

bochad, m. (13) — bush

bod/añ (15) — to gather

boest, f., **-où** (6) — box

boest-noz, f., **-où-noz** (7) — night club

bolenn, f., **-où** (6) — bowl (for cider, etc.)

botoù, f. (8) — shoes (a pair)

boued, m., **-où** (6) — food

boueta (8) — to feed

boulc'h/añ (15) — to begin, undertake

boull, m., **-où** (11) — bowl (as in a game of bowls)

bourc'h, f., **-ioù** (2) — village

bourc'hig, f., **bourc'hioùigoù** (8) — little village

bout (1) — to be (in the south)

bouzellenn, f., **-où**, **bouzelloù** (10) — inner tube

bragoù (8) — pair of trousers

braog, m., **-ed** (13) — sea bass

bras (2) — big

brav (2) — fine

brav eo da^L (10) — to feel fine

Breizhad, m., **Breizhiz** (8) — Breton person

breizhek (8) — Breton (adj.)

bremañ (1) — now

Breton, m., **-ed** (15) — Breton

Breujoù, pl. (15) — assizes ('Parliament')

breur, m., **breudeur** (1) — brother

brev/iñ (15) — to break, crush

brezhoneg, m. (2) — Breton language

bro, f., **-ioù** (8) — country, region, area

broad, m., **broiz**, **broidi** (14) — inhabitant, compatriot

broust, m., **-où** (4) — brush

broust-dent, m., **-où-dent** (14) — toothbrush

brozh, f., **-ioù** (7) — skirt

brudet (2) — famous

brugeg, f., **-i**, **-où** (12) — heather-covered land

brulu, coll., **-enn** (12) — foxgloves

brun, **liv-kistin** (2) — brown

buan (2) — fast

bugel, m., **bugale** (2) — child

buhez, f., **-ioù** (7) — life

bus, m., **-où** (15) — bus

C

c'hwezh, m. or f. (7) — smell

chalboter, m., **-ien** (8) — waggoner, carter

chalet (3) — worried, concerned

charretour, m., **-ien** (8) — waggoner, carter

chatal, coll., with pl. **-où** (12) — cattle

chekennaoueg, f., **-où** (9) — cheque book

cheñch (9) — to change

chervad, m., **-où** (13) — feast

chikan/al or **chikan/añ** (14) — to scold, tell off

chimik (13) — chemical, non-organic

chips (11) — crisps

chistr, m., **-où** (4) — cider (also **sistr**)

c'hoar, f., **-ezed** (1) — sister

c'hoari (2) — to play

c'hoariell, f., **-où** (6) — toy

c'hoariva, m., **-où** (9) — theatre

c'hoarzh/in (2) — to laugh
c'hoazh (3) — still, yet
chom (4) — to live, stay
chom peoc'h (15) — to remain quiet
chopinata (6) — to go drinking
chouket, adj. (2) — crouched
chug, m., **-où frouezh** (15) — fruit juice
c'hwennat, c'hwenn (12) — to sort out
c'hwerv (13) — bitter
c'hwit/out (8) — to fail
c'hwitell/at (8) — to whistle

D

da[L] (1) — to
da[L] (1) — your, you
da belec'h (11) — where to
da bellvro (7) — abroad (to)
da bet eur (3) — at what time
da echuiñ (1) — to finish
da gentañ (10) — first of all, at first
da lavaret eo (3) — that is to say (**d.l.e.**)
da lec'h all (13) — somewhere else (to)
da skouer (6) — for example
da vare (15) — at the time of
da vihanañ (13) — at least
da viken (13) — for ever
da zont (7) — to come, future (adj.)
d'an nec'h, en nec'h (2) — upstairs (motion, no motion)
d'an traoñ, en traoñ (2) — downstairs (motion, no motion)
danevell, f., **-où** (14) — story, account

dañjerus (4) — dangerous
dant, m., **dent** (10) — tooth
dañvad, m., **deñved** (13) — sheep
daou-c'hant (3) — two hundred
daoulagad, du. of **lagad**, m., **-où** (5) — eyes
daoust da[L] (15) — in spite of
daoust ma, petra bennak ma (13) — although
dar, f., **-ioù** (4) — sink
darempred, m., **-où** (15) — meeting, relations
d'ar gêr — to home
d'ar sadorn beure (13) — on Saturday mornings
darvoud, m., **-où** (15) — event
dastum (2) — to collect
debr/iñ (2) — to eat
dec'h da noz (8) — last night
degas (2) — to bring
degemer, m. (11) — reception, welcome (v.n. **degemer** 'to welcome')
degouezh, m., **-ioù** (7) — event, chance, 'turn-up for the books'
degouezh/out (7) — to arrive ('at, in' = **e**)
deiz ha noz, noz-deiz (10) — day and night
deiziataer, m., **-ioù** (14) — diary
delioù (2) — leaves
delwenn, f., **-où** (11) — statue
deomp de'i 'ta (9) — let's get down to it

derc'hel, dalc'h (8) — to hold, keep, maintain

derv, sgt **-enn** (2) — oaks

desk/iñ (8) — to learn, teach

deus (3) — come (2PS imp. of **dont, deu/da** 'come')

dev/iñ (15) — to burn

devezh, m., **-ioù** (7) — day (emphasizing duration)

dezv, m., **-ioù** — thought, idea, intention

di, adv. (2) — there, to that place (not visible)

diaes (2) — difficult

dianat (2) — unclear

diaoul, m., **-ed** (2) — devil

diarc'hant (13) — impecunious, without money

dibab (8) — to choose, select

dibab, m., **-où** (10) — choice; best

dibenn-sizhun, m., **-où-sizhun** (14) — weekend

diblas (/**añ**) (11) — to remove, move elsewhere

dic'hoanag, m. (15) — despair

dic'hortoz (13) — unexpected

didrabas (15) — without worry

didrec'hus (13) — invincible

didud (13) — depopulated

died, f., **-où** (13) — drink

dienez, f. (8) — misery, poverty

difenn (10) — to defend

difiñv (8) — still, without moving

digarez, m., **-ioù** (11) — excuse, pretext

digarez/iñ (8) — to excuse

digeriñ, digor (8) — to open

digernez (10) — pitiless, hard

digor (3) — open

digoradur, m., **-ioù** (15) — opening

digor-kalon, m. (15) — apéritif

dihegarat, displijus (2) — unkind, unpleasant

dihun/iñ (8) — to wake up

dija (5) — already

dilhad, m. (**-où**) (2) — clothes

dilouzaou/iñ (15) — to weed

dimerc'her (10) — this/next/last Wednesday

din eo ingal (11) — that's all the same to me

dinec'h (2) — unworried

diorroadur, m., **-ioù** (15) — development, instruction

diouzh ar pezh aᴸ (13) — according to what

diouzh/hervez (ma) (13) — as to whether

diouzhtu (10) — immediately

dipit/añ (15) — to disappoint

diresis (2) — imprecise

disall/añ (13) — to take out the saltiness

disheñvel (diouzh) (2) — dissimilar (from)

diskar (9) — to bring down, to be ruined, to decline

diskarg/añ (15) — to unload, to flush out

disklêr/iañ (14) — to declare, explain

diskouez (6) — to show, point out

diskuizh, m. (8) — rest, relief

diskuizh/añ (4) — to rest

disoñj/al (8) — to forget

displeg/añ (14) — explain

displijus (11) — unpleasant

distreiñ, distro (2) — to return, come back

distruj/añ (13) — to destroy

divalav (2) — ugly

divergl (15) — not rusty

divhar, du. of **gar**, f., **-où** (5) — legs

divin/out (9) — to guess

diviz/out (9) — to decide, determine, desire

divjod, du. of **jod**, f., **-où** (5) — cheeks

diuvrec'h, du. of **brec'h**, f., **-ioù** (5) — arm

divrud (2) — unknown

diwall mat! (13) — attention!

diwallerez, f., **-ed** (10) — protector, guardian

diwar (2) — from

diwar ar prim (15) — on the go, at speed

diwar dizh (15) — quick, rush

diwar-benn (2) — about, concerning

diwezh, m. (14) — end

diwezhañ (15) — last

diwezhat (2) — late

diwezhatoc'h (5) — later

dizale (15) — without delay

dle/out (2) — must, to have to

dlead, m., **-où** (4) — debt, duty

doare, m., **-où** (7) — manner, way, appearance

dont, deu/da (2) — to come (also **donet**)

dont, deu/da a-benn da + v.n. (7) — to manage to, succeed in

dont, deu-/da- da vezañ (12) — to become

dont, deu/da en-dro (5) — to come/go back

dor, m., **-ioù/-ojoù** (3) — door (note **an nor**)

dor-dal, f., **-ioù-tal** (11) — main doorway

doug/en (10) — to wear, carry

dour, m., **-ioù/-eier** (3) — water

dour-red (10) — running water

dous (10) — sweet

dousennad, f., **-où** (7) — dozen

dre — through

dre amañ (3) — over here

dre chañs (4) — fortunately

dre lizher (15) — by correspondence

dre ma[M] (10) — because, while

dre vras (14) — in general

dre/abalamour/ en abeg ma (13) — because

dre-holl (6) — everywhere

dreist-holl (6) — especially

dres (10) — exactly, precisely

droch (9) — silly, daft

droug kein (12) — backache

du (2) — black

dudius (12) — interesting

du-hont (2) — over there

E

e[L] (2)	his, him
e[M] (3)	verbal particle
e dalc'h (bezañ) (8)	to be in thrall to
e deroù	at the beginning of
e dibenn (14)	at the end of
e doare ma, en hevelep doare ma (13)	so that
e kêr (2)	in town, to town
e lec'h all (10)	elsewhere
e stad vat (15)	in good condition
e-barzh (2)	indoors, inside
ebet, indef. (4)	not a, none
e-biou (11)	past
echu, adj. (3)	finished, over
e-giz diagent (10)	as/like before/ formerly
eil brezel-bed (15)	Second World War
eizh (3)	eight
e-keit-se (6)	during that time
e-kichen (2)	near
ekonomiezh, f. (15)	economy
e-kreiz (5)	in the middle of
e-lec'h ma (13)	where
elektronek (15)	electronic
elv, sgt elvenn (12)	poplars
em (4)	in my
emberr (5)	soon
eme[L] (8)	say(s), said
emichañs (6)	probably
emsav, m., -ioù (15)	movement, rising
emzivad, m., -ed (10)	orphan
en abeg da[L] (10)	on account of (here 'why?')
en deiz all (9)	the other day (adv.)
en deizioù-mañ (8)	these days
en diwezh, adv. (2)	at last
en em astenn (13)	to stretch out
en em chal/añ (15)	to worry
en em douell/añ (15)	to deceive oneself
en em gav/out gant (1)	to meet
en em glev/out (gant) (10)	to come to an agreement (with)
en em laka/at da[L] + v.n. (14)	to set to, begin to
en em lazh/añ (15)	to kill oneself
en em reiñ, ro da[L] (10)	to dedicate oneself to
en em walc'h/iñ (10)	to wash oneself
en holl (10)	altogether, in all
en soñj (bezañ) (13)	to think, intend
en taol-mañ (11)	this time
en tele (11)	on TV
en tu all ad[L] (7)	beyond, the other side of
en tu dehou (6)	on the right
en tu kleiz (6)	on the left
en uhel (10)	high up
en ur[L] (6)	particle (gerund)
en-dro (15)	again
enezenn, f., -où (6)	island

enklask, m., **-où** (14) — inquiry, investigation

enor/iñ (15) — to honour

eo (1) — it is

eo, geo (3) — yes (contradiction of negative question)

eoul-maen, m., **-ioù-maen** (15) — oil

e-pad (4) — during (also **e-kerz**)

er gêr (3) — at home

er mod-all (10) — otherwise

er pelloù (7) — in the distance

erc'h, m. (4) — snow

erfin (8) — at last

er-maez (2) — outside, outdoors

erru (2) — arrived

erru/out (6) — to arrive

eston/añ (15) — to astonish

e-tal (2) — near

e-touez (6) — among, between

etre (3) — between

etrekeltiek (6) — Interceltic

etrezek (2) — towards

eured, m./f., **-où** (6) — wedding

eurioù al lanvioù (15) — the hours of the high tides

euro, m., **-ioù** (3) — Euro

eurvezhioù (9) — for hours and hours

eus an eil re hag ar re all (11) — of each one

eus ar finañ (13) — of the finest, best

eus kêr (11) — from the city

ev/añ (2) — to drink

evel a gari (11) — as you please (lit. 'as you will like')

evel ma lavarer (10) — as people say, as is said

evel ma^M + v. (8) — as, just as

eveljust (4) — of course

evel-se (1) — like that

evit a sell + DO (15) — so far as X is/are concerned

evit an deizioù (7) — these days, at the moment

evit ma, **e doare ma** (13) — in order that, so that

evit netra (15) — for nothing, free

evit ur wezh (15) — for once

evurus (13) — happy (sometimes **eürus**)

evurusted, f. (13) — happiness

ez eus bet (8) — there has been

ezel, m., **izili** (9) — limb, member

ez-resis, **ent-resis** (15) — precisely

F

fachet (2) — angry

fall (2) — bad

fard/añ (7) — to prepare, make (food)

feiz, f. (10) — faith

fell/out (7) — to want (with **da**^{L} + subj. and the v.n.)

fenoz (7) — this evening, tonight

fer, m., **-où** (4) — iron (for 'ironing')

fest-noz, f., **-où-noz** (4) — *fest-noz*

feunteun, f., **-ioù** (10) — fountain

fiez, sgt **-enn** (13) — figs

fiez-real — dates

fin (11) — fine, subtle, crafty

fin, f. (14) — end

fiziañs, f. (15) — confidence

flaer, m. (13) — stink, bad smell

flamm (13) — flaming

flamm-flimmin (15) — brand-new

flip (10) — hot drink with alcohol

flour/añ (15) — to caress

foar, f., **-ioù** (8) — fair

foenn, f., **-où** (12) — hay

foran (8) — public (adj.)

foran/iñ (15) — to waste, squander

forn, f., **-ioù** (13) — oven

forom, m. (15) — forum

forzh penaos (15) — whatever

foto, m., **-ioù** (11) — photo

fougaser, m., **-ien** (13) — braggart

fouge, m., **-où** (15) — pride, vanity

fourchetez, f., **-où** (4) — fork

fourmaj, m. — cheese

fourmaj-kig, m. (13) — pâté

framm/añ (9) — to join, give a structure to

frankiz, f., **-(i)où** (10) — freedom

frazenn, f., **-où** (15) — phrase, sentence

frejoù, pl. (13) — costs, expenses

frekañsenn, f., **-où** (15) — frequency

fresk (7) — fresh

fri, m., **-où** (5) — nose

frouezh, sgt **frouezhenn** (7) — fruit

fulor/iñ (9) — to be/get angry

G

gall (6) — French (adj.)

Gall, m., **Gallaoued** (14) — Frenchman

galleg, m. (8) — French language

gallout, gall/gell (6) — to be able, can

galoup/at (15) — go off, wander

gant get (3), (6) — by (in passive constructions), by (convey-ance)

gant aon na (13) — for fear that, lest

gant ma^M (11) — provided

ganto-holl (10) — with them all

gaou, m., **gevier** (8) — lie, falsehood

garv (10) — rough, cruel

genel, gan (6) — to give birth to

genoù, m., **genaouioù** (13) — mouth

ger, m., **-ioù** (4) — word

geriaoueg, f., **-où** (1) — glossary, vocabulary

gervel, galv (3) — to call

glad, m., **-où** (15) — territory, country; kingdom; fortune

glas (2) — blue, green, grey, pale

glav, m., **glavioù/ glaveier** (4) — rain

goapaerez, f., **-ed** (15) — mocking person (f.)

godell, f., **-où** (4) — pocket

gopr, m., **-où** (13) — salary, wage

gortoz (2) — to wait ('for' = DO)

gotek (9) — Gothic

goude (15) — after, next (prep. and adv.)

goude ma, ur wezh ma (13) — after, once

goude-se (7) — after that

gouel, m., **-ioù** (6) — festival

gouel/añ (2) — to cry, weep

goueled, m., **-où** (15) — bottom

gouenn, f., **-où** (15) — race, species

gouest (15) — capable, able

gouestl/añ (15) — to devote, dedicate

gouez (10) — savage, rabid

gouleier, m. pl. (9) — (traffic) lights

goulenn, m., **-où** (11) — question

goulenn digant (7) — to ask (also **gant**, then **da**[L] + v.n.)

goullo (6) — empty

gounid, m., **-où** — gain, profit

gounit, gounez (8) — to win, cultivate

gourc'hemenn (8) — to command, order

gourhent, m., **-où** — highway

gourmarc'had, m., **-où** (2) — supermarket, hypermarket

goustad (2) — slow

gouzañv — to suffer

gouzout, goar (irreg.) (2) — to know (facts, things)

gov, m., **-ed**, **-ien** (14) — smith, blacksmith

goveliañ, goveli (15) — to forge

grilh/añ (13) — to grill

grilh-traezh, m. **-draezh**, f., **ed-traezh** (13) — Dublin Bay prawn

gris, louet (2) — grey

gwad, m., **-où** (9) — blood

gwag, sgt **-enn** (also pl. **gwagoù**) (7) — waves

Gwalarn, m. — North-west

gwalc'h/iñ (2) — to wash

gwalenn, f., **-où**, **gwalinier** (8) — stick, scourge; ring

gwall-[L] (8) — very (note that it lenites the following word)

gwallamzer, f., **-ioù** (9) — bad weather

gwan (2) — weak

gwarezourez, f., **-ed** (10) — protector

gwasked, m., **-où** (12) — shade, shadow

gwastell, f., **-où**, **gwestell**, **gwastilli** (9) — cake

gwaz, m., **-ed** (2) — man, husband

gwechall (8) — formerly

gwel/et (2) — to see

gwele-kloz, m., **-où-kloz** (8) — box-bed

gwell eo din (13) — it's better for me

gwella/at (8) — to improve, get better

gwellañ (11) best
gwelloc'h (8) better
gwenn (2) white
gwenna/at (10) to whiten, become white
gwenneg, m., penny, 'sou'
gwenneien (15)
gwer (2) green (man-made)
gwerenn, f., **-où** glass (for drinking)
(4)
gwerenn-strink, f., crystal glass
-où-strink (13)
gwern, f., **-ioù**, **-i** mast
(13)
gwerzh/añ (2) to sell
gwez, sgt. **-enn**, f. trees
(5)
gwezenn, f., **gwez** tree
(2)
gwezh, f., **-où** (3) time (also **gwech**, f., **-où**)
gwiad, m./f., **-où** web
(15)
gwiad/iñ (6) to weave
gwin, m., **-où** (3) wine
gwinier, m., **-ien** wine-grower
(14)
gwir (5) true
gwirion (12) true, real, veritable
gwisk/añ (8) to dress (someone), to put (something) on
gwreg, f., **gwragez** wife, woman
(2) (10)
gwrez, f. (13) ardour, heat
gwrizienn, f., **-où**, root
gwirizioù,
gwriziad (8)

H

ha (7) interrogative particle
ha me 'oar-me and so on
(10)
ha pa (13) even if
habask (14) patient
ha(g) (1) and
ha(g) ... both ... and ...
ha(g) ... (7)
hag all (abbr. etc.
h.a.) (5)
hag-eñ e[M] (15) if, whether
haleg, coll., sgt willows
-enn (12)
hanter (3) half
hanternoz, m. (10) north; midnight
hañv, m., **-où** (4) summer
harink, m., **-ed** herring
(13)
harp ouzh (9) leaning against
hast/añ (15) to hurry
he[S](**c'h**) (6) her
hegarat, **plijus** (2) kind, pleasant
hen (13) it
henañ (10) eldest
hent, m., **-où** (2) road
hentig, m., little road
-oùigoù (14)
heñvel (ouzh) (2) similar (to)
hep (6) without
hep dale (7) without delay
hep ehan (12) without stopping
hep kontañ (6) without counting
hep ma/na (13) without
hep mar (2) without doubt, probably
hepken (11) only
hervez (5) according to

heskenn/añ (15) to saw
het/añ (14) to wish
heuliañ, heuilh (8) to follow
hir (2) long
hiviz, f., **-où** woman's blouse
hiziv (2) today
hoᴾ (1) your (2PP)
holen, m., **-où** (4) salt
hollᴸ (10) all
honnezh (13) that one (f.)
hont (2) that (over there)
houarn, m., **-où** iron
hud, m. (13) magic

I

ibil, m., **-ioù**, **-ien** (15) dowel, peg
ijin, m., **-où** (15) skill, ingeniousness
ijinerezh, m. (14) invention, industry
iliz-veur, f. (6) cathedral
implij/out (14) to use, employ
ingal (13) regularly
intañv, m. widower
intañvez, f. (10) widow
intereset interested
iod, m. (7) iodine
irvin, sgt (13) turnips
iskis strange
ispisiri, f., **-où** (2) grocer's
istor, m, **-ioù** (9) story, history
ivez (1) also
izel (2) low, short

J

jourd/al (12) to wander around, stroll
just a-walc'h (7) quite precisely

K

kadarn, m., **kedern** brave person
kador, f., **-ioù** (6) chair
kador-brezeg (10) pulpit
kador-vrec'h, f., **-ioù-brec'h** (9) armchair
kae, m., **-où** (15) quay, embankment
kaer (2) beautiful
kaer (kaout) + v.n. (15) to X in vain
kaeroc'h (5) more beautiful
kafedi, m., **-où** (2) café
kaier, m., **-où** (4) exercise book
kalon-me (7) my dear (lit. 'heart-me')
kalorienn, f. (15) calorie
kalvez, m. (1) carpenter
kalz (2) much, many
kalz re (7) far too many
kamarad, m. (9) pal, comrade
kambr-gousket, f. (2) bedroom
kan/añ (5) to sing
kanaouenn, f. (5) song
kaner, m. (5) singer
kannad, m. (6) delegate, representative
kannerez, f. (4) washing machine
kantved, m. (15) century
kaotigell, f. (5) jam
kaout (8) to have
kaout amzer daᴸ + v.n. (6) to have (the) time to
kaout aon (6) to be afraid
kaout chañs (6) to be lucky
kaout c'hoant daᴸ + v.n. (4) to want to
kaout daᴸ (6) to have/be due to

kaout ezhomm (4) to need

kaout fiziañs e (6) to have confidence in

kaout kaer + v.n. (6) to X in vain

kaout kaz/gwarizi/ truez ouzh + **u.b.** (6) to hate/be jealous of/ have pity on/for

kaout keuz (6) to regret

kaout mall (6) to be in a hurry

kaout mezh (6) to be ashamed

kaout mezh eus (8) to be ashamed of

kaout naon (4) to be hungry

kaout poan (6) to be in pain

kaout poan o^M (7) have trouble X-ing

kaout riv/anoued (6) to be cold

kaout sec'hed (4) to be thirsty

kaout spi (4) to hope

kaout tro (da^L + v.n.**)** (6) to have an opportunity (to)

kaoz, f., **-ioù** (7) conversation; cause, subject

kaoze/al (2) to chat, talk

karantez, f., **-ioù** (5) love

karetañ (8) favourite

kariad, m., **kariaded, karidi** (7) friend

karotez, sgt **karotezenn** (7) carrots

karr, m., **kirri** (1) car

karr-boutin, m., **kirri-boutin** (9) bus, coach

karrdi., m., **-où** (2) garage

karrigell, f., **-où** (4) shopping trolley

karr-nij, m., **kirri-nij** (9) aeroplane

kartenn-bost, f., **-où-post** (6) postcard

karter, m., **-ioù** (8) district

kas (2) to send, take

kasoni, f., **-où** (15) hatred, hate

kastell, m., **-où, kestell** (9) castle

kastelodenn, f., **-où** (4) pan

kastiz/añ (15) to punish

kav, m., **-ioù** (2) cellar

kav/out (7) to find, think

kazetenn, f., **-où** (2) newspaper

kazetenner, .m., **-ien** (1) journalist

kazh, m., **kizhier** (6) cat

kef, m., **-ioù** (15) tree trunk

kegin, f., **-où** (2) (4) kitchen

keginer, m., **-ien** (1) cook

keginerez, f., **-ed** (4) cooker (also female cook)

keginerezh, m. (7) cooking, cuisine

keit ha ma, tra ma, e-pad/e-keit ma (13) while, as long as

kej/añ gant (1) to meet (rather literary)

kelaou/iñ to give news

kelaouenn, f., **-où** (4) newspaper

kelenn, coll., **-enn** (12) holly

kelenner, m., **-ien** (1) teacher

keloù, m., **keleier** (11) item of news

keltiek (6) — Celtic
kemend-all (15) — likewise
kemener, m., **-ien** (1) — tailor
kement (7) — so much
kement (9) — every
kement aᴸ (15) — everything that
kement all (13) — all that, that
kement ha (15) — as well to/as
kement-mañ (7) — all this
kement-se (15) — all that, so much
kemer (2) — to take
kempenn (9) — to sort out, get in order
ken (9) — so (+ adj./ adv.)
ken + adj. + **all** (3) — just as X
ken + adj. + **ha(g)** ... (9) — as ... as ...
ken ma/na (13) — so that
ken ma/na, betek ma (13) — until
ken uhel all (9) — so high, as high as that
kenañ-kenañ (10) — a great deal
kenderc'hel, kendalc'h (2) — to continue
kenderv, m., **kendirvi** (2) — cousin
kendeuz/iñ (15) — to merge
kenkoulz (10) — just as good
kenlabour/at (15) — to collaborate
kenlabourer, m., **-ien** (15) — collaborator, colleague
kennebeut (11) — either (with a neg.)
kent/a-raok/a-barzh ma (13) — before
kentoc'h (4) — rather (= 'preferably')

kenwerzher, m., **-ien** (1) — tradesman
ker (2) — dear, expensive
kêr Vontroulez (6) — the city of Morlaix
kêrbenn, f., **-où** (15) — capital
kerc'h/at (2) — to fetch, go and look for
kerent., m. (4) — relatives
kerez, sgt **-enn** (15) — cherries (here 'cherry')
kerkent ha (14) — as soon as
kerkent/kentizh ha ma (13) — as soon as
kerzh/et (2) — to walk (also **kerzh/out**)
'keta (8) — tag question
kevredigezh, f., **-ioù** (12) — society, association
kevrenn, f., **-où** (2) — faculty, department
ki, m., **chas** (2) — dog
kig, m., **-où** (5) — meat
kig bevin (13) — beef
kig dañvad (13) — mutton
kig oan (13) — lamb
kiger, m., **-ien** (1) — butcher
kigerdi, f., **-où** (2) — butcher's
kignon, sgt **-enn** (7) — garlic (also **kignen**)
kilhevardon, m. (15) — prepared meats, etc., 'charcuterie'
kimiad/iñ diouzh (10) — to say goodbye to
kinnig (13) — to offer
kistin, sgt **-enn** (9) — chestnut(s)
kistina (6) — to gather chestnuts
kizelladur, m., **-ioù** (11) — sculpture

klañv (2)	ill
klañvdi, m., **-où** (2)	hospital
klañvdiour, m., **-ien** (1)	nurse (male)
klask (2)	to look for, seek, try
klemm (13)	to complain, pity
kleñved, m., **-où** (8)	illness
klev/et (2)	to hear; sense
kloc'h, m., **kleier** (6)	bell
kloka/at (15)	to complete
kloued, f., **-où** (12)	gate
kloz/añ (7)	to close
kluk/añ (9)	to down, swallow, drink
koad, m., **-où**, **koadeier** (9)	wood
koad-ha-pri (15)	wattle and daub
koan, f., **-ioù** (5)	supper, dinner
koaniañ (8)	to dine
koant (5)	pretty
koantik (9)	pretty
koc'hu, m., **-ioù** (13)	market hall
kof, m., **-où** (15)	belly, stomach
koll (11)	to lose
koll kalon (13)	to lose heart
kompren (5)	to understand
komz (2)	to talk
konikl, m., **-ed** (12)	rabbit
kont, f., **-où** (1)	account, 'things'
kont/añ (10)	to recount, tell
kontell, f., **kontilli** (4)	knife
korn, m., **-ioù** (2)	corner
korn, m., **kern**, **kerniel** (2)	horn
kouezh/añ (15)	to fall
koulskoude (8)	however, but
koulz … ha(g) … (6)	both … and …
koumanant, m., **-où**	subscription
koumanant/iñ da[L] (18)	to subscribe to
koumoul, sgt **-enn**, f. (5)	clouds
kousk/et (2)	to sleep
koust/añ (3)	to cost
kozh, oadet (2)	old
krampouezh, sgt **-enn** (5)	crêpes
krank, m., **-ed** (7)	crab
kraoñ, sgt **-enn** (13)	walnuts
kras (15)	really hot and dry
kredapl (6)	credible, believable
kregina (6)	to gather shells
kreion, m., **-où** (9)	pencil
kreiz, m., **-où** (11)	middle, centre
kreiz ar vro (13)	centre, heart of the country
Kreiz-Breizh (10)	Central Brittany
kreizenn-genwerzh, f., **-où-kenwerzh** (9)	shopping centre
kreiz-kêr, m. (4)	town centre
krennlavar, m., **-(i)où** (1)	proverb, saying
kreñv (2)	strong
kreñva/at (8)	to strengthen, get stronger
kresk/iñ (9)	to grow

kriz (10) — cruel, rough, raw

kroazhent, m., **-où** (9) — crossroads

krogen, f., **kregin** (7) — shell

krou/iñ (8) — to create

krouidigezh, f., **-ioù** (15) — creation

kuit (2) — away, off

kuita/at (8) — to leave, abandon

kustum daᴸ (8) — used to

kuzh-heol, m. (10) — west

L

labour, m., **-ioù** (4) — work

labour/at (1) — to work

labourer, m., **-ien** (10) — worker

labourer-douar, m., **-ien-douar** (1) — agricultural worker, farmer

laer/ezh (8) — to steal (**da**ᴸ = 'from')

laezh, m., **-ioù** (4) — milk

laka/at, (sometimes **lak**) (6) — to put; translate

lamm/at (9) — to jump

lann, f., **-où**, **-eier** (12) — moor, heath

lañs (bezañ) gant X (15) — be ahead with

lanv, m. (13) — high tide

laouen (2) — happy, satisfied

lavar/et (3) — to say, tell

lazh/añ (8) — to kill

lec'h, m., **-ioù** (6) — place

lec'hel (16) — local

lec'hienn, f., **-où** (16) — site (web-site)

ledan (2) — broad

legestr, m., **legistri** (13) — lobster

legumaj (6) — vegetables

lemm e spered (8) — intelligent, quick-witted

lenn (2) — to read

lennegel (15) — literary

leon, m., **-ed** (12) — lion

lestr, m., **listri** (15) — ship

leti, m., **-où** — hotel, café

leue, m., **-où** (11) — calf

leun (10) — full ('of' = **a**ᴸ)

leuskel, laosk (8) — to release

levr, m., **-ioù** (3) — book

levraoueg, f., **-où** (2) — library

levraoueger, m., **-ien** (6) — bookshop owner/salesman

levrdi, m., **-où** (4) — bookstore, bookshop

levrier, m., **-ien** (3) — bookseller

lez/el (8) — to leave, let

liamm, m., **-où** (8) — link, connection

lid/añ (16) — to celebrate

likor, m., **-ioù** (13) — liqueur

liorzh, f., **-où** (2) — garden

lipous (13) — tasty, fine

lise, m., **-où** (2) — secondary school

lisead, m., **liseidi** (3) — lycée students

listenn, f., **-où** (6) — list

liv, m., **-(i)où** (7) — colour; paint

(liv-)orañjez (2) — orange (adj.)

lizher, m., **-où**, **lizhiri** (5) — letter

loa, f., **-ioù** (4) — spoon

loc'h/añ kuit (12) — to leave, set off

loc'het omp! (15) — we're off!

lod (11) — some (people)

lodenn, f., **-où** (11) part, share
loen, m., **-ed** (6) animal
loer, f., **-où** (7) sock
logod, sgt **-enn** (6) mouse
loj/añ (9) to live, have a room
lorc'h, m. (8) pride
lous (2) dirty
luc'hskeudennerez, camera (stills)
f., **-ed** (14)
lufr (9) shining
lunedoù, pl. (13) spectacles, glasses
lur, m., **-ioù** (3) franc; pound (**lur saoz** 'pound sterling'); also weight

M

ma[M] (7) if
ma[M] (9) that (conj.)
ma[s] (1) my (in Leon = **va**)
ma (9) well
ma digarezit (10) excuse me
ma Doue (7) goodness
ma fell dit (7) if you want
ma, mar (13) if
mab, m., **mibien** (6) son
madig, m., **-où** (6) sweet, candy
maen, m., **mein** (9) stone
maer, m., **-ed** (10) mayor
maezioù, pl. (12) countryside
mag/añ (10) to feed
magadurezh, f., **-ioù** (10) food
maionez, m (7) mayonnaise
mank/out (14) to be short

mann (14) nothing, zero
mañsoner, m., **-ien** (14) stonemason
mantell, f., **-où**, **mantilli** (7) coat
maouez, f., **-ed** (2) woman
mar kerez (11) if you like
mar plij (3) please (lit. 'if it pleases')
marc'h, m., **kezeg** (6) horse
marc'had, m., **-où** (2) market
marc'hadmat (2) cheap
marc'hadour, m., **-ien** (7) trader, shopkeeper, stallholder
marc'h-houarn, m., **-où-houarn** (11) bicycle
mare, m., **-où** (12) period, epoch
maread, m., **-où** (15) great number; epoch
marv, m. (13) death
marteze (3) perhaps
martolod, m., **-ed** (1) sailor
mat (1) good, fine
match, m., **-où** (14) match
matezh, f., **mitizhien** female servant, maid
mat-kaer (4) very good
mat-tre (7) very good
medisin, m., **-ed** (1) doctor
meilh-ruz, m., **meilhi-ruz**, **meilhed-ruz** (13) red mullet
melen (2) yellow, blond
mell-droad, f. (5) football
memes (5) same

memestra (10) — all the same

menam, menam! (13) — yum, yum!

meneg/iñ (15) — to mention

menez, m., **-où, -eier** (13) — mountain, hill

merc'h, f., **-ed** (2) — girl, daughter

merenn, f., **-où** (15) — lunchtime meal

merk/añ (13) — to mark, indicate

mervel, marv (8) — to die

merz/out — to notice

mesk/añ (13) — to mix

meskennadig, f., **-oùigoù** (13) — little mixture

meskl, sgt **-enn** (14) — mussels

mestr-skol, m., **mistri-skol** (10) — schoolmaster

met (3) — but

metal, m., **-où** (15) — metal

metro, m. (15) — underground, subway

meur a hini (7) — many a one

meurbet (6) — very

meuz, m., **-ioù** (13) — dish, delicacy

mevel, m., **-ien** (12) — servant

mezv (6) — drunk

mezeg, m., **mezeien** — doctor

micher, f., **-ioù** (1) — profession, job

mignon, m., **-ed** (1) — friend

mignonez, f., **-ed** (1) — friend

miliadoù a^L (6) — thousands of . . .

mintin, m., **-où** (3) — morning

mintin mat (5) — first thing in the morning

mir/out (13) — to keep

mirdi, m., **-où** (9) — museum

miz, m., **-ioù** (10) — month

moan/tanav, treut (2) — slim, thin

moc'h. pl., **pemoc'h**, m. sing. (10) — pigs

moereb, f., **-ed** (10) — aunt

moged/iñ (13) — to fill with smoke, smoke

moger, f., **-ioù** (8) — wall

mondian, m., **-où** (13) — money-bags

mont, a (1) — to go (also **monet**)

mont, a da get (13) — to disappear

mont, a da guzh (13) — to set (sun)

mont, a da^L (14) — to become

mont, a e darempred gant (15) — to get in touch with

mont, a hardizh ganti (15) — to go at something really seriously

mont, a gant (14) — to take, have

mont, a skuizh gant (6) — to get fed up with

mont, a war^L (8) — option for **-aat** verbs

mont, a, + tre (e) (4) — to enter, go in(to)

monumant, m., **-où** (13) — monument

mor, m., **-ioù** (2) — sea

morse ne^L (11) — never

moru, sgt **-enn** (13) — cod

moru(e)ta (13) — to fish for cod

morz/añ (9) — to make numb, go numb

morzhed, f., **-où**, du. **divorzhed** (13) — thigh

moullerezh, f., **-ioù** (10) — publisher's, printer's

mousc'hoarzh/in (10) — to smile

muiañ-karet (15) — favourite

muioc'h-muiañ (8) — more and more

munutenn, f., **-où** (8) — minute

N

na mui na maez (14) — neither more nor less

nac'h (15) — to refuse

naer, m., **-ed**, **-on** (13) — snake

naet (2) — clean

ne gav ket dit? (7) — don't you think?

ne ran forzh (7) — I don't care

ne . . . ket kennebeut (6) — not either, neither

ne + v. + ket mui (4) — not any more

nepell diouzh, prep. (6) — not far from

ne vern! (4) — no matter! never mind!

nebeut (8) — (a) few

nebeut goude (15) — shortly after

nebeutoc'h (7) — less

nebeutoc'h-nebeutañ (8) — less and less

nec'h/iñ (7) — to worry

nec'het (8) — worried

nec'het, chalet, trubuilhet (2) — worried

Nedeleg, m. (6) — Christmas

ne^L/n' + v. + **ket** (1) — not

ne^L + v. + **ket mui** (15) — no more, not any more

ne^L + v. + **mui nemet** (5) — only, nothing more than

ne^L + v. + **nemet** (9) — only, not . . . but . . .

ne^L + v. + **tamm** (11) — not at all

neketa? ('keta?) (2) — tag phrase, e.g. 'isn't it'

nemet (8) — except

nemet (hag-eñ e) (13) — only if

nemetañ (15) — unique, sole

n'eo ket lavaret (11) — that's not to say

neui/al (13) — to swim (also **neuñv/al**, **neuñv/iñ**)

n'eus forzh petra (11) — you couldn't care what you say

n'eus ket e bar (10) — there isn't its equal

neuze (1) — then (also like French **alors**)

nevez (2) — new

nevez flamm (15) — brand new

nevez 'zo (8) — recently

niver, m., **-où** (14) — number

niverus (5) — numerous

niz, m., **-ed** (10) — nephew

notenn, f., **-où** (1) — note, mark

noter, m., **ed/-ien** (1) — notary public

n'ouzon dare (11) — I don't know at all

O

o^s (4) — their
o paouez bezañ + v.n. (2) — to have just
o vezañ ma (13) — since, because, as
o(c'h) (2) — verbal particle giving the present participle,
ober, gra (8) — to do
ober, gra anaoudegezh gant (8) — to make the acquaintance of
ober, gra biloù (15) — to worry
ober, gra e reuz (10) — to ravage, wreak its destruction
ober, gra e soñj (4) — to decide
ober, gra goap (eus) (9) — to make fun (of)
ober, gra o zouristed (8) — to sightsee
ober, gra un droiad (10) — to take a trip
ober, gra ur pok da^L (5) — to give a kiss to
ober, gra vad (7) — to do good, benefit
o-daou (10) — the two of them
ognon, sgt **ognonenn** (7) — onions
ordinal (8) — ordinary
orfebour, m., **-ien** (14) — goldsmith
ospital, m., **-ioù** (9) — hospital
ostaleri, f., **ostalerioù** (2) — hotel, café, bar

otel, m., **-ioù** (3) — hotel
ouzh (5) — against, at
ouzh taol, adv. (4) — at table, to table
ouzh troad (13) — at the foot of
ouzhpenn (4) — more than, above, beyond

P

pa^L (9) — when, if
pad/out gant (10) — to put up with
pae/añ (4) — to pay (for)
paelon, f., **où** — frying-pan
pajenn, f., **-où** (3) — page
pak/añ (11) — to get, pack, wrap up
pakad, m., **pakadoù** (6) — packet, parcel
pal, m., **-ioù** (14) — aim
paotr, m., **-ed** (2) — boy
paotr-al-lizhiri, m., **paotred-al-lizhiri** (5) — postman
paouez da^L/a^L (8) — to stop X-ing
paour (8) — poor
paour(-)kaezh (5) — poor, miserable
paper, m., **-(i)où** (6) — paper
paradoz, f., **-ioù** (13) — paradise (see **baradoz**)
pardon, m., **-ioù** (12) — pardon
park, m., **-où**, **-parkeier** (8) — field
park/añ (5) — to park
parklec'h, m., **-ioù** (9) — car park
patatez, sgt **-enn** (4) — potatoes

pe[L] (4)   or
pe liv? (1)   what colour?
pe war-dro   or about, roughly
pe ... pe ... (15)   whether ... or ..., either ... or ...
peadra, m. (11)   something, the wherewithal
pebezh (11)   what a + noun
pebr, coll. (4)   pepper
pec'hed, m., **-où** (10)   sin
ped/iñ (12)   to ask, invite
peg/iñ (15)   to catch
pegement (3)   how much
pegen + adj. (7)   how + adj.
pegoulz (3)   when
pehini (10)   which one
pell (2)   far
pell diouzh (11)   far from
pell zo (8)   long ago
pell-amzer (12)   a long time
pellgomz, m./f. (6)   telephone
pelloc'h (5)   further
p'emaomp ganti (15)   while we're at it
p'emaon ganti (9)   while I'm at it, by the way
pemzek (3)   fifteen
penaos (1)   how
penaos emañ kont? (15)   how're things?
penn, m., **-où** (5)   head, end
pennad, m., **-où** (4)   moment
pennad, m., **-où** (7)   article
pennadig, m., **pennadoùigoù** (16)   brief moment

Penn-ar-Bed (2)   Finistère
penn-da-benn (15)   completely, totally
penn-devezh, m., **-ioù** (13)   half a day, half-day
penn-disoñj, pl. **-où-disoñj** (15)   forgetful person
peoc'h gant se (13)   let's calm down, OK
peoc'h, m. (12)   peace
peogwir (+ **e**[M] + v.) (5)   because
pep (2)   each, every
perak (8)   why
perc'henn, m., **-ed** (1)   proprietor
pesk, m., **pesked** (6)   fish
pesketaer, m., **-ien** (1)   fisherman, trawlerman
pet (3)   how much, how many
petore (7)   what sort of, which
petra (1)   what (interr. and rel.)
petra a soñj dit? (7)   what do you think?
petra a vez graet a[L]**/eus?** (2)   what's X called?
peur/iñ (12)   to graze
peurbadelezh, f. (15)   eternity
peurlip/at (15)   put final touches to
peurrest, m., **-où** (14)   rest, remainder
pezh, m., **-ioù** (13)   piece
picherad, m., **-où** (13)   pitcher, jug (+ contents)
pillig, f., **-où** (4)   frying-pan
pinvidik (13)   rich

pirisilh, m. (13) — parsley (or **perisilh**)

piv (1) — who (interr. and rel.)

plac'h, f., **plac'hed/merc'hed** (4) — girl

pladenn, f., **-où** (6) — disk, record

plañchod, m., **-où** (9) — floor, parquet floor

plas, m. (13) — place

plasenn, f., **-où** (2) — square

pled/iñ, + **gant** (4) — to deal with, look after

plij/out da (3) — to please

plijadur, f., **-ioù** (11) — pleasure

plijet (12) — pleased

plijus (1) — pleasant, pleasing

poan, f., **-ioù** (15) — pain, trouble

poazh (13) — cooked (adj.)

poazh/at (13) — to cook (also **poazh/añ**)

pobl, f., **-où** (15) — people (= group); crowd

pod, m., **-où** (8) — pot, vase

podad, m., **-où** (15) — pot, potful

poent eo + v.n. (4) — it's time to

poliser, m., **-ien** (1) — policeman

pontig, m., **-oùigoù** (12) — little bridge

porzh, m., **-ioù**, **perzhier** (2) — yard, courtyard; port; playground

porzh-houarn, m., **-ioù-houarn** (9) — railway station

porzh-mor, m., **-ioù-mor** (13) — sea port

pouez/añ (15) — to insist, do all they can

pouezus (12) — important (often **a-bouez**)

pounner (2) — heavy

pourmen (2) — to walk, take a walk

pourmenadenn, f., **-où** (12) — walk, stroll

prefeti, m., **-où** (9) — préfecture

pren/añ (2) — to buy

prenadenn, f. **-où** (7) — purchase

prenestr, m., **-où**, **prenester** (3) — window

preñvedet (15) — worm-eaten

prest (**da**^{L}) (4) — ready (to)

preti, m., **-où** (2) — restaurant

privezioù, pl. (2) — toilets

produ, m., **-ioù** (13) — product

profig, m., **-oùigoù** (14) — little present

programm, m., **-où** (15) — programme

promet/iñ (15) — to promise

pub, m., **-où** (13) — pub

puñs, m., **-où** (10) — well (water)

R

raden, coll., singve **-enn** (12) — fern

radio, m., **-ioù** (15) — radio

rae, m., **-ed** (13) — skate

rak (5) — for, because

raktres, m., **-où** (15) — plan

rank/out (14) — to have to

randdi, m., **-où** (4) — apartment, flat

rannyezh, f., **-où** (15) — dialect

re^L (7) — too

re aᴸ (4) — too much, too many

rebech, m., **-où** (15) — reproach (also a verb)

red/ek (2) — to run

reiñ, **ro** (2) — to give

reiñ, **ro ul lañs nevez da**ᴸ (15) — to give a new impetus to

reizh (11) — good, regular, correct, fair

rener, m., **-ien** (1) — director, manager, boss

resis (2) — precise

respet, m. (12) — respect (verb **respetiñ**)

ret (5) — necessary

rezin, sgt **-enn** (13) — grapes

ribl, m., **-où** (8) — bank, edge (of water)

riblenn-straed, f., **-où-straed** (9) — pavement, sidewalk

rigadell, f., **-où** (13) — clam

rik (3) — precisely, on the dot

rim/iañ (15) — to rub

roc'h, m., **reier** (10) — rock

roched, m./f., **-où** (8) — shirt

roman (9) — Roman (adj.)

roue, m., **-ed**, **rouaned**, **rouanez** (14) — king

roz, sgt **-enn** (13) — roses

roz lintrus (13) — bright pink, vivid pink

roz, **damruz** (2) — pink

ru, f., **-ioù** (2) — street

rummad, m., **-où** — generation

ruz (1) — red

S

sac'h, m. (4) — bag

sac'h-kein, m. (7) — rucksack

sae, f. (4) — dress

safar/iñ (15) — to chat (possibly noisily)

sal-debriñ, f., **-ioù-debriñ** (2) — dining-room

sal-degemer, f., **-ioù-degemer** (2) — drawing-room

sal-dour, f., **-ioù-dour** (2) — bathroom

sall (13) — salted

saloñs, m., **-où** (4) — drawing room

salud/iñ (9) — to greet

samm/añ (9) — to load

saout (11) — cattle

sardin, sgt **-enn** (also pl. **sardined**) (13) — sardines

savadur, m., **-ioù** (9) — building

se a zepant (15) — that depends

sec'h/añ (8) — to dry

sec'hed, m. (11) — thirst

sede (11) — that's

sekretour, m., **-ien** (1) — secretary

selaou (2) — to listen to

sell 'ta (7) — just look

sell, m., **-où** (9) — look; hello

sell/et (3) — to look at

sellit 'ta (2) — just look; hello

seniñ, **son** (6) — to ring (also 'to play' of musical instruments)

sent/iñ ouzh (8) — to obey

serr/iñ (3) — to close, shut

servij/out (9) — to serve, be useful

servijlec'h, m., **-ioù** (2) — petrol station

setu (1) — here/there is/are

seurf/iñ (11) — to surf (on Web)

seurt, m., **-où** (2) — sort, kind

sevel, **sav** (1) — to get up; to build, compose

seven (15) — polite, civilized

seven/iñ (9) — to carry out

sevenadur, m., **-ioù** (15) — civilization, culture

sevenadurel (15) — cultural

sezv, m. (6) — mustard

shampooing, m., **-où** (11) — shampoo

sianidrek, adj. (13) — cyanide

sifolez, sgt **-enn** (7) — chive

sikour (15) — to help

silzig, sgt **-enn**, f. (4) — sausages

siminal, m., **-ioù** (8) — chimney

sinema, m., **-où** (4) — cinema

sioul (2) — calm

siwazh (4) — unfortunately, alas

sizhuniek (15) — weekly

skandal/at (12) — to scold, reproach

skañv (2) — light

skaoñ, m./f., **-ioù**, **skiñvier** (4) — stool

skeiñ, **sko** (2) — to strike

skeud, m., **-où** (11) — shade, shadow

skeudenn, f., **-où** (15) — image, picture

skiant, m., **-où** (15) — science

skign/añ (15) — to spread, broadcast, diffuse

skinwel, m. (5) — television

skipailh, m., **-où** (6) — team

sklaer, **splann** (2) — light

sklerijenn, f., **-où** (13) — light, enlightenment

sko ouzh (15) — right against

skoazell/añ (8) — to help

skol, f., **-ioù** (2) — school

skolaer, m., **-ien** (1) — primary schoolteacher

skolaerez, f., **-ed** (1) — school teacher

skolaj, m., **-où** (2) — college

skol-veur, f., **-ioù-meur** (2) — university

skornenn, f., **-où** (13) — ice-cube

skoulm/añ (15) — to link, tie

skrid, m., **-où** (14) — text

skritell, f., **-où** (13) — poster, sign

skriv/añ (2) — to write

skrivagner, m., **-ien** (1) — writer

skub/añ (8) — to sweep

skubellenn, f., **-où** (4) — broom

sonadeg, f., **-où** (15) — concert

soner, m., **-ien** (15) — musician

sonerezh, m. (6) — music

soñj, m., **-où** (9) — thought, opinion; memory, intention

soñj/al (7) — to think

sot (10) — silly

sotradur, m., **-ioù** (15) — pollution

soudard, m., **-ed** (1) — soldier

souezh/añ (9) — to astonish, be surprised

soul, coll., singve **-enn** (12) — thatch

speredek (2) — intelligent

splann! (15) — fantastic!

spletus (12) — profitable, useful

spont, m., **-où** (8) — terror, fright

sport, m., **-où** (9) — sport

stad, f., **-où** (8) — state

stag/añ (15) — to begin (da^L 'to')

stal, f., **-ioù** (2) — shop

stalaf, m./f., **-(i)où** (3) — shutter

stal-bastezer, f., **-ioù-pastezer** (2) — pâtisserie

stalenn, f., **-où** (6) — shelves, bookshelves

stal-gouignoù, f., **-ioù-kouignoù** (2) — cake shop, pâtisserie

stalier, m., **-ien** (1) — shopkeeper

stal-levrioù, f., **-ioù-levrioù** (2) — bookshop, bookstore

stal-vutun, f., **-ioù-butun** (2) — bureau de tabac

stammenn, f., **-où** (9) — pullover

start, adj. (1) — hard, difficult, firm

stêr, f., **-ioù**, **-i** (8) — river

stered, sgt **-enn** (15) — stars

stilo, m., **-ioù** (9) — fountain pen

stirlink, m., **-où** (15) — clink

stourm (15) — to struggle

straed, f., **-où** (7) — street

stres/añ (9) — to stress

strizh (2) — narrow

stribourzh m. — starboard

stroll/añ — to group, gather (tr.)

strollad, m., **-où** (15) — group

strollegezh, m., **-ioù** (15) — community

studier, m., **-ien** (1) — student

stumm, m., **-où** (7) — shape, form, appearance

sunerez, f., **-ed** (4) — vacuum cleaner

sur (1) — sure, certain (also adv.)

sur a-walc'h — indeed, certainly

sur eo (6) — that's certain, of course

T

'ta (eta) (3) — then (emphatic particle)

tachenn, f., **-où** (8) — piece of ground, field

tad, m., **-où** (1) — father

Tadig, m. (6) — Daddy

tag/añ (10) — to attack, trap, devour

tagnous (9) — grumpy, disagreeable

tailh, f., **-où** (9) — appearance; cut

tailh/añ (15) — to cut, measure

tailhoù, pl. (5) — taxes

talvez/out (15) — to be worth

talvoudegezh, f., **-ioù** (15) — value, importance

talvoudus (12) — useful

tamall (8)	to blame, accuse, condemn	**tevel, tav** (8)	to be silent
tamm, m., **-où** (3)	piece	**ti-bank**, m., **tiez-bank** (2)	bank
tamm ebet (8)	not at all	**ti-debriñ**, m., **tiez-debriñ** (2)	restaurant
tamm ha tamm (15)	bit by bit, gradually	**tiegezh**, m., **-ioù** (15)	family, household
tamolodet (15)	huddled up, curled up	**tigr**, m., **-ed** (12)	tiger
tan, m., **-ioù** (13)	fire	**ti-kêr**, m., **tiez-kêr** (2)	town hall
tañva (15)	to taste		
taol, f., **-ioù** (2)	table	**ti-krampouezh**, m., **-ez-krampouezh** (2)	crêperie
taol, m., **-ioù** (6)	blow, time, occasion		
taol-dorn, m. (15)	hand (= help)	**tilh**, sgt. **-enn**, f. (5)	lime-trees
taolenn, f., **-où** (15)	picture, map	**timbr**, m., **-où** (2)	postage stamp
taol-gont, f., **-ioù-kont** (9)	bar	**ti-post**, m., **tiez-post** (2)	post office
tap/out (7)	to get, catch	**tiretenn**, f., **-où** (4)	drawer
tarzh/añ (15)	to explode, appear	**toer**, m., **-ien** (14)	roofer
tas, m., **-où** (2)	cup	**tomm** (2)	hot
tavañjer, f., **-ioù** (4)	apron	**tomm berv** (11)	boiling hot
		tomm ruz (13)	red-hot
tavarn, f., **-ioù** (4)	hotel, café	**tommder**, m., **-ioù** (13)	heat, warmth
tavarnig, f., **tavarnioùigoù** (2)	bar	**tommheoliañ, tommheolh** (10)	to be sunbathing
te, m. (4)	tea	**tonk/añ** (15)	to doom, predestine
teirvet (14)	third		
teknologiezh, f., **-ioù** (15)	technology	**tonton**, m. (10)	uncle
		torch, m., **-où** (4)	cloth (for wiping, cleaning)
temz, m., **-où** (13)	spice		
ten/añ (11)	to suckle		
tener (13)	soft, tender	**torgenn**, f., **-où** (12)	hill
tenn/añ (15)	extract, pull		
teñval (2)	dark	**torret** (6)	broken
teras, m., **-où** (11)	terrace	**tost** (8)	almost
terriñ, torr (11)	break, slake, assuage, satisfy	**tost da**ᴸ (3)	near to, almost + X
		tosta/at (7)	to get near (**da** or **ouzh** 'to')
tev (2)	fat	**tostik da** (8)	quite close to

tou/iñ (13) to swear

touell/añ (8) to deceive

toullad, m., **-où** (15) mass, crowd

tour, m., **-ioù** (9) tower

tourist, m., **-ed** (4) tourist

tousmac'h, m. (11) bustle, tumult, confusion

tout, indef. (4) everything

tra, m., **-où** (5) thing

traezhenn, f. 'sgt', **-où** (10) beach

traktor, m., **-ioù** (6) tractor

tramor (13) overseas, foreign

trankil (15) quiet

traonienn, f., **-où** (12) valley

traoù (1) things

traoù bihan (15) zakouski, little biscuits, etc.

traoù kozh (9) antiques (lit 'old things')

tra-walc'h (9) enough

tre (1) very

tre, m. (13) low tide

trec'h, m., **-ioù** (15) victory (also adj.)

treiñ, tro (2) to turn

tremen (6) to pass

tremen dre (15) to drop in at

tremenet (8) past

tren, m., **-ioù** (9) train (also **treñ**)

trenkenn, f., **-où** (13) acid

treuz/iñ (6) to cross

treuzenn, f., **-où** (9) pedestrian crossing

trevadennad, m., **trevadenniz** (14) colonist

tri-c'hant (4) three hundred

trist (2) sad

trivliad, m., **-où** (15) excitement, emotion

tro-dro (9) all around

tro-dro da (10) around

troiad, f., **-où** (12) trip, walk

troiadig, f., **-où** (4) little walk

troidigezh, f., **-ioù** (14) translation

tropell, m., **-où** (12) herd, mass

tropellad, m., **-où** (11) herd, flock

trouz, m., **-où** (3) noise; quarrel

trowardroioù, pl. (13) everywhere around

truez, f. (13) pity

trugarez (3) thank you (also **mersi**)

tud (1) people, parents

U

uhel (2) high, tall

un nebeud (15) a few

un nebeud titouroù (13) a few pieces of information

un tammig (9) a bit

unan bennak (8) someone

unvan/iñ (15) to unite, bring together

ur banne hini kreñv (10) a drop of the hard stuff

ur pezh mell lid (15) a big *fest*

ur wezh ar sizhun (13) once a week

ur wezh bennak (5) sometime

urzhiata (15) to compute, computing

urzhiataer, m., **-ien**, **-ioù** (15) — computer

V

vakañsoù, pl. (5) — holidays
'vat (**ervat**) (2) — well, indeed
vi, m., **vioù** (4) — egg

W

war (2) — on (also **àr**)
war a seblant (3) — so it seems
war am eus klevet (10) — so I've heard
war an digarez ma^M (15) — on the pretext that
war an distro (7) — on the return
war ar maez (4) — in the countryside
war ar marc'had (13) — to top it all
war droad (15) — on foot
war forzh peseurt sujed (15) — on whatever subject
war he hed (14) — in its entirety, fully
war un dro (8) — at the same time
war-bouez (13) — by means of, because of
war-du (10) — towards

war-eeun (12) — straight, directly
war-lerc'h (2) — after

Y

yac'h (2) — healthy
yac'hus (10) — healthy (in the sense of health-giving)
yaouank (2) — young
yaouankiz, f. (8) — youth (time of life)
yaouankizoù, pl. (12) — young people
yar, f., **yer** or **-ezed** (12) — chicken
yec'hed, m., **-où** (7) — health
yen (2) — cold (things)
yenerez, f., **-ed** (4) — fridge (also car radiator)
yeni(j)enn (13) — cold(ness)
yezhadur, m., **-ioù** (15) — grammar

Z

zo (1) — am/is/are
'zo (8) — ago
zoken (6) — even
zoken ma (13) — even if

English–Breton glossary

This glossary aims only to give a number of the more everyday words and phrases in the units, with reduced information.

A

a bit, a little **un tammig** (9)
a few **un nebeud**
about, concerning **diwar-benn** (2)
affair, business, deal **afer**, f. (14)
after that **goude-se** (7)
after **goude** (15)
again **adarre** (11)
against **a-enep** (10)
against, at **ouzh** (5)
agree with (to) **a-du gant bezañ** (15)
all **holl**[L] (10)
all around **tro-dro** (9)
all of a sudden **a-daol-trumm** (8)
all the same **memestra** (10)
almost **tost** (8)
along **a-hed** (2)
already **dija** (4)
also **ivez** (1)
although **daoust ma** (13)
altogether, in all **en holl** (10)
always **atav** (4), **bepred** (5)
and **ha(g)** (1)
angry **fachet** (2)

apartment, flat **ranndi**, m., **-où** (4)
apple **aval**, m., **-où** (10)
arms **divvrec'h**, du. (5)
arrive (to) **erru/out** (6)
as soon as **kerkent ha** (13) (+ **ma**[M] = conj.)
ask (someone) (to) **goulenn (di)gant/ouzh u.b. da** + v.n. (7)
ask, invite (to) **ped/iñ** (12)
at home **er gêr** (3)
at last **en diwezh**, adv. (2)
at least **da vihanañ** (13)
at table **ouzh taol**, adv. (4)
at the end of **e dibenn** (14)
at the same time **war un dro** (8)
at what time? **da bet eur?** (3)

B

bad **fall** (2)
bag **sac'h**, m. (4)

baker's	**baraerdi**, m. (2)	buy (to)	**pren/añ** (2)
bank	**ti-bank**, m. (2)	by (conveyance)	**gant** (6)
bar	**bar**, m. (4)	by (in passives)	**gant** (3)
bathroom	**sal-dour**, f. (2)		
be able, can (to)	**gallout**, **gall/gell** (6)	**C**	
be mad about (to)	**(bezañ) sot gant** (6)	café	**kafedi**, m. (2)
be possible to (to)	**(bezañ) moaien da**L (15)	call (to)	**gervel**, **galv** (8)
		capital	**kêrbenn**, f. (15)
beautiful	**kaer** (2)	car	**karr**, m. (1)
because	**peogwir** (+ **e**M + v.) (5)	carefully	**aketus** (13)
		cat	**kazh**, m. (6)
bedroom	**kambr**, f. (2)	cathedral	**iliz-veur**, f. (6)
		chair	**kador**, f. (6)
beer	**bier**, m. (4)	change (to)	**cheñch** (9)
before	**a-raok** (2)	chat	**kaoze/al** (2)
before long	**a-benn nebeut** (8)	cheap	**marc'had-mat** (2)
between	**etre** (3)	child	**bugel**, m. (2)
big	**bras** (2)	choose	**dibab** (8)
bit by bit, gradually	**tamm ha tamm**	Christmas	**Nedeleg**, m. (6)
		cider	**chistr**, m. (4)
black	**du** (2)	cinema	**sinema**, m. (6)
blue	**glas** (2)		
boat	**bag**, f. (4)	clean	**naet** (2)
book	**levr**, m. (3)	clear	**sklaer**
bookstore, bookshop	**levrdi**, m. (4)	close	**serr/iñ** (3)
		clothes	**dilhad**, m. (6)
bowl (for cider, etc.)	**bolenn**, f. (6)	coat	**mantell**, f. (7)
		cold (things)	**yen** (2)
box	**boest**, f. (6)	come (to)	**dont, deu/da** (8)
boy	**paotr**, m. (2)	command, (to)	**gourc'hemenn** (8)
Breton language	**brezhoneg**, m. (2)	completely, totally	**penn-da-benn** (15)
bring (to)	**degas** (2)	continue (to)	**kenderc'hel, kendalc'h** (2)
broad	**ledan** (2)		
brother	**breur**, m., **breudeur** (1)	conversation	**kaoz**, f. (7)
bus, coach	**karr-boutin**, m. (9)	cook (to)	**poazh/at** (13)
		corner	**korn**, m. (2)
but	**met** (3)	cost (to)	**koust/añ** (3)

country, region, area **bro**, f., **-ioù** (8)

crêperie **ti-krampouezh**, m. (2)

crêpes **krampouezh**, sgt (5)

cross (to) **treuz/iñ** (6)

cup **tas**, m. (4)

D

dangerous **dañjerus** (4)

dark **teñval** (2)

dear **ker** (2)

diary **deiziataer**, m. (14)

die (to) **mervel**, **marv** (8)

difficult **diaes** (2)

dining-room **sal-debriñ**, f. (2)

dinner **koan**, m. (5)

dirty **lous** (2)

do (to) **ober**, **gra** (8)

doctor **medisin**, m. (1)

dog **ki**, m. (2)

door **dor**, m. (3)

drawing-room **sal-degemer**, f. (2)

dress (someone) **gwisk/añ** (8)

dress **sae**, f. (4)

drink (to) **ev/añ** (2)

drive (to) **bleniañ**, **blegn** (8)

drop in at (to) **tremen dre** (15)

drop **banne**, m. (2)

drunk **mezv** (6)

during **e-pad** (4)

E

each, every **pep** (2)

early **abred** (1)

easy **aes** (2)

eat (to) **debr/iñ** (2)

egg **vi**, m. (4)

elsewhere **e lec'h all** (10)

empty **goullo** (6)

end **diwezh**, m. (14)

enough **a-walc'h** (8)

especially **dreist-holl** (6)

etc. **hag all** (abbr. **h.a.**) (5)

even **zoken** (6)

every day **bemdez** (8)

everyone **an holl** (6)

everything **tout** (4)

everywhere **dre-holl** (6)

except **nemet** (8)

explain **displeg/añ** (14)

eyes **daoulagad**, du. (5)

F

family **tiegezh**, m., **familh**, f. (4)

famous **brudet** (2)

far from **pell diouzh** (11)

farm **atant**, m. (8)

fat **tev** (2)

father **tad**, m. (1)

favourite **muiañ-karet** (15)

fetch (to) **kerc'h/at** (2)

find (to) **kav/out** (7)

fine **brav** (2)

finished **echu**, adj. (3)

fire **tan**, m. (13)

first, at first **da gentañ** (10)

fish **pesk**, m. (6)

fisherman **pesketaer**, m. (1)

flower (to) **bleuniañ**, **bleugn** (13)

flower — **bleunienn**, f. (8)

follow (to) — **heuliañ, heuilh** (8)

food — **boued**, m. (6)

football — **mell-droad**, f. (5)

for ever — **da viken** (13)

for example — **da skouer** (6)

for hours and hours — **eurvezhioù** (9)

for nothing, free — **evit netra** (15)

for once — **evit ur wezh** (15)

forget (to) — **ankounac'ha/at** (14)

fork — **fourchetez**, f. (6)

formerly — **gwechall** (8)

fortunately — **dre chañs** (4)

fresh — **fresk** (7)

fridge — **yenerez**, f., **-ed** (4)

friend — **kariad**, m. (7)

from the city — **eus kêr** (11)

fruit — **frouezh**, coll. (7)

fruit juice — **chug**, m. **frouezh** (15)

full — **leun** (10) ('of' = **a**^{L})

G

garage — **karrdi**, m. (2)

garden — **liorzh**, f. (2)

gather (to) — **dastum** (6)

get (to) — **tap/out** (7)

girl — **merc'h**, f. (2)

give (to) — **reiñ, ro** (2)

glass — **gwerenn**, f. (4)

go (to) — **mont, a** (1)

go away/off (to) — **loc'h/añ kuit** (13)

go drinking (to) — **chopinata** (6)

good — **mat** (1)

good — **reizh** (11)

green — **gwer** (2)

greet (to) — **salud/iñ** (9)

grey — **gris, louet** (2)

H

hair — **blev**, coll. (8)

happy — **laouen** (2)

hard — **start**, adj. (1)

have (to) — **kaout** (8)

have just (to) — **o paouez bezañ** + v.n. (2)

have to (to) — **rank/out** (14)

health — **yec'hed**, m. (7)

healthy — **yach** (2)

hear (to) — **klev/out** (or **klev/et**) (2)

heavy — **pounner** (2)

help (to) — **skoazell/añ** (8)

here — **amañ** (3)

here/there is/are — **setu** (1)

high, tall — **uhel** (2)

his, him — **e**^{L} (2)

hold (to) — **derc'hel, dalc'h** (8)

holidays — **vakañsoù**, pl. (5)

hospital — **klañvdi**, m. (2)

hot — **tomm** (2)

hotel — **tavarn**, f. (4), **ostaleri**, f. (7)

how — **penaos** (1)

how . . . — **pegen** + adj. (7)

how much — **pegement** (3)

how much, how many — **pet** (3)

how often? — **bep pegeit?** (11)

however, but	**avat** (2)
hurry (to)	**hast/añ** (15)

I

I don't care	**ne ran forzh** (7)
if	**ma**, **mar** (13)
if	**hag-eñ e**ᴹ (15)
ill	**klañv** (2)
image	**skeudenn**, f. (15)
immediately	**diouzhtu** (13)
important	**a-bouez** (8)
in general	**dre vras** (14)
in order that	**evit ma** (13)
in spite of	**daoust da**ᴸ (15)
in the end	**a-benn ar fin** (14)
in the middle of	**e-kreiz** (5)
in town	**e kêr** (2)
in, inside	**e-barzh** (8)
indoors, inside	**e-barzh** (2)
intelligent	**speredek**, adj. (2)
interesting	**dudius** (12)
invincible	**didrec'hus** (13)
it seems to me	**a gav din** (2)
it's time to	**poent eo** + v.n. (4)

J

journalist	**kazetenner**, m. (1)
journey	**beaj**, f. (7)

K

key	**alc'hwez** m. (4)
kind	**hegarat**, **plijus** (2)

kitchen	**kegin**, f. (2)
knife	**kontell**, f. (6)
know (facts, things) (to)	**gouzout**, **goar** (irreg.) (4)
know (people, places) (to)	**navez/out** (11) **a**

L

last night	**dec'h da noz** (8)
last	**diwezhañ** (15)
late	**diwezhat** (2)
laugh (to)	**c'hoarzh/in** (2)
learn, teach (to)	**desk/iñ** (8)
leave, let (to)	**lez/el** (8)
leave, set off (to)	**loc'h/añ kuit** (12)
leave, go away (to)	**kuit(a)/at** (8)
legs	**divhar**, du. (5)
letter	**lizher**, m. (5)
life	**buhez**, f. (7)
light	**skañv** (2)
like that	**evel-se** (1)
list	**listenn**, f. (6)
listen (to) (to)	**selaou** (2) (+ DO)
live (to)	**chom** (4)
live (to)	**bev/añ** (11)
long ago	**pell 'zo** (8)
long	**hir** (2)
look (to)	**sell/et** (3) ('at' = **ouzh**)
look for (to)	**klask** (2)
lose (to)	**koll** (11)
low, short	**izel** (2)

M

man	**gwaz**, m. (2)
manner	**doare**, m. (7)

market	**marc'had**, m. (2)
meat	**kig**, m. (5)
meet (to)	**en em gav/out gant** (1)
middle	**kreiz**, m. (11)
milk	**laezh**, m. (4)
minute	**munutenn**, f. (8)
modern	**modern** (15)
money	**arc'hant** (north), **argant** (south), m. (4)
month	**miz**, m. (10)
more and more	**muioc'h-muiañ** (8)
much	**kalz** (2)
mustn't	**arabat** (3)

N

name	**anv**, m. (2)
narrow	**strizh** (2)
near	**e-kichen** (2)
near	**e-tal** (2)
near to + X	**tost da**^{L} (3)
necessary	**ret** (5)
neither more nor less	**na mui na maez** (14)
new	**nevez** (2)
newspaper	**kazetenn**, f. (2)
night club	**boest-noz**, f. (7)
noise	**trouz**, m. (3)
nose	**fri**, m. (5)
not at all	**tamm ebet** (8)
note	**notenn**, f. (1)
nothing	**mann** (14)
notice (to)	**merz/out** (15)
now	**bremañ** (1)

O

obey (to)	**sent/iñ ouzh** (8)
of	**a**^{L} (2)
of course	**eveljust** (4)
of every sort	**a bep seurt** (5)
offer (to)	**kinnig** (13)
often	**alies** (9)
old	**kozh, oadet** (2)
omelette	**alumenn-vioù**, f. (10)
on foot	**war droad** (15)
on the left	**a-gleiz** (6)
on the right	**a-zehou** (6)
on	**war**, prep. (2)
only	**hepken** (11)
open (to)	**digeriñ, digor** (8)
open	**digor** (3)
opposite	**a-dal da**^{L} (6)
or	**pe**^{L} (4)
other	**all** (3)
outside	**er-maez** (2)
oven	**forn**, f. (13)
over there	**du-hont** (2)

P

packet	**pakad**, m. (6)
page	**pajenn**, f. (3)
pain	**poan**, f. (15)
pair of trousers	**bragoù** (8)
paper	**paper**, m. (6)
park (to)	**park/añ** (5)
pass (to)	**tremen** (6)
pay (for) (to)	**pae/añ** (4)
pencil	**kreion**, m. (9)
people	**tud** (1)
perhaps	**marteze** (3)
photo	**foto**, m. (11)
picture	**taolenn**, f. (15)
piece	**tamm**, m. (3)

place	**lec'h**, m. (6)
plate	**asied**, m. (6)
play (to)	**c'hoari** (2)
pleasant	**plijus** (1)
please (to)	**plij/out** (3)
please	**mar plij** (3)
pleasure	**plijadur**, f. (11)
pocket	**godell**, f. (4)
poor	**paour** (8)
post office	**ti-post**, m. (2)
postage stamp	**timbr**, m. (2)
postcard	**kartenn-bost**, f. (6)
postman	**paotr-al-lizhiri**, m. (5)
potato	**aval-douar**, m., (13)
precisely	**rik** (3)
pretty	**koant** (5)
primary schoolteacher	**skolaer**, m. (1)
probably	**emichañs** (6)
profession, job	**micher**, f. (1)
public (adj.)	**foran** (8)
put (to)	**lak(a)/at**

Q

quickly	**buan** (10)

R

radio	**radio**, m. (15)
rain	**glav**, m. (4)
rather (= 'preferably')	**kentoc'h** (4)
read (to)	**lenn** (2)
ready (to)	**prest (daᴸ)** (4)
receive (to)	**degemer/et**
recently	**nevez 'zo** (8)
recount (to)	**kont/añ** (10)
red	**ruz** (1)

rest (to)	**diskuizh/añ** (4)
rest	**diskuizh**, m. (8)
restaurant	**ti-debriñ**, m. (2)
return (to)	**distreiñ, distro** (2)
rich	**pinvidik** (13)
rise (to)	**sevel, sav** (2)
river	**stêr**, f. (8)
road	**hent**, m. (2)
run (to)	**red/ek** (2)

S

sad	**trist** (2)
sailor	**martolod**, m. (1)
same	**memes** (5)
say goodbye to (to)	**kimiad/iñ diouzh** (10)
say(s), said	**emeᴸ** (8)
say (to)	**lavar/et** (3)
school teacher	**skolaer**, m. (1)
school	**skol**, f. (2)
sea	**mor**, m. (2)
secondary school,	**lise**, m. (2)
secretary	**sekretour**, m. (1)
see (to)	**gwel/et** (2)
seek (to)	**klask** (8)
sell (to)	**gwerzh/añ** (2)
send (to)	**kas** (2)
serve (to)	**servij/out** (9)
ship	**lestr**, m. (15)
shoes	**botoù**, f. (10)
shop	**stal**, f. (2)
shopkeeper	**stalier**, m. (1)
short	**berr** (2)
show (to)	**diskouez** (6)
silent, to be	**tevel, tav** (8)
silly	**sot** (10)

similar (to)	**heñvel (ouzh)** (2)
since	**o vezañ ma** (13)
sing (to)	**kan/añ** (5)
singer	**kaner**, m. (5)
sister	**c'hoar**, f. (1)
sit, sit down (to)	**azez/añ** (4)
skirt	**brozh**, f. (7)
sleep (to)	**kousk/et** (2)
slow	**goustad** (2)
small	**bihan** (2)
smile (to)	**mousc' hoarzh/in** (10)
so (+ adj./adv.)	**ken** (9)
so far	**betek hen**
sock	**loer**, f. (7)
someone	**unan bennak** (8)
sometime	**ur wezh bennak** (5)
sometimes	**a-wechoù** (8), **a-wezhioù** (5)
son	**mab**, m. (6)
song	**kanaouenn**, f. (5)
soon	**emberr** (5)
spoon	**loa**, f. (6)
sport	**sport**, m. (9)
square	**plasenn**, f. (9)
steal (to)	**laer/ezh** (8)
still	**c'hoazh** (3)
stop X-ing (to)	**paouez da**L/a**L + v.n.** (8)
straight, directly	**war-eeun** (12)
strange	**iskis** (15)
street	**ru**, f. (2)
strong	**kreñv** (2)
struggle (to)	**stourm**
student	**studier**, m. (1)
subscribe (to)	**koumanant/iñ** da**L** (15)

suffer (to)	**gouzañv** (15)
summer	**hañv**, m. (4)
supermarket	**gourmarc'had**, m. (2)
supper	**koan**, f. (6)
sure	**sur** (2)
sweet	**madig**, m. (6)

T

table	**taol**, f. (2)
take (to)	**kemer** (2)
take a walk (to)	**bale** (2)
talk (to)	**komz** (2)
tea	**te**, m. (4)
teacher	**kelenner**, m.
television	**skinwel**, m. (5)
thank you	**trugarez** (3) (also **mersi**)
that	**ma**M (9)
that's certain	**sur eo** (6)
the ones	**ar reoù** (9)
the other day (adv.)	**en deiz all** (9)
theatre	**c'hoariva**, m. (9)
then	**neuze** (3), **'ta (eta)** (3)
there	**aze** (3)
there (yonder)	**ahont** (2)
there	**di** (2)
these days	**evit an deizioù** (7)
thing	**tra**, m. (5)
think (to)	**soñj/al** (7)
this evening	**fenoz** (7)
this time	**en taol-mañ** (11)
thought	**soñj**, m. (9)
throughout	**a-hed** (11)
ticket	**bilhed**, m. (14)

time	**amzer**, f. (2)	**W**	
to table, at table	**ouzh taol** (5)		
today	**hiziv** (2)	wait (to)	**gortoz** (2)
together	**asambles (gant)** (5)	wake up (to)	**dihun/iñ** (8)
		walk	**baleadenn**, f. (11)
toilets	**privezioù**, pl. (2)		
		walk, take a walk (to)	**pourmen** (2)
tomorrow	**(w)arc'hoazh** (3)		
		wall	**moger**, f. (8)
too	**re**ᴸ (7)	want (to)	**fell/out (da)** (7)
tooth	**dant**, m. (10)	wardrobe	**armel**, f. (9)
toothbrush	**broust-dent**, m. (14)	wash (tr.) (to)	**gwalc'h/iñ** (2)
		wash oneself (to)	**en em walc'h/iñ** (10)
tourist	**tourist**, m. (2)		
towards	**etrezek** (2), **war-du** (10, 15)	water	**dour**, m. (3)
		weak	**gwan** (2)
		wear (to)	**doug/en** (10)
town centre	**kreiz-kêr**, m. (4)	weekend	**dibenn-sizhun**, m. (14)
town hall	**ti-kêr**, m. (2)	well	**'vat (ervat)** (2)
train	**tren**, m. (9)	what	**petra** (1)
trees	**gwez**, coll. (5)	whatever	**forzh penaos** (15)
turn (to)	**treiñ, tro** (2)		
		when (interr. and rel.)	**pegoulz** (3)
U		where	**e-lec'h ma** (13)
understand (to)	**kompren** (5)	where to	**da belec'h** (11)
unfortunately	**siwazh** (6)		
university	**skol-veur**, f. (2)	white	**gwenn** (2)
unpleasant	**displijus** (11)	who	**piv** (1)
use (to)	**implij/out** (14)	whole	**a-bezh** (8)
used to	**kustum da**ᴸ (8)	why	**perak** (8)
useful	**talvoudus** (12)	win (to)	**gounit, gounez** (8)
		wind	**avel**, m. (4)
V		window	**prenestr**, m. (3)
		wine	**gwin**, m. (3)
vegetables	**legumaj**, coll. (6)	without delay	**dizale, hep dale** (7)
very	**tre** (1)	without doubt	**hep mar** (2)
village	**bourc'h**, f. (2)	woman	**maouez**, f. (2)
voyage	**beaj**, f. (13)	woman	**gwreg**, f. (2)

wood	**koad**, m. (9)
word	**ger**, m. (4)
work (to)	**labour/at** (1)
work	**labour**, m. (4)
worker	**labourer**, m. (10)
world	**bed**, m. (1)
write (to)	**skriv/añ** (2)
writer	**skrivagner**, m. (1)

X

X in vain (to)	**kaer kaout** + v.n. (15)

Y

yard	**porzh**, m. (2)
young	**yaouank** (2)
young people	**yaouankizoù**, pl. (12)

Index

The index gives an adapted list of the topics given at the beginning of each lesson, to save you going through the head page of several lessons in search of a topic. The chapter on the alphabet after the **Introduction** should be consulted for general information on pronunciation, and the **Grammar section** for an overall and very limited outline of the grammar. References are to units, not to pages. Some topics are also touched on in units not mentioned.

Grammar

Other topics

Abbaye de Daoulas

•••• Chemins du patrimoine en Finistère

Exposition
28 mai 2009
3 janvier 2010

DE **LA GRÈCE**
Tarente et les lumières de la Méditerranée
À **ROME**

Daoulas - Près de Brest

L'Abbaye de Daoulas
Daoulas Abbey

L'origine de l'abbaye remonterait, selon la légende, à l'an 510. Les premiers documents connus, datés du XIIᵉ siècle, attestent la fondation par le vicomte du Léon, en 1167, d'une abbaye régie par les chanoines réguliers de l'Ordre de saint Augustin. Quatre siècles durant, 24 abbés feront œuvre de bâtisseur et l'abbaye connaîtra une belle prospérité. Mais au XVIIᵉ siècle s'amorce son déclin et en 1692, Louis XIV scelle son union au séminaire des aumôniers de la Marine de Brest. Un siècle plus tard, à la Révolution, les bâtiments, vendus, tombent dans le domaine privé (hormis l'abbatiale, devenue église paroissiale).

De cette ancienne abbaye subsistent aujourd'hui l'église et le cloître romans classés monuments historiques et de nombreux témoignages de l'art en Bretagne du Xᵉ au XVIᵉ siècle.

Le centre culturel, fondé ici en 1986, a été conçu comme un carrefour des cultures du monde. Il s'est spécialisé dans l'organisation d'expositions consacrées à la rencontre des civilisations.

According to the legend, the abbey traces its origins around 510 AD. The earliest documents known date from the XIIth century. It is said that the Viscount of Leon, in 1167, founded the abbey, establishing the canons of the order of Saint-Augustin. For four centuries, 24 regular abbots succeeded in the abbey's administration. Then the abbey will know a good prosperity.

In 1692, Louis XIV set a seal on a union with the seminary of navy chaplains of Brest led by Jesuits. It lasted until the end of the seminary in 1771. From that moment, the abbey is inevitably in decline. A century later, during the Revolution, buildings were sold and the abbey church became a parish church.

The remaining buildings – the church, the cloister – are registered Historical Monuments. They all constitute a remarkable example of Breton art from the Xth century to the present day.

Since 1986, the Abbey of Daoulas, at the crossroads of world's cultures, has become famous for the quality and the originality of the exhibitions mounted with the most prestigious museums throughout the world.

Cette année l'accès au parc et à l'exposition est jalonné de personnages célèbres de l'Antiquité Grecque et un *jardin des dieux* associant des plantes méditerranéennes aux divinités mythologiques gréco-romaines complète le jardin de plantes médicinales tout proche.

Conception / Réalisation : EPCC Chemins du Patrimoine en Finistère - Crédit photographique : Mucem, Musée du Quai Branly, Musée d'ethnographie de Genève - Imprimeur : Cloître, Saint Thonan - Impression sur papier issus de forêts gérées durablement.

PROGRAMME 2009
VISITES | SPECTACLES | ANIMATIONS

ABBAYE DE BEAUPORT

SITE DU CONSERVATOIRE DU LITTORAL

PAIMPOL | CÔTES D'ARMOR

Sillon du Talbert
ÎLE DE BRÉHAT
PLOUGRESCANT
PERROS-GUIREC
**Abbaye
de Beauport**
TRÉGUIER
PAIMPOL
LANNION
Maison de l'estuaire
La Roche Jagu
Moulin de Craca
PONTRIEUX
Temple de Lanleff
PLOUHA
GUINGAMP
BREST
QUIMPER   ST-BRIEUC
LORIENT   RENNES
VANNES
SAINT-BRIEUC

ABBAYE DE BEAUPORT

SITE DU CONSERVATOIRE DU LITTORAL | KÉRITY, 22 500 PAIMPOL
OUVERT TOUS LES JOURS | DU 15.06 AU 15.09: 10H/19H, LE RESTE DE L'ANNÉE: 10H/12H-14H/17H
www.abbaye-beauport.com | RÉSERVATIONS : 02 96 55 18 58

BEAUPORT, C'EST
UN MONUMENT HISTORIQUE CLASSÉ
UN SITE LITTORAL CLASSÉ
UN DOMAINE DE 110 HECTARES
OUVERT TOUTE L'ANNÉE
À 1 H 30 DE RENNES
ET DE BREST PAR LA RN 12

MEMBRE DU RÉSEAU
DES GRANDS SITES DE FRANCE

Autres manifestations
à l'Abbaye de Beauport :

AVRIL
Initiation au greffage
des pommiers

JUIN
Rendez-vous aux jardins ;
Conférences et concerts
de la Saint-Norbert

SEPTEMBRE
Journées du patrimoine ;
Conférence sur le dépôt
lapidaire

OCTOBRE
Atelier enfant
Des pommes à croquer

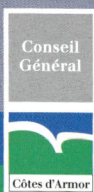

Abbaye de
Beauport

CONSERVATOIRE
DE L'ESPACE LITTORAL
ET DES
RIVAGES LACUSTRES

Conseil
Général

Côtes d'Armor

Côtes d'Armor

le théâtre de toutes les cultures